Anton Rotzetter
Annette Forster
Eva Opitz

Rette uns, wer kann

Anton Rotzetter
Annette Forster
Eva Opitz

Rette uns, wer kann
Fasten für Klimagerechtigkeit

Paulusverlag

Bibliografische Information der Deutschen Nationalbibliothek
Die Deutsche Nationalbibliothek verzeichnet diese Publikation in der
Deutschen Nationalbibliografie; detaillierte bibliografische Daten sind
im Internet über http://dnb.d-nb.de abrufbar.

Alle Rechte vorbehalten
© 2015 Paulusverlag Freiburg/Schweiz
Umschlaggestaltung: Maurice Greder, Freiburg/Schweiz
Umschlagfoto: © Fotolia
Satz und Layout: Stephan Cuber, diaphan gestaltung, Liebefeld BE
ISBN 978-3-7228-0863-5

Inhaltsverzeichnis

7 Vorwort

9 **Teil 1:** Gesellschaftliche, theologische und spirituelle Voraussetzungen

10 Kapitel 1: Der Schrei nach einer Kultur des Brotes
26 Kapitel 2: Ein fleischloser Tag pro Woche – oder gar mehr?
35 Kapitel 3: Umkehr jetzt – damit alle das Leben in Fülle haben – Perspektiven und Praxis einer prophetischen Kirche
45 Kapitel 4: Theologie und Spiritualität der Schöpfung
62 Kapitel 5: Eine Kulturgeschichte des Fastens

91 **Teil 2:** Wegweisende Erklärungen und Initiativen

92 Kapitel 6: Erklärungen Europäischer Kirchen
100 Kapitel 7: Aufruf an die Kirchen – AKUT – Schweiz
109 Kapitel 8: Die Schönheit des Fastens wieder entdecken – 40 Tage ohne Fleisch und Fisch – Chrétiens unis pour la terre

153 Kapitel 9: Fasten für Klimagerechtigkeit – Eine lutherische Perspektive LUTHERISCHER WELTBUND

162 Kapitel 10: Der auslösende Faktor für das Klimafasten – Naderev M. Saño

175 Kapitel 11: Fastenopfer / Brot für alle / Partner sein

192 Kapitel 12: Die Zukunft, die wir meinen – Leben statt Zerstörung: Mainzer Botschaft der Ökumenischen Versammlung 2014

204 Kapitel 13: ... Und abermals krähte der Hahn – Glaubwürdig, nachprüfbar, transparent und dauerhaft die Schöpfung bewahren

213 **Teil 3:** Spirituelle Impulse für die Fastenzeit

214 Kapitel 14: «Heute noch wirst du mit mir im Paradies sein!» (Lk 23,43) – Kreuzweg der Schöpfung

237 Kapitel 15: Geistliche Impulse aus der Heiligen Schrift

291 Kapitel 16: AKUT- Charta zur Fastenzeit 2014 – Eine Zeit ohne Fleisch und Fisch – 40 Tage des Friedens und der Solidarität mit der ganzen Schöpfung

324 Hinweise zu Literatur und Medien

Vorwort

«Helfen Sie den Kirchen, das Problem des Fastens zu lösen», sagte ein Kirchenführer bei einem Gespräch mit AKUT-CH Aktion Kirche und Tiere. Mit diesem Buch wollen wir dieser Einladung Folge leisten. Denn tatsächlich haben sich die Kirchen und die einzelnen Gläubigen weitgehend den gesellschaftlichen Lebensbedingungen mit ihren ökonomischen Zwängen und ökologischen Abgründen angenähert. Umkehr tut Not!

«Rette uns wer kann! Fasten für Klimagerechtigkeit» – so lautet der Titel, den der Verlag dem Buch gegeben hat. Damit soll zum Ausdruck gebracht werden, dass es das Fasten im Kontext der lebensbedrohlichen Perspektiven unseres Planeten darstellt und dass Fasten heute eine lebenserhaltende Bedeutung bekommt. Jedoch ist Klimagerechtigkeit nur ein Aspekt des Buches. Auch tierethische Gesichtspunkte werden erörtert, die heute in besonderer Weise dringlich sind.

In einem ersten Teil geht es uns um verschiedene Perspektiven, welche das Problem des Fastens gleichzeitig in der philosophisch-theologischen Tradition begründen und angesichts der heutigen problematisch gewordenen Welt ansiedeln. Die Zeit drängt!

Im zweiten Teil dokumentieren wir eine Anzahl von Initiativen und Vorschlägen, die das Fasten direkt oder wenigstens indirekt betreffen. Diese sind zum Teil sehr provokativ, aber auch faszinierend.

Im dritten Teil dann wollen wir ein paar konkrete spirituelle Impulse für die Fastenzeit anbieten.

Wir hoffen dabei, dass wir die kirchlichen Hilfswerke «Fastenopfer» und «Brot für alle» in der Schweiz, denen wir für die kommende Fastenzeit zudienen wollen, aber auch entsprechende Organisationen in Deutschland und in Österreich bei ihrem Bemühen um universale Solidarität unterstützen können.

Und selbstverständlich hoffen wir, dass die Kirchen das Fasten wieder als Fasten entdecken – in Gottes Namen und im Interesse der ganzen Schöpfung.

November 2014, Freiburg, Ennetmoos und Huttwil
Anton Rotzetter, Annette Forster, Eva Opitz

Teil 1:
Gesellschaftliche, theologische und spirituelle Voraussetzungen

Das Ziel dieses ersten Teiles besteht darin, die Dokumentation des zweiten Teiles zu begründen. Die Art und Weise, wie wir uns bisher ernährt haben, ist durch die rasante ökonomische Entwicklung und die damit verbundene Globalisierung in die Krise geraten. Der Schrei nach einer «Kultur des Brotes» ist überlaut geworden, die Folgen eines hemmungslosen Konsums führen unausweichlich in den Abgrund. Bereits aus dieser Feststellung werden erste Konsequenzen zu ziehen sein. Dann geht es um den Sinn einer Gemeinschaft, die in der Nachfolge Jesu steht, um die Kirche und ihre Berufung, Prophetin zu sein und hoffnungsvolle Wege in die Zukunft zu weisen. Sie muss dabei die Schöpfungsspiritualität neu entdecken. Ausführlich soll dann über das Fasten und dessen vielfältige Ausdrucksformen in den Kulturen und Religionen berichtet werden.

Kapitel 1:
Der Schrei nach einer Kultur des Brotes

Es sind nun einige Jahrzehnte her, seit P.P. Pasolini seine Schrift «Vom Verschwinden der Glühwürmchen»[1] geschrieben hat. Dieses Verschwinden markiert, sagt er, das Ende einer «Kultur des Brotes» und den Beginn der Herrschaft des «Konsumismus».

Kultur des Brotes

Unter «Kultur des Brotes» versteht Pasolini eine Gesellschaft, in der nur die wirklich notwendigen Dinge Beachtung finden, das «tägliche Brot» in der tiefsten Bedeutung, wie dies im Vaterunser zum Ausdruck kommt. Entsprechend wäre das wirtschaftliche Gebaren als Mühen um das tägliche Brot zu definieren. Es geht um alles, was das Leben fördert und schliesslich zum Wohlbefinden führt, zu einer solidarischen Gemeinschaft des geteilten Brotes. Wirtschaft bzw. Ökonomie muss sich von daher als umfassende Sorge für das Leben verstehen. Das wäre nach Aristoteles auch der erste und einzige Sinn der Wirtschaftspolitik[2].

Nicht dass es vor dem Verschwinden der Glühwürmchen

---

[1] Pier Paolo Pasolini: Freibeuterschriften. Die Zerstörung der Kultur des einzelnen durch die Konsumgesellschaft, Berlin 1998 (Neuausgabe).

[2] Joachim Starbatty, Zum Zusammenhang von Politik, Ethik und Ökonomie bei Aristoteles – Abschiedsvorlesung am 12. Juli 2005 an der Universität Tübingen: http://www.econstor.eu/obitstream/10419/40298/1/558782183.pdf (Zugriff: Juli 2014); Warnfried Dettling, Wie modern ist die Antike?, in: http://www.zeit.de/1993/24/wie-modern-ist-die-antike (Zugriff: Juli 2014).

nicht auch Armut und Not, Hunger und Elend gegeben hätte. So wusste mein Grossvater in den Dreissigerjahren nicht, wie er seine zehnköpfige Familie an Weihnachten ernähren sollte. Und auch damals gab es Lebensmittel von schlechter Qualität und wurden Tiere nicht unbedingt tiergerecht gehalten. Nein, es war nicht alles in Ordnung, und ein Paradies war dieses Leben keineswegs. Aber die einzige Frage lautete: Wie kommen wir aus der prekären Situation heraus? Wie können wir zu einem wirklichen Leben kommen, und wie muss eine Wirtschaftspolitik aussehen, wenn das Gemeinwohl und das Wohlbefinden die einzigen Massstäbe sind?

Auf jeden Fall war das Brot «heilig», weil es für das Leben selbst stand. Man segnete es, bevor man es aufschnitt. Man ass es am gemeinsamen Tisch. Es wegzuwerfen war ein Verbrechen. Auch trockenes Brot war noch eine Köstlichkeit, wie überhaupt alles eine Köstlichkeit war, was mit dem Brot symbolisiert war. Da ging es nicht in erster Linie um Verzicht, sondern um Genuss.

Gerade die Entbehrung aber lässt die Sehnsucht nach köstlichen Speisen und Weinen erstehen. Deshalb war in der Antike die Rede von der Götterspeise, und die Märchen erzählten vom Schlaraffenland: Götter tafeln, kosten den besten Wein, essen nach Lust und Laune – und die Menschen träumen davon, es ihnen gleichtun zu dürfen. Der Genuss ist die grosse Erfahrung der Menschen, die sich nicht mehr abmühen müssen, sondern Musse haben und dem unverzweckten Dasein frönen dürfen (Schlaraffen: von Slurfaff = Faulenzer, Land der faulen Affen[3]). Unverkennbar ist hier die Rede von einem Endzustand, nicht aber von der Zeit, in der

---

[3] http://de.wikipedia.org/wiki/Schlaraffenland (Zugriff: Juli 2014).

sich das Mühen um das tägliche Brot in jeden Tag einschreiben muss.

Auch die Bibel verheisst ein Land, in dem Milch und Honig fliessen (vgl. Dtn 6,3). Eine der eindrücklichsten Stellen ist Jes 55, 1-3:

Auf, ihr Durstigen, kommt alle zum Wasser!
Auch wer kein Geld hat, soll kommen.
Kauft Getreide und esst, kommt und kauft ohne Geld,
kauft Wein und Milch ohne Bezahlung!
Warum bezahlt ihr mit Geld, was euch nicht nährt,
und mit dem Lohn eurer Mühen, was euch nicht satt macht?
Hört auf mich, dann bekommt ihr das Beste zu essen
und könnt euch laben an fetten Speisen.
Neigt euer Ohr mir zu und kommt zu mir,
hört, dann werdet ihr leben. Ich will einen ewigen Bund mit euch
  schließen.

«Umsonst habt ihr empfangen, umsonst sollt ihr geben»[4] könnten wir sagen. Unser Leben in der Gefolgschaft Jesu, in der Lebensform des Franz von Assisi, ist, bevor es Leistung ist, eine Erfahrung der Gnade. Zuerst die Gnade, dann unser Wirken. Zuerst die innige Erfahrung, dass wir Geliebte Gottes sind, dann der Auftrag, diese Liebe zu bezeugen. Zuerst die Mystik, dann die Ethik, zuerst ein neues geschenktes Sein, dann ein entsprechendes Sollen.

Die Priorität des uns zugewandten Gottes gegenüber dem menschlichen Handeln zu betonen, ist für mich ein Gebot der Stunde. Denn allzu oft wird heute Glaube auf Ethik reduziert. Renommierte Theologen sagen, Jesus sei mit seiner ganzen Existenz nichts anderes als ein verbindliches ethisches Modell. Aber die, die Jesus gefolgt sind, sind ihm doch

---

[4] Predigt gehalten in Frankfurt 2010, anlässlich eines Ordensjubiläums.

nicht primär deswegen gefolgt, weil sie die radikale Ethik fasziniert hat, sondern weil sie dahinter eine absolute Gottesnähe erfuhren. In Jesus begegneten sie der bedingungslosen und voraussetzungslosen Liebe Gottes, in die hinein sie sich fallen lassen konnten. Umsonst! Ohne Vorleistungen irgendwelcher Art, auch nicht in moralischer Hinsicht. Sie fühlten sich angenommen, umsonst, gratis!

Dies hat Franz von Assisi begriffen. In seinem Testament sagt er uns, wie ihm «der Herr gegeben hat», dieses oder jenes zu tun, dass der Herr ihn unter die Aussätzigen führte, dass er ihm «offenbart» hat, nach dem Evangelium leben zu sollen … Er empfand sein Leben als Ausdruck der gnädigen Zuwendung Gottes, als Ergebnis der Gnade, als Geschenk, als sich verschwendendes Umsonst. Deswegen war er der grosse Sänger, der Mann, dessen Leben eine einzige Eucharistie war, eine alles durchdringende Danksagung.

Franz von Assisi konnte dann auch auf die Rede verweisen, in der Jesus seine Jüngerinnen und Jünger in die Welt gesandt hat und in der auch dieses grossartige Wort vom Umsonst steht. Die Aussendungsrede bestimmte durch und durch die Regel des heiligen Franz, ja seine ganze Lebensform: Die Solidarität mit den Aussätzigen und Armen steht da drin, auch der unermüdliche Einsatz für den Frieden, die Gewaltlosigkeit, die Pflege der Kranken, die Entdämonisierung der Welt, die Realisierung des Reiches Gottes in all seinen Dimensionen. Das alles soll letztlich «umsonst» geschehen», unentgeltlich, weil man «umsonst» empfangen hat. Man musste keine Vorleistungen erbringen, um beglückt glauben zu dürfen, dass man geliebter Sohn, geliebte Tochter Gottes ist.

Welche prophetische Kraft in einem solchen Leben liegt, können wir an den Wirkungen erkennen, die von Franz von Assisi ausgegangen sind. Sie ist aber auch schon im alttestamentlichen Text enthalten, der Anlass zu diesen Erwägungen über das «Umsonst» ist. Da ist die Rede von einer Ökonomie, die ganz ohne Geld auskommt, auf jeden Fall von einer Ökonomie, die nicht um das Geld kreist, von einer Ökonomie, in der aller Durst und jeder Hunger gestillt wird, von einer Ökonomie des Lebens, nicht der Anhäufung, des Festes und der Fülle, nicht aber der Gier und der Aneignung, vor allem aber ist es eine göttliche Ökonomie, in der die Zuwendung Gottes fraglos bezeugt wird und in der Gott allein letztlich allen Durst stillt und jeden Hunger sättigt.

Dies ist auch die franziskanische Berufung: Ein Leben, das sich als Alternative zur kapitalistischen Lebensform begreift. Umsonst haben wir empfangen, umsonst sollen wir geben.

Dieses Umsonst steht im Übrigen auch hinter dem so genannten Portiuncola-Ablass. Ablässe wurden damals gegen Vorleistungen gegeben. Man musste nach Jerusalem pilgern, eine Kirche bauen, einen möglichst hohen Betrag spenden, Verdienste erwerben – dann hat die Kirche grosszügig im Gnadenschatz gewühlt und Lossprechung und Nachlass auch der Sündenstrafen verliehen. Und nun kommt Franziskus und sagt: «Nichts musst du als Leistung aufbringen; es genügt, wenn du voller Vertrauen in die Kirche gehst und dich in die vorausgesetzte, einmalige Liebe Gottes fallen lässt; dann darfst du aus der Kirche herauskommen mit der Gewissheit, dass Du in der Liebe Gottes aufgehoben bist. Umsonst haben wir empfangen, umsonst sollen wir geben.»

Das ganze Leben ist nach der Bibel letztlich auf den Genuss der Gnade Gottes ausgerichtet. Und dieser eschatologische Genuss soll schon im Diesseits real erfahren und erlebt werden können, gerade auch beim Essen und Trinken. Zwar hält Paulus in seinem Römerbrief (Röm 14,17) fest: «Das Reich Gottes ist nicht Essen und Trinken, es ist Gerechtigkeit, Friede und Freude im Heiligen Geist.» Da werden die Akzente auf Grundwerte und Tiefenerfahrungen gesetzt. Dennoch kommt im Essen und Trinken das Letztgültige und Endgültige zur Erfahrung. An einer Hochzeit muss die ganze Fülle der Zukunft gegenwärtig werden. Darum verwandelt Jesus Wasser in Wein, und dies in einer undenkbar grossen Menge, so dass die Weinseligkeit zum Symbol der letzten Glückseligkeit wird (vgl. Joh 2). Und Jesus setzt sich gegenüber der aszetischen Fastenpraxis des Johannes des Täufers ab, indem er die psychische Unmöglichkeit des Fastens feststellt, wenn der Bräutigam da ist. Fasten gehört zu der Erfahrung der Abwesenheit Gottes (vgl. Mt 9,15), der Entbehrung und der Ohnmacht.

Dennoch ereignet sich die Selbstvergegenwärtigung Gottes bzw. des Auferstandenen im Rahmen eines Mahles, im Abendmahl: «Nehmt und esst – das bin ich! – Nehmt und trinkt – das ist das Blut, das in euch fliessen soll!». Das eucharistische Mahl, die Tischgemeinschaft wird so zum Zentrum einer christlich verstandenen «Kultur des Brotes». Dabei ist von besonderer Bedeutung, dass jene, die dieses Brot essen und aus diesem Kelch trinken, als Verwandelte aus dem Abendmahlssaal herauskommen müssten. Denn sie eignen sich die sich selbst riskierende Liebe Jesu an. Sie werden untereinander Schwestern und Brüder Jesu, die ihr Leben hingeben, teilen und immer mehr zu einer solidarischen Gemeinschaft heranwachsen.

Wenn dem nicht so ist, sagt Paulus: «Was ihr bei euren Zusammenkünften tut, ist keine Feier des Herrenmahls mehr; denn jeder verzehrt sogleich seine eigenen Speisen, und dann hungert der eine, während der andere schon betrunken ist» (1 Kor 11,20f). Nur eine solidarische Gemeinschaft ist Kirche, Ausgangs- und Endpunkt einer «Kultur des Brotes».

Interessant ist auch Mt 14,13ff: Da nährt Jesus tausende von Menschen mit seinem Wort, bis sie Hunger haben. Besorgt wollen seine Jünger Brot kaufen gehen. Er aber spricht über die wenigen Brote, die da vorhanden sind, die genau gleiche Wortfolge wie über das Brot und den Wein im Abendmahl: «Und er nahm die fünf Brote und die zwei Fische, blickte zum Himmel auf, sprach den Lobpreis, brach die Brote und gab sie den Jüngern» Mt 14,19f). Aber statt dass er dann sagt: «Das ist mein Leib!», sagt er: «Gebt Ihr ihnen zu essen!». Deutlicher kann man den Zusammenhang zwischen Eucharistie und solidarischem Handeln nicht mehr herausheben. Nur wer um die Bewältigung des weltweiten Hungers bemüht ist, kann sich auf Jesus berufen.

Wahrscheinlich ist P.P. Pasolini nicht in diese religiösen und spirituellen Tiefen einer Kultur des Brotes vorgedrungen, obwohl man ihn diesbezüglich nicht unterschätzen sollte.

Der Konsumismus

Interessant ist nun, dass die Bibel den Beginn des Unheils in einem Akt des Konsums sieht, mit dem Essen der Frucht eines Baumes (vgl. Gen 3). Franz von Assisi deutet diesen Akt als gierige Aneignung, die in der Folge stets wiederholt werden wird und das Grundübel der menschlichen Geschichte darstellt (Ermahnung 2). Ganz in diesem Sinne sagt Heinrich Spaemann:

> Die Geste der Bemächtigung von Schöpfung bildet symbolisch den Anfang der Abwendung des Menschen von Gott. Herrschaft über die Erde, wie sie ihm zugedacht war, verkehrt sich nun weithin progressiv in deren Verknechtung, in Ausbeutung von je schwächeren Menschen durch die Stärkeren, in Durchsetzungsmacht, in angst-

machende Macht, in Schlachtung und Verzehr der Tiere, im hemmungslosen Zugriff nach den Früchten, Schätzen und Energiequellen der Erde mit den schließlich bis in die Ozonschicht reichenden Verderbensfolgen, wie wir sie in unserem Jahrhundert unausweichlich erfahren. Die satanische Inspiration der Ursünde macht sich in solcher Art der Herrschaftsausübung menschheitsgeschichtlich immer drastischer erkennbar.

Das erste Symbol der gefallenen Welt ist die angebissene Frucht: erst ich, dann der andere, weil und solange ich ihn für mich brauche, zu meiner Ergänzung, Beruhigung – und eigener Machtausübung über ihn und mit ihm als Komplizen über andere.

Die Urversuchung des Menschen ging aus von einem Wesen mit absolutem Bemächtigungsdrang, ihr Gelingen hat inspirativ menschheitsgeschichtliche Folgen: Der je Mächtigere setzt sich dem hilflos Schwächeren gegenüber durch, physisch, psychisch, geistig, «geistlich» bis zur Beseitigung dessen, der ihm nicht zu Willen oder im Wege ist. Die biblisch gesehen erste geschichtliche Tat ist eine Gewalttat, pervertierte Macht. Kain ermordet Abel[5].

Was Heinrich Spaemann hier beschreibt, nennt Pasolini «Konsumismus», der, wie er meint, mit dem Verschwinden der Glühwürmchen anbricht, das übersteigerte Konsumverhalten, das den Menschen ausschliesslich als Verbraucher definiert. Die Wirtschaft versteht sich von nun an nicht mehr im Dienst einer «Kultur des Brotes», sondern der sich stets steigernden Bedürfnisse. Ökonomisches Verhalten zielt darauf aus, stets neue Bedürfnisse zu schaffen. Die hergestellten Produkte sind bewusst kurzlebig angelegt, damit beim Ausfall auch nur eines geringen Bestandteiles das ganze Produkt ersetzt werden muss. Das Dogma dieses Zeitalters ist: Immer mehr, immer

---

[5] Heinrich Spaemann, Was macht die Kirche mit der Macht? Denkanstösse, © Verlag Herder GmbH, Freiburg 1993, 41f.

schneller, immer weiter; wachsen, wachsen und nochmals wachsen.

Nicht mehr das Bemühen um das täglich Notwendige steht im Zentrum, sondern der Wille, immer mehr Überflüssiges herzustellen, und damit verbunden der so erwirtschaftete Gewinn und die Anhäufung von immer mehr Geld und Gütern. Es geht weniger um Qualität als um Quantität. Alles wird der möglichst grössten Effizienz unterworfen: Aus wenig Geld möglichst viel herausholen, in möglichst kurzer Zeit das Maximum erzielen! «Ich habe nur ein Interesse», sagt ein Schweinezüchter: «Wie kann ich auf einem Quadratmeter Fläche möglichst schnell möglichst viel Fleisch produzieren?» Die Zustände in seinem Stall sind entsprechend skandalös. Ein deutscher Veterinär stellt fest, dass diese Schweinehaltung in Deutschland Standard sei und fügt hinzu: «Als Veterinär schäme ich mich, dass wir es in Deutschland soweit kommen liessen.» [6] Ähnliches liesse sich über den ganzen Fleischsektor sagen. Skandale sind deshalb vorprogrammiert, weil die von der Wirtschaft geschaffenen Bedürfnisse die Produzenten zu immer grösseren Mengen zwingen. In der Schweiz sind übrigens die Tierhaltungsbedingungen um einiges besser. Dennoch werden auch da schliesslich ähnliche Zustände entstehen, wenn die Logik des Konsumismus nicht gebrochen wird.

Der Konsumismus bringt auch in anderen Lebensmittel-

---

[6] Vgl. die beiden Fernsehsendungen: In der ARD vom 14. Juli 2014: http://mediathek.daserste.de/sendungen_a-z/799280_reportage-dokumentation/22389000_exclusiv-im-ersten-deutschlands-ferkelfabriken (Zugriff: Juli 2014) und: Youtube: http://www.youtube.com/watch?v=J9XgEJWo5-w (Zugriff: Juli 2014). – vgl. zur unmoralischen Fleischindustrie in Deutschland den gut recherchierten Kriminalroman: Wolfgang Schorlau, Am zwölften Tag. Denglers siebter Fall, Köln 2013 (im Anhang die eindrücklichen Predigten von Monsignore Peter Kossen).

sektoren Missstände hervor. Die Lebensmittelindustrie nimmt keine Rücksicht auf ethische oder demokratische Bedingungen: Soja, das als modernes Lebensmittel hochgeschätzt ist, wird massenweise für Tierfutter verwendet. Nur wenige Produzenten und Lieferanten halten sich an die so genannten Baseler Kriterien[7], die die Rodung der Wälder, die Vertreibung der einheimischen Bevölkerung und die Verelendung grosser Massen ausschliessen wollen. Die Hybridpflanzen hinterlassen nicht wie in der früheren Landwirtschaft Samen, die für das kommende Jahr Verwendung finden könnten. Deshalb werden in Indien[8] tausende von Bauern in die Verzweiflung und in den Selbstmord getrieben, auch zu illegalen Organspenden oder zur Prostitution ihrer Frauen. In jeder rein pflanzlichen Margarine ist Palmöl enthalten, dessen Gewinnung die Rodung des indonesischen Regenwaldes, die Vernichtung des Lebensraumes der Orang-Utan und anderer Tiere, ja auch die Vertreibung und Ausbeutung von Menschen voraussetzt. Ganz wenige Unternehmen, welche Palmöl gewinnen, verpflichten sich – gedrängt von Umwelt- und Tierschützern – zu einer zertifizierten Produktionsweise ohne die genannten Auswirkungen. Die Lebensmittelspekulation durch Banken und zwielichtige Institutionen führt zu Ernährungskrisen und Hunger[9]. Die Freihandelsabkommen mit China, den USA und Canada werden zwar von den wirtschaftlichen

---

[7] Die wachsende Bedeutung der Sojaproduktion und die Basler Kriterien vgl.: http://assets.wwf.ch/downloads/final_06_06_07_factsheet_soja_d.pdf (Zugriff: Juli 2014).

[8] Vgl. den leidenschaftlichen Einsatz von Vandana Shiva, die in vielen Büchern und Videobeiträgen auf diese und andere Missstände hinweist.

[9] Jean Ziegler, Wir lassen sie verhungern. Die Massenvernichtung in der Dritten Welt, München 2013; Harald Schuhmann, Die Hungermacher. Wie Deutsche Bank, Allianz und Co. auf Kosten der Ärmsten mit Lebensmitteln spekulieren, Frankfurt/M. 2013.

Unternehmen begrüsst und von der offiziellen Politik gefördert, aber sie bedeuten faktisch, dass die in Europa unterdessen erreichten ökologischen und tierethischen Standards, die ja noch weit vom Ideal entfernt sind, unterlaufen werden. Die chemische Industrie stellt Pestizide her, welche die Vernichtung der lebenswichtigen Bienen zur Folge haben könnten. In China gibt es bereits Gegenden, in denen Menschen von Blüte zu Blüte gehen müssen, um sie zu bestäuben. Der grösste Teil der sogenannten Medikamente wird nicht mehr zur lebensnotwendigen Behandlung von Krankheiten hergestellt, sondern zur Verbesserung der menschlichen Befindlichkeiten, oft sogar zur Senkung der ethischen Betroffenheit bei fragwürdigen Handlungen (Töten im Krieg). Die Fleischproduktion ist weltweit in einem erschreckenden Ausmass gestiegen und damit verbunden auch das nicht hinnehmbare Leiden der Tiere. Man könnte die Beispiele unendlich erweitern, um deutlich zu machen, dass wir in einer Zeit leben, in der ganz anderes als das gute Leben zur Geltung gebracht wird.

Alles gerät, sagt Pasolini, unter das Diktat der ökonomischen Effizienz, unter das Gesetz des Kommerzes, des Kaufens und Verkaufens. Alles wird als Sache bewertet, als Ware angeboten. Auch der Sinn des Lebens, die Liebe, Gott. Er spricht deshalb von einer neuen Form des Totalitarismus. Dabei geht alles verloren. Denn was verbraucht wird, existiert danach nicht mehr. Am Ende steht das pure Nichts, der Nihilismus, die absolute Leere[10].

Die Kehrseite ist die Verschwendung. Während in armen Ländern Hunger und Bedürfnis vorherrschen, gibt es bei uns eine unvorstellbare Verschwendung. Je nach Messung werden in Europa bis zu zwei Drittel der produzierten Lebens-

---

[10] Michael Ende hat in seinen Büchern diese Problematik literarisch verarbeitet: Momo, Stuttgart 2013; Die unendliche Geschichte, Stuttgart 2014.

mittel weggeworfen. Landwirte werden gezwungen, meines Erachtens unmoralische Verträge mit Grosshändlern abzuschliessen. Sie müssen sich verpflichten, Gemüse und Obst nur in Normgrössen abzuliefern und alles, was nicht dieser Norm entspricht, unterzupflügen. Sie anderweitig zu verkaufen oder sie zu verschenken, ist ihnen verboten. Unterdessen gibt es bereits eine Lebensform, die Freeganer[11], die aus Protest nur aus weggeworfenen Lebensmitteln leben.

Mit dem Konsumismus einher geht auch die Tatsache, dass wir die vorhandenen Ressourcen überbeanspruchen. Wenn alle Menschen so leben können sollten, wie wir in Europa, bräuchten wir dreimal oder in den USA sogar achtmal die Erdoberfläche.

Die öffentliche Auseinandersetzung zum Thema «Essen»

Bei einer solchen Entwicklung ist es nicht verwunderlich, dass sich die Menschen Gedanken machen. So fragt man sich, ob das Dogma des Wachstums wirklich der Weisheit letzter Schluss ist. Viele Ökonomen und Bewegungen schlagen eine Wirtschaft ohne Wachstum vor[12].

Andere haben bereits entsprechende Entscheidungen getroffen. Klimafachleute, denen die Zukunft der Menschheit am Herzen liegt, empfehlen eine massive Reduktion des

---

[11] http://de.wikipedia.org/wiki/Freeganismus (Zugriff: Juli 2012).
[12] Robert und Edward Skidelsky, Wie viel ist genug? Vom Wachstumswahn zu einer Ökonomie des guten Lebens, München 2014; Tim Jackson, Wohlstand ohne Wachstum: Leben und Wirtschaften in einer endlichen Welt, München 2013; Marie-Liesse Vermeire, Pour une alimentation durable ... la décroissance ? [Elektronische Ressource]: État des lieux d'un système en crise, Saarbrücken 2014. http://www.decroissance-bern.ch/index.php (Zugriff: Juli 2014). – vgl. dazu die Dokumentation von Marie-Monique Robin in http://future.arte.tv/de/wachstum

Fleischkonsums oder gar den Vegetarismus. Andere gehen weiter und verzichten auf alle tierischen Produkte (= Veganer). Wieder andere nehmen nur das, was ihnen die Natur freiwillig gibt (= Fruganer / Frutarier / Fructarier).

Gegen solche Zumutungen wehren sich nicht wenige. In den Zeitungen oder im Fernsehen gibt es leidenschaftlichen Widerspruch. Ein solcher ist natürlich willkommen, geht es doch um fundamentale Fragen unserer heutigen Gesellschaft. Ein gutes Beispiel für eine gute Diskussionsgrundlage gab letzthin das Fernsehen: Da traten Fleischkonsumenten gemeinsam mit Veganern auf und unterwarfen sich bei strenger medizinischer Kontrolle und guten Köchen einem vierwöchigen Ernährungs- und Sportprogramm, bei dem am Ende das Ergebnis in allen Vergleichspunkten eindeutig zu Gunsten der Veganer ausfiel.[13] Selbstverständlich kann auch dieses Ergebnis noch einmal in Frage gestellt werden.

Nicht zu verstehen ist freilich, dass eine so renommierte Zeitung wie die Frankfurter Allgemeine Zeitung das Pamphlet Jacob Strobel y Serras[14] veröffentlicht. Dass er Vegetarier, Veganer und Fructarier global als «Ignoranten, Ideologen und Asketen» diskreditiert, mag noch angehen. Was er aber über die Fructarier sagt, müsste eigentlich von einem Gericht verurteilt werden: «Im extremistischen Lager befinden sich hingegen die Fructarier, sozusagen die Isis-Gotteskrieger unter den Radikalveganern.» Man stelle sich den Aufschrei vor, den damals Christa Blanke[15] hervorgerufen hat, als sie die heutigen Tierfabriken mit den Kon-

---

[13] ZDF am 10. Juni 2014: Vegetarier gegen Fleischesser. Das Duell: http://www.zdf.de/zdfzeit/vegetarier-gegen-fleischesser-das-duell-33501242.html (Zugriff: Juli 2014).

[14] Feiert Orgien mit Messer und Gabel!, im Feuilleton vom 12. Juli 2014

[15] Da krähte der Hahn, Eschbach 1995.

zentrationslagern der Nazis verglich. Die ISIS-Kämpfer sind Terroristen, für die das menschliche Leben nichts bedeutet. Sie enthaupten und kreuzigen Menschen ohne irgendwelche moralische Bedenken. Die Fructarier dagegen sind der absoluten Gewaltlosigkeit verpflichtet, die, auch wenn man ihnen die Folge verweigert, unseren Respekt verdienen. Ein Plädoyer für die Lust und für den Genuss muss ohne solche Aggression auskommen. Wenn man etwas zu Recht als Ideologie bezeichnen kann, ist es dieser Artikel in der FAZ. Denn Ideologie wehrt sich gegen Argumente, um eigenes Fehlverhalten zu kaschieren. So sehr beim Essen das Geniessen betont werden muss, es muss sich ethischen Standards unterwerfen, wie das Institut für Gastrosophie in Salzburg sogar im Namen Epikurs[16] betont. Geniessen kann man nur mit einem guten Gewissen. Übrigens: Auch Veganer und Vegetarier wollen Geniesser sein.

Ein Beispiel einer guten Auseinandersetzung liegt im Artikel vor, den Nadine Jürgensen in der Neuen Zürcher Zeitung veröffentlich hat. Unter dem Titel «Veganismus in aller Munde»[17] kommentiert sie eine Demonstration «für die Schliessung aller Schlachthöfe» in Bern. Sie sagt: «Es ist radikal, sich ohne tierische Produkte zu ernähren – aber durchaus sinnvoll. Auch dann, wenn man nur gelegentlich vegan isst». Und dann begründet sie ihre Einsicht mit dem Hinweis auf die auf weiten Strecken inakzeptablen Tierhaltungsbedingungen und auf die ökologischen und gesundheitlichen Aspekte des Konsums von tierischen Produkten.

Viel grundsätzlicher ist die Initiative, die von einer Stiftung[18] ausgeht, welche nach dem Dominikaner Giordano

---

[16] http://www.gastrosophie.at/ (Zugriff: Juli 2014).
[17] NZZ 18. Juli 2014.
[18] http://www.giordano-bruno-stiftung.de/ (Zugriff: August 2014).

Bruno benannt ist. Dieser wurde im Jahr 1600 durch die Inquisition zum Scheiterhaufen verurteilt, weil er das Verhältnis «Gott und Schöpfung» anders bestimmte als die Kirche. Er vertrat die Auffassung, dass die ganze Schöpfung in Gott existiere bzw. dass dieser der Schöpfung nicht gegenüberstünde. Diese unterdessen theologisch akzeptierte Position nennt man «Panentheismus», ein Begriff, der zwar die Unterscheidung zwischen Gott und Welt wahrt, aber sie als ein Ineinander versteht. Ob sich die Stiftung mit ihrem «evolutionären Humanismus» zu Recht auf den grossen Dominikanertheologen beruft, wird heute heftig diskutiert. Dies spielt aber in unserem Zusammenhang keine Rolle, ausser dass die Stiftung nun eine Initiative ergreift, die philosophisch und wissenschaftlich die Welt als Ganzes und als Einheit voraussetzt und in deren Interesse das Postulat einer vorwiegend pflanzlichen Ernährung erhebt. Dies ist, meint die Stiftung, das Resultat einer vernünftigen Auseinandersetzung mit der Realität und die einzige Chance, die modernen Probleme zu lösen: die Ressourceneffizienz, den Klimawandel, die weltweite Armut, die Versorgungssicherheit, die Gesundheitsprobleme, die Wasserknappheit in vielen Ländern, einen effektiven Tierschutz, der das Leiden der Tiere ausschliesst. Das Dokument «Nachhaltige Ernährung 2020»[19] ist, was logische Stringenz betrifft, unwiderlegbar. Kein Wunder, dass die Initiative von weitherum bekannten Persönlichkeiten wie dem schweizerischen Altbundesrat Moritz Leuenberger unterstützt wird. Die Stiftung will eine breitangelegte gesellschaftliche Debatte eröffnen und wählt darum auch das politische Mittel der Volksinitiative in den Kanto-

---

[19] http://sentience.ch/wissen/nachhaltige-ernaehrung-2020/ (Zugriff: August 2014).

nen Bern und Baselstadt.[20] Sie stellt einen Massnahmenkatalog zusammen, der den Grundsatz freier Entscheidung wahrt, aber dennoch gute Schritte vorschlägt: Verbesserung der pflanzlichen Kochkünste, weil es auch da um Genuss und Freude gehen soll, Verbesserung des pflanzlichen Angebots, Verbesserung der Entscheidungsgrundlagen.

Die Abkehr vom Konsumismus ist letztlich eine Frage der Verantwortung. Wenn in diesem Buch vorwiegend das Essen im Zentrum steht, so deshalb, weil es das Fasten zum Inhalt hat. Doch muss sie sich auch auf andere Bereiche beziehen: Warum fahren immer noch so viele ein Auto? Auch ein Elektroauto schädigt die Umwelt. Warum glauben Menschen (in der Schweiz 26%), dass sie ihre Ferien in der Ferne verbringen müssen, ohne dass sie die ökologischen Folgen bedenken? Wie steht es mit den Geldanlagen? Um nur ein paar Beispiele zu nennen.

---

[20] Vgl. Das eindrückliche Youtubevideo der diesbezüglichen Pressekonferenz: https://www.youtube.com/watch?v=XhMCH02Cd6s (Zugriff: August 2014).

Kapitel 2:
Ein fleischloser Tag pro Woche – oder gar mehr?

Auch die politischen Diskussionen im Vorfeld der deutschen Bundestagswahlen drehten sich unter anderem um die Frage nach einer Kultur des Brotes. Ich wurde von der Redaktion der Zeitschrift der Franziskaner Deutschlands gebeten, auf den Vorschlag der Grünen einzugehen[21].

[Anmerkung der Redaktion]

Die Forderung der GRÜNEN, in öffentlichen Kantinen einen fleischlosen Tag pro Woche einzuführen, hat im Wahlkampf sehr unterschiedliche Reaktionen hervorgerufen. Während sich manche nicht vorschreiben lassen wollen, wann sie was essen, geht vielen Vegetariern und Veganern die Forderung nicht weit genug. Zu ihnen gehört der Franziskaner Anton Rotzetter OFM-Cap, der seit vielen Jahren für mehr Tierschutz in unserer Gesellschaft kämpft. Sein Beitrag ist ein Plädoyer für eine Ernährung, die ohne tierische Produkte auskommt.

Es ist aus verschiedenen Gründen nicht verständlich, warum der Vorschlag der GRÜNEN, einen fleischlosen Tag pro Woche für öffentliche Kantinen vorzuschreiben, so aggressiv bekämpft wird:
1. Bis vor wenigen Jahrzehnten war der Freitag, wenigstens in katholischen Gebieten, verpflichtende Lebenspraxis.
2. Ebenso war der Fleischkonsum in der Vergangenheit kei-

---

[21] Artikel in: Franziskaner – Magazin für franziskanische Kultur und Lebensart, Zeitschrift der Deutschen Franziskaner, München, Herbst 2013, 26–28. Die Anmerkungen habe ich nachträglich hinzugefügt.

neswegs eine alltägliche Selbstverständlichkeit, wie sich viele Menschen heute noch erinnern können[22].

3. In vielen Städten Deutschlands und Europas ist ein vegetarischer Tag – meistens der Donnerstag – eine Selbstverständlichkeit geworden.
4. Bischöfe haben in England und anderswo zur Wiedereinführung des fleischlosen Freitags aufgerufen – und dies aus ökologischen und tierethischen Gründen.
5. Freiheit bedeutet keineswegs, alles zu können und alles zu dürfen. «Die Freiheit besteht darin, alles tun zu können, was einem anderen nicht schadet. So hat die Ausübung der natürlichen Rechte eines jeden Menschen nur die Grenzen, die den anderen Gliedern der Gesellschaft den Genuß der gleichen Rechte sichern», sagt die Menschen- und Bürgerrechtserklärung von 1789[23] in Artikel 4 oder § 83 im Landrecht für die Preußischen Staaten[24]: «Die allgemeinen Rechte des Menschen gründen sich auf die natürliche Freyheit, sein eignes Wohl, ohne Kränkung der Rechte eines Andern, suchen und befördern zu können.» Zwar gibt es in vielen Restaurants heute vegetarische Menüvorschläge, aber das Angebot ist erstens gering und oft minderwertig. Die Wahlfreiheit eines Vegetariers ist unter der «Diktatur der Fleischesser» stark

---

[22] Zu meinem Erstaunen macht Oliv, die Zeitschrift für eine biologische Lebensweise, auf das allgemein anerkannte Lehrbuch «Pauli» aufmerksam, das unterdessen bereits in 13. Auflage erschien und an dem «kein Koch vorbeikommt» (http://www.pauliph.com/default.asp?prono=2). Da wird festgestellt, dass Fleisch zwar ein kostbares, aber kein unbedingt notwendiges Lebensmittel sei, dass dagegen die pflanzlichen Lebensmittel zu bevorzugen seien ... (Oliv 8, 2014, http://www.oliv-zeitschrift.ch/ Zugriff: Juli 2014).
[23] http://www.verfassungen.eu/f/ferklaerung89.htm (Zugriff: Juli 2014).
[24] http://www.uni-heidelberg.de/institute/fak2/mussgnug/ALR.doc (Zugriff: Juli 2014)

eingeschränkt. Und Hunderttausende erleiden anderswo den Hungertod.
6. Weniger bis gar kein Fleisch mehr zu essen, lässt sich rein argumentativ sehr gut begründen.

Mit ruhigem Gewissen genießen

Essen und Trinken unter Menschen ist nicht nur das Zusichnehmen von Nahrung und nicht nur Sattwerden. Es ist immer auch Freude, Genuss, Lust, ein Fest der Sinne und der Verbundenheit mit denen, die am gleichen Tisch sitzen, und darüber hinaus mit allen Menschen und der ganzen Schöpfung. Das setzt Kreativität und Phantasie voraus bei der Zusammenstellung und beim Zubereiten des Menüs, aber auch das Bewusstsein, dass mein Essen und Trinken nicht auf Kosten anderer Menschen geht und kein Geschöpf dieser Welt meinetwegen leiden muss. Wirklich genießen kann man darum nur, wenn das Gewissen ruhig bleibt. In Salzburg gibt es ein wissenschaftliches Institut für Gastrosophie[25], das aus Gründen des Genusses und im Namen Epikurs den totalen Fleischverzicht[26] propagiert.

Man darf sich im Übrigen nicht allzu schnell auf das ruhige Gewissen berufen. Denn Fernsehen, Radio und Zeitungen informieren jede Woche mehrmals über die Zusammenhänge, in denen der Fleischkonsum heute steht. Wer diese breit verfügbaren Informationen nicht zur Kenntnis nehmen will, macht sich, wie die Ethiker sagen, der «ignorantia crassa» schuldig, der «krassen Unwissenheit». Gemeint

---

[25] http://www.gastrosophie.at/ (Zugriff: Juli 2014)
[26] Epikur – Internet Zeitschrift:http://www.epikur-journal.at/de/ausgabe/detail.asp?id=356&art=Artikel&tit=Das%2520Fleisch%2520der%2520Zukunft%2E%2520Retortenschnitzel%2C%2520Tofu%2DFleischersatz%2520oder%2520Fleisch%2520von%2520gluecklichen%2520Tieren%3F (Zugriff: Juli 2014).

ist ein Wissen, das man haben müsste, aber nicht haben möchte, wodurch die Unwissenheit unentschuldbar wird. Überhaupt gilt der Grundsatz: Wir müssen andere Wege des Genusses finden als den über den Konsum.

Solidarität mit den Armen

Seit Jahrzehnten wissen wir, dass «das Brot der Armen isst, wer Fleisch isst». In vielen Hungergebieten werden Getreide und Soja angepflanzt – zur Fütterung von Tieren, die auf unserem Teller landen. Tiere verbrauchen fünf- bis zwölfmal (je nach Tierart) mehr Getreide als der Mensch. Vielerorts werden klimatisch notwendige Regenwälder abgeholzt – zur Erstellung von Weideplätzen für Tiere oder von Anbauflächen für Soja und anderes. Die Folge davon: Landbesitzer werden verjagt und in Armut und Hunger verbannt; daran sterben täglich 100.000 Menschen. Solidarität und Gerechtigkeitssinn fordern darum den Verzicht auf Fleisch, das auf diese Weise produziert wurde. Als Prinzip müsste gelten: Ein Land sollte nur so viel Fleisch produzieren, dass dafür weder Kraftfutter noch Dünger importiert werden müssten. Das hätte eine drastische Reduzierung der Anzahl der Tiere zur Folge und würde auch eine bessere Tierhaltung bewirken.

Tierethische Gründe

Die industrielle Fleischproduktion macht das Tier zu einer bloßen Ware, zu einer unbelebten Sache, die wie andere Dinge vermarktet wird: Massentierhaltung, Tiertransporte, Tierschlachtung ohne Mitgefühl und ohne Ehrfurcht vor dem Leben des Tieres. Die beteiligten Menschen verrohen, sie verlieren ihre Seele, agieren wie Maschinen. Anteilnahme, Empfinden, Ehrfurcht vor dem Leben des Tieres, ja, die Menschlichkeit des Menschen fordern darum den Verzicht auf industriell produziertes Fleisch.

Beim heutigen Fleischkonsum «muss geprüft werden», sagt Professor Helmut Bartussek von der österreichischen Bundesanstalt für alpenländische Landwirtschaft, «ob das Verzehren von Fleisch unter folgenden Bedingungen als moralisch unbedenklich ausgewiesen werden kann:
> Tiergerechte Haltung der genutzten Tiere während ihrer ganzen Lebenszeit,
> sachgerechte und fürsorgliche Pflege der Tiere,
> schonender Umgang und Transport,
> angst- und schmerzfreie Tötung der Tiere». Er fügt dann hinzu, dass das «in den meisten Fällen nicht gegeben ist»[27].

Philosophische Gründe

Zur tierethischen Argumentation gehören auch die Erkenntnisse der Philosophie. Seit einigen Jahrzehnten geht uns immer mehr auf, dass ein Tier ein Selbstzweck ist, um seiner selbst willen da. Es steht nicht einfach zur Verfügung des Menschen. Ein Tier ist nicht Menschenwerk – wie etwa ein Auto, mit dem wir darum machen dürfen, was wir wollen. Es ist menschlicher Willkür enthoben, der Mensch muss sich moralisch und auch juristisch rechtfertigen, wenn er ein Tier in Gebrauch nimmt oder gar tötet, um es zu essen. Bei der Güterabwägung stehen sich hier der kurzfristige Genuss eines Menschen und die Tötung eines Lebewesens gegenüber. Eine solche Güterabwägung kommt zu einem klaren ethischen Ergebnis: Der kurzfristige Genuss des Menschen muss anders als durch das Töten eines Wesens, das leben will, erfüllt werden.

---

[27] Ist Fleischkonsum moralisch vertretbar? In: Landwirtschaft 99 – Der kritische Agrarbericht Agrarbündnis, ALB Bauernblatt Verlag, Rheda-Wiedenbrück / BRD 1999, 264-270.

Theologische Gründe

Zur Philosophie kommt nun auch die Theologie: Das Tier genießt in der Bibel einen besonderen Status. Es teilt nicht nur mit dem Menschen das Schicksal, sondern auch den besonderen Schutz des lebendigen Gottes. Dies könnte mit vielen Stellen aus der Bibel eingehend belegt werden. Genesis 1 formuliert das Postulat vegetarischer Lebensweise. Dieser großartige Text gehört zur prophetischen Literatur, in der eine Alternative zur bestehenden Welt entworfen wird: eine Welt ohne Tod und Gewalt. Für die reale Welt schränkt die Bibel durch das rituelle Schächtgebot den Fleischkonsum wesentlich ein.

Franz von Assisi war zwar kein Vegetarier, aber es gibt viele Geschichten, bei denen er Tiere, die ihm zum Essen überlassen wurden, freiließ: Fische, Lämmer, Hasen. Überhaupt sind die Anekdoten geprägt vom Geist des Freilassens[28]. Tiere sind für ihn Brüder und Schwestern, mit denen er gemeinsam Gott preisen will. Sein Verweis auf die Bibel, dass man essen soll, was einem vorgesetzt wird, bezieht sich auf eine Lebensweise von Bettlern, die nicht wählerisch sein können. Aber sehr früh kam es im Orden zu vegetarischen Tendenzen. Fastentage waren für Franziskus eine Selbstverständlichkeit. Auch die anderen Motive, die hier erwähnt werden, sind von Franziskus gelebte Werte.

Ökonomische Gründe

Der übermäßige Fleischkonsum bringt die «Fleischproduzenten» unter Druck: Sie müssen der großen Nachfrage nach Fleisch, das überdies auch noch billig sein soll, nachkommen. Quantität statt Qualität wird zum unternehmerischen,

---

[28] Vgl. A. Rotzetter, Die Freigelassenen – Franz von Assisi und die Tiere, Paulusverlag Freiburg/Schweiz 2011

aber unmoralischen Prinzip: Gammelfleisch und regelmässige andere Skandale, immer neue Epidemien und Krankheiten wie Rinderwahnsinn, Creutzfeld-Jakob, Vogelgrippe und ähnliches sind die Folge. Durch weitgehenden Verzicht auf Fleisch oder gar Vegetarismus wäre dieser ökonomisch bedingte Druck zu senken: Weniger Nachfrage führt zu einem geringeren Angebot.

Ökologische Gründe

Nach einer Studie des UN-Umweltprogramms UNEP[29] sind die industrielle Landwirtschaft und die Massentierhaltung verantwortlich für 20 Prozent der Treibhausgasemissionen, 60 Prozent der Phosphor- und Stickstoffemissionen sowie für 30 Prozent der Gift-Emissionen in Europa, insbesondere von Chemikalien; außerdem für 70 Prozent des weltweiten Süßwasserbedarfs und für 38 Prozent des gesamten Erdoberflächenbedarfs. Für die Autoren der UNEP-Studie folgt daraus die Notwendigkeit einer «radikalen Änderung der Ernährungsgewohnheiten weg von tierischen Produkten». Aus Verantwortung für die Länder des Südens fordert auch die «Erklärung von Bern», eine schweizerische NGO, die sich für eine gerechtere Globalisierung einsetzt, die Halbierung des Fleischkonsums. Und der WWF sagt, ein Menu ohne Fleisch belaste die Umwelt zwei Mal weniger. Wenn alle Menschen auf der Welt so lebten wie wir in der Schweiz oder in Deutschland, dann bräuchten wir ungefähr das Dreifache der Erdoberfläche. Ein oder zwei obligatorische «Veggie-Days» würden das von unseren Regierungen erklärte Ziel der Emis-

---

[29] http://www.unep.fr/shared/publications/pdf/DTIx1262xPA-PriorityProductsAndMaterials_Report.pdf (Zugriff: Juli 2014). – Vgl. Anton Rotzetter, Landwirtschaft, Tierhaltung und Fleischkonsum, AKUT BRISANT 1, Ennetmoos 2014 (AKUT, Rübibachstrasse 9, CH-6372 Ennetmoos)

sionsreduzierung wesentlich erleichtern. Einen leichteren Weg dahin gibt es nicht, deshalb ist es unerklärlich, warum sich politische Parteien dagegen sperren. Eine radikale Veränderung unser Gewohnheiten – Mobilität, Wohnen, Konsum – ist unerlässlich[30]

Gesundheitliche Gründe

Immer wieder wird gesagt, dass der Mensch aus gesundheitlichen Gründen Fleisch essen muss. Diese Aussage gehört zu dem, was man heute «Karnismus»[31] nennt. Gemeint ist ein kulturelles System von selbstverständlich akzeptierten Glaubensüberzeugungen, die den Fleischkonsum als notwendig voraussetzen. Es gibt Kulturen ohne Fleischkonsum. Und in Ländern, in denen keine Milch getrunken wird, gibt es keine

---

[30] WBGU: Wissenschaftlicher Beirat der Bundesregierung: «*Klimaverträgliche Ernährungsweisen fördern:* Neben der Verschwendung von Nahrungsmitteln in Haushalten sollten vor allem sich verändernde Ernährungsgewohnheiten zugunsten tierischer Produkte verstärkt kritisch betrachtet werden. Die Viehwirtschaft beansprucht insgesamt bereits etwa drei Viertel der landwirtschaftlichen Flächen und gilt neben der Bevölkerungsentwicklung als dynamischster Faktor in der Landnutzung. Daher hätten Erfolge bei entsprechender Lenkung der Nachfrage eine erhebliche transformative Wirkung und damit ein hohes Ambitionsniveau. Als rasch umzusetzende Maßnahmen empfiehlt der WBGU vermehrte Aufklärungsarbeit in Kombination mit der Kennzeichnung von Umweltwirkungen auf der Verpackung. Kantinen der öffentlichen Hand sollten als Vorbild ein bis zwei fleischfreie Tage pro Woche einlegen. Die EU-Subventionen zur Stützung der Tierproduktion sollten rasch abgebaut werden. Wegen der großen Hebelwirkung dieser Effekte ist zu prüfen, ob im Rahmen einer Steuerreform die Emissionsintensität der Lebensmittel als Kriterium für Besteuerung von Agrarprodukten herangezogen werden soll.» http://www.bayern-evangelisch.de/downloads/ELKB-Welt-im-Wandel-2014.pdf (Zugriff: Juli 2014).

[31] Der Begriff stammt von Melanie Joy: Why We Love Dogs, Eat Pigs, and Wear Cows: An Introduction to Carnism: The Belief System That Enables Us to Eat Some Animals and Not Others, San Francisco 2010.

Osteoporose. Eine Langzeit-Studie der Harvard-Universität hat gezeigt, dass hoher Milchkonsum nicht, wie lange angenommen, vor Osteoporose schützt, sondern Knochenbrüche eher begünstigt. Die Wissenschaftler vermuten, dass sich der durch die Milch übersäuerte Körper mit Kalzium aus den Knochen neutralisiert und Osteoporose so begünstigt. Unterdessen gibt es eine Fülle von medizinischen Studien, die nachweisen, dass Fleischkonsum nicht erst im Übermaß gesundheitsschädigend ist, sondern schon im Ansatz. Hinzu kommt, dass es unzählige Krankheiten gibt, die ihre Ursachen im übermäßigen Fleischkonsum haben. Schließlich kommt die heutige Tierhaltung kaum mehr aus ohne Verwendung von Antibiotika und anderen Medikamenten, die dann über den Fleischkonsum zu einer Resistenz gegen Antibiotika führen. Nach Schätzungen der Weltgesundheitsorganisation (WHO) sterben jedes Jahr in Europa etwa 25.000 Menschen an resistenten Erregern.

Fazit: Sind acht Gründe nicht genug, um weniger bis gar kein Fleisch zu essen?

Kapitel 3:
Umkehr jetzt – damit alle das Leben in Fülle haben – Perspektiven und Praxis einer prophetischen Kirche

Unsere Welt lebt heute in einer prekären Situation. Wir müssen die Kultur des Brotes wieder entdecken. Bei deren Definition im 1. Kapitel haben wir bereits auf die biblisch-mystische Tiefendimension des Begriffs hingewiesen. Dass dabei der Kirche eine prophetische Rolle zukommt, dürfte sich deshalb von selbst verstehen. Doch bezieht sich diese Funktion nicht nur auf Essen und Trinken, sondern auf die grundsätzliche Orientierung der Gesellschaft. Weil dieses Buch dem Vorwurf entgegentreten will, es würde sich zu sehr auf bloss vordergründige Fragestellungen beziehen, dokumentiere ich nachstehend den Vortrag, den ich 2010 am Katholikentag in Mannheim gehalten habe. Das Tasten nach einer anderen Ernährungsart steht nicht isoliert da.

Dass die Kirche eine prophetische Kirche sein muss, dürfte mindestens theoretisch unumstritten sein. Faktisch aber stellt sich die Frage, ob die Kirche auch deshalb der Bedeutungslosigkeit zusteuert, weil sie schon längst zum Abbild der gesellschaftlichen Verhältnisse geworden ist. Von so vielen Kanzeln herunter wird Banales verkündigt, selbst Ostergottesdienste sind oft eher Beerdigungsrituale statt Feier des Lebens, das allen Tod überwindet ... Die Kirche hat bis zum konkreten Lebensstil der Gemeinden und der Gläubigen kaum mehr prophetische Kraft.

Die Kirche aber muss sich von der übrigen Gesellschaft abheben. Sie muss den gesellschaftlichen Bedingungen als Alternative gegenübertreten. Denn sie ist der Lebensfülle Gottes verpflichtet. Sie muss den nekrophilen Tendenzen die österliche Dynamik entgegenhalten. Und in allem muss sie leben, was in einem Glorialied zum Ausdruck kommt: «Allein Gott in der Höhe sei Ehr und Dank für seine Gnade» (KGB 77; GL 170).

Die Propheten sind nach dem Ersten Testament Personen, die gegenüber den selbstgemachten Götzen dieser Welt dieses «Allein Gott!» in Wort und Tat zur Geltung bringen. Sie leben aus einer mystischen Verbundenheit mit Gott; die Propheten sind gottunmittelbar. Und keine Institution dieser Welt, auch nicht die Amtsträger der Kirche, darf es wagen, über Propheten ein Urteil zu fällen. Es sind allein zwei Kriterien, welche falsche von wahren Propheten unterscheiden:
> «an ihren Früchten werdet ihr sie erkennen» (Mt 7, 16), und
> die Authentizität, die Glaubwürdigkeit ihres Lebens.

Kommt hinzu: sie werden oft Widerspruch ernten und ein konfliktreiches, unverständliches Leben führen müssen und werden oft genug umgebracht. Propheten sind zum Gehorsam allein Gott gegenüber verpflichtet. Und wenn die Kirche und die einzelnen Gläubigen prophetisch sein wollen, dann müssen sie allein Gott gegenüber gehorsam sein.

Was bedeutet das – «prophetische Kirche», eine Kirche, die dem Leben in Fülle für alle verpflichtet ist? Das kommt auf einmalige Weise im Magnifikat (Lk 1, 46ff) zum Ausdruck, dem Lied von der göttlichen Revolution. Um zu verstehen, welche prophetische Qualität das Lied der an sich kleinen unbedeutenden Frau hat, die plötzlich ihre universale Größe besingt, trage ich Ihnen eine von Elisabeth Bernet stammende Neudichtung vor:

Ich tanze und springe
die Umkehr der Dinge

ist da
die Rettung ist nah

das Harte wird weich
das Arme wird reich
das Müde und Tote lebendig
das Grosse wird klein
das Grobe wird fein
und alles Zerstörte beständig

jubelt ihr Kleinen
gehört ist das Weinen
der Armen
Gott heisst Erbarmen

ich tanze und springe
die Umkehr der Dinge
ist da
die Rettung ist nah

jedes Kind wird gehört
jede Waffe zerstört
und kein Tier fürchtet sich vor den Menschen
der Folterer backt Brot
der Tyrann lindert Not
alle Länder öffnen die Grenzen

jubelt ihr Kleinen
gehört ist das Weinen
der Armen
Mensch heisst Erbarmen

ich tanze und springe

die Umkehr der Dinge
ist da
die Rettung ist nah

der Soldat füttert Tauben
der Minister pflanzt Trauben
jede Träne wird Wasser des Lebens
jeder Hunger gestillt
jeder Traum wird erfüllt
und keiner sehnt sich vergebens

jubelt ihr Kleinen
gehört ist das Weinen
der Armen
Gott heisst Erbarmen

ich tanze und springe
die Umkehr der Dinge
ist da
die Rettung ist nah

Lachen und Licht
fällt auf jedes Gesicht
kein Geringes braucht sich mehr zu schämen
alles Sanfte besteht
jeder Kummer vergeht
Gott selbst trocknet all unsere Tränen

jubelt ihr Kleinen
gehört ist das Weinen
der Armen
Mensch heisst Erbarmen

*ich tanze und springe
die Umkehr der Dinge
ist da
die Rettung ist nah*

*Gott senkt sein Liebeslied in meinen Schoss
so bin ich gross*

Die Gottesfrage

Im Zentrum einer heutigen Prophetie steht die Gottesfrage. Was sie zum Ausdruck bringt, widerspricht ausdrücklich den heute allgemein üblichen konfusen Gottesvorstellungen in Gesellschaft und Kirche. Gott aber hat ein Gesicht. Er bezieht Stellung. Er ist Jahwe, das göttliche Geheimnis, das sich in Beziehung setzt, das sich als befreiendes «Ich bin da» zur Erfahrung bringt. Nichts anderes verdient, als Gott angebetet und verehrt zu werden, als der Gott, der herabsteigt, um das Elend der Menschen mitzutragen, ihre Not zu wenden und Freiheit zu schaffen.

Welche Rolle kommt Jesus von Nazareth zu? Über ihn sind, auch innerkirchlich, große Diskussionen im Gang. Man verweist auf die radikalen Forderungen der Bergpredigt. Die Christologie dagegen sei eine griechische, also nachträgliche Interpretation. Und wer noch wagt es, von der befreienden Botschaft des Kreuzes zu sprechen?

In diesem Jesus zeigt sich doch eine intensive Gottespräsenz, eine absolute Gottesnähe. Die Jüngerinnen und Jünger sind ihm deswegen gefolgt und nicht in erster Linie, um seine radikalen Forderungen zu befolgen, die letztlich eine schlechthinnige Überforderung darstellen. Die ersten Christinnen und Christen erfuhren diese Gottespräsenz auch noch in seinem schrecklichen Tod am Kreuz. In seinem erschütternden Verlassenheitsruf «Mein Gott, mein Gott, warum hast Du mich verlassen?» (Mk 15,34) bezeugt Jesus die Erreichbarkeit des Gottes, dessen Abwesenheit er beklagt: Gottes befreiende Gegenwart auch noch im Tod (Klaus Müller). Darin ist der Tod des Todes proklamiert. Es gibt keinen Ort mehr, an dem Gottes Nähe nicht geglaubt werden kann.

Um es etwas anders zu sagen: Vor der Ethik liegt die Mystik, vor der Forderung die Gnade, vor den gesetzlichen Forderungen die Erfahrung der absoluten Gottesnähe: Gott ist da, befreiend, solidarisch, in einer bedingungslosen und voraussetzungslosen Liebe, die sich jeder rationalen Begründung entzieht. Jesus hat dies vor allem in seiner Gastfreundschaft gegenüber den Sündern gelebt.

Dies ist das Gottesbild, das unsere Welt braucht. Und dies wäre auch das Zeugnis, das die Kirche zu bezeugen hätte. Sie hat das Evangelium, die frohmachende Botschaft zur Erfahrung zu bringen, nicht nur kirchenintern, sondern säkular; nicht nur im rituellen, gottesdienstlichen Geschehen, sondern in der bedingungslosen Tat der Liebe. Und sie darf von dieser liebenden Präsenz Gottes niemanden ausschliessen, niemanden!!!

Neue Beziehungen

Die Konsequenzen drängen sich auf. Wenn Gott nichts anderes ist als befreiende Liebe, muss sich das im gegenseitigen Verhältnis der Menschen zeigen. Ob Ehe, Freundschaft, Ordensgemeinschaft, Pfarrei, Bistum oder Weltkirche – jede Form des Zusammenseins muss aus dem Zeugnis absoluter Gottesnähe leben.

So sehr auch das Ich bzw. das Selbst von Bedeutung ist, wir müssen von der Ichbezogenheit wegkommen und im überschaubaren Raum jene Liebe ansichtig machen, die unsere menschliche Liebe ebenso ernst nimmt wie sie sie übersteigt. Im ersten Petrusbrief heißt es: »Im Gehorsam gegenüber der Wahrheit habt ihr eure Seelen rein gemacht, frei für die Liebe unter Brüdern und Schwestern, die keine Verstellung kennt; so liebt denn einander aus reinem Herzen, ohne nachzulassen!« (1,22). In der Vulgata, der lateinischen Bibelübersetzung des Hieronymus, war an dieser Stelle die Rede von der «obedientia caritativa», von einem von der Liebe getragenen Gehorsam, von einer Hellhörigkeit der Liebe also, welche die andere, das andere, die anderen, das Ganze, das Wohl aller nie aus dem Auge verliert.

Die Liebe hat ihre Verbindlichkeit. Das Wort dafür ist: Ge-Hor-sam. Dies gilt, nicht nur für das Verhältnis der Gläubigen gegenüber Papst, Bischof, Priester. Auch diese sind hörend auf die Gemeinde verwiesen, und jeder Gläubige auf alle anderen. Ich sehe nicht, dass das kirchliche Amt sich heute diesem liebenden Gehorsam verpflichtet weiß. Das Verhalten vieler Bischöfe, Pfarrer und Gemeindeleiter ist ohne jede Rücksicht auf die Menschen, für die sie Bischof, Pfarrer oder Gemeindeleiter sind. Viele sind auch heute noch Hierarchen, Vertreter einer Logik der Macht. Die Folge davon ist eine andauernde Zerstörung der Kirche von oben. Gerade jene, die ein Amt haben in der Kirche, sind aber der Logik der Liebe verpflichtet, dem liebenden Gehorsam, der sensibel ist gegenüber den Regungen an der Basis der Kirche.

Es stellt sich die grundsätzliche Frage, ob wir in unseren kirchlichen Gemeinschaften jene Kommunikationsform pflegen, die dieser Grundvorstellung entspricht. Klerikalismus, Privilegierung, Monopolisierung, wohlverstanden auch in laikaler Gestalt, Eifersucht, Fundamentalismus, Dogmatismus jeglicher Art haben da einfach keinen Platz. Hingegen sind Dialog und Argumentation, Demokratie, Pluralismus der Meinungen, Konfliktstrategien, Streitkultur Postulate, die sich aus dem dargestellten Gottesbild ergeben.

Kirche der Armen

Eine zweite Konsequenz ist ebenso deutlich ableitbar. Die moderne christliche Spiritualität bezieht sich nicht erst zuletzt, sondern primär auf die Armen, Schwachen, Verachteten, die Opfer jeder Art, wie auf einmalige Weise das Magnifikat zeigt. Denn Gott ist eingegangen in die Not der Welt. Die Rede vom Kreuz muss nach Paulus (1 Kor 1,18–31) eine neue Wertschätzung der Armen zur Folge haben, Eucharistie ist nach ihm nur dann begriffen, wenn die Armen zu ihrem Recht kommen (vgl. 1 Kor 11,17-34). Gott ist die Not der Menschen nicht gleichgültig, deswegen ist Gleichgültigkeit, die Unfähigkeit zu einem solidarischen Verhalten, keine christliche Option. Nur der solidarische Christ ist Christ.

Damit ist auch die Frage gestellt, wie weit das kapitalistische System mit dem zu bezeugenden Gott kompatibel ist. Gott ist, wie Maurice Zundel, ein Westschweizer Theologe, sagt, ein «être oblatif», ein Wesen, das sich hingibt, und nicht ein «être possessif», das immer nur um sich selbst kreist bzw. sich und alles besitzt und vermehrt. Von da aus müssen unsere Besitztümer und Güter mit neuem Auge angeschaut werden, besonders eben unter dem Aspekt der Armen in der Pfarrei und in der Welt. Die Kirche muss aus dieser Haltung dezidiert gegen die Gier auftreten, welche sich unter dem Deckmantel «freier Markt» allgemein breitgemacht hat. Und statt um sich selbst zu kreisen, muss jede Gemeinde sich mit den Armen dieser Welt solidarisch zeigen.

Es wäre mehr als bloß schön gewesen, wenn Papst Benedikt XVI. bei seinem Deutschlandbesuch nicht nur von der «Entweltlichung der Kirche» gesprochen hätte, sondern mutig seinen Hermelin und seine Prunkgewänder abgelegt und eine Entrümpelung des Vatikans angeordnet hätte.

Der universale Horizont

Die dritte Konsequenz bezieht sich auf den universalen Horizont gläubiger Existenz. Die Globalisierung der Liebe, des Lebens ist ein christliches Postulat. Da darf es keine Einengungen geben:

> Keine kirchliche Eingrenzung, keine Exkommunikation, keine Nabelschau der Kirche, sondern eine Kirche, die sich nur in der solidarischen Bezogenheit auf die ganze Welt definiert;
> keine sexistischen durch einengende Deutungen auf das Mannsein: die Frau ist ebenso gemeint und gerufen;
> keine familiären, schichtenspezifischen, nationalen, rassistischen oder kulturellen Einengungen: der Pluralismus ist nicht nur nichts Negatives, sondern der Reichtum der Schöpfung Gottes;
> keine anthropozentrischen Einengungen: Angesichts der ökologischen Herausforderungen müssen wir die absolute Gottespräsenz auch für die nichtmenschliche Welt bezeugen. Selbst die christologischen Aussagen sind schöpfungstheologisch zu begreifen. Ich möchte mir die Bemerkung erlauben: Die Kirche ganz allgemein, auch die Kirchen Deutschlands und der Schweiz sind völlig unfähig, die «Zeichen der Zeit» zu deuten und entsprechende Konsequenzen in Lehre und Lebensstil zu ziehen. Es fehlt ihnen das Bewusstsein, dass Solidarität mit den Armen, das Engagement für Gerechtigkeit in der Welt, der Einsatz für die Bewahrung der Schöpfung und für die Würde des Tieres zusammen gehören. Diesbezüglich möchte ich an das Arbeitspapier 113 («Die Verantwortung des Menschen für das Tier») erinnern, das die Deutschen Bischöfe 1993 herausgegeben haben, ein ausgezeichnetes Papier. Aber weiss noch jemand in der deutschen Kirche

von diesem Papier? Und wo sind die Konsequenzen, die daraus folgen?

Aus meiner franziskanischen Tradition heraus engagiere ich mich vor allem auch für die Schöpfung und für das Tier. Fast kein Tag vergeht, wo ich nicht Briefe bekomme, in denen das diesbezüglich mangelnde Engagement der Kirche beklagt wird. Selbst mein persönliches Engagement wird von Außenstehenden als «Einvernehmlichkeit mit einer kirchlichen Wohlfühlgemeinschaft» diskreditiert (Brief vom 17. Juli 2010). Von kirchlicher, ja ordensinterner Seite werden die sowohl theologischen als auch die faktisch gut begründeten ethischen Folgerungen als «Ideologie» abgelehnt.

Kirchgemeinden, Ordensgemeinschaften, aber auch der einzelne Christ müssen zu einem Lebensstil finden, der die Alternative zum Konsumismus herausstellt. Deswegen hat AKUT, die Aktion Kirche und Tiere, eine Unterschriftenkampagne lanciert.[32]

Kirche ist dann prophetische Kirche, wenn sie sich selbst vergisst und sich in die Not der Armen und der ganzen Schöpfung begibt, um die unbedingte Liebe Gottes mit aller Tatkraft und authentisch zu bezeugen. Im Magnifikat wird diese prophetische Dimension der Kirche ausgedrückt, darin liegt die einzige Chance, heute noch Kirche zu sein:

Gottes Lob wandert
Und Erde darf hören.
Einst sang Maria, sie jubelte Antwort.
Wir stehen im Echo der Botschaft vom Leben. KGB 762

---

[32] Aufruf und Weiteres zu dieser Unterschriftensammlung: siehe www.aktion-kirche-und-tiere.ch

Kapitel 4:
Theologie und Spiritualität der Schöpfung

Zu Recht macht man der Kirche den Vorwurf, erst spät zu den ökologischen Anliegen vorgestossen, ja durch die offizielle Theologie sogar Mitverursacherin der ökologischen Krise zu sein. Indem die katholische Kirche 1979 auf Drängen von Umweltschützern Franz von Assisi zum «Patron des Umweltschutzes» erhoben hat, hat sie sich mit dem Anliegen identifiziert und seither zum Teil sehr gute Texte zum Thema veröffentlicht. Das heisst nicht, dass die ökologische Bilanz von Funktionsträgern, Institutionen und Gemeinden nicht immer noch sehr weit entfernt ist von dem, was man von ihnen erwarten dürfte. Was das Tier betrifft, so hadern die Tierschützer immer noch mit den unglücklichen Aussagen des Katholischen Katechismus, weil sie die Tiere zu sehr der menschlichen Nutzung unterwerfen. Etwas besser ist das Dokument der Internationalen Theologenkommission «Gemeinschaft und Dienstleistung: Die menschliche Person – geschaffen nach dem Bilde Gottes» (2004). Es fordert, dass das Tier in das Bemühen um die Wiederherstellung der Harmonie in der Schöpfung einbezogen wird und dass auch gegenüber den Tieren eine «eucharistische Haltung» eingenommen werden muss[33]. Aber auch dieses grossartige Dokument bleibt immer noch weit hinter den Aussagen zurück, die aus der Bibel zu erschliessen wären.

Vor allem ist zu bedenken, dass das Christentum bei seiner Inkulturation in die griechische Welt den Dualismus von Geist

---

[33] Siehe den Text S. 107

und Materie übernommen hat. Dies aber verhinderte letztlich eine positive Würdigung der weltlichen Belange. Das zeigt sich gut in der zum Teil bis heute andauernden Überzeugung, dass der menschliche Geist, die Vernunftseele des Menschen, eine Art «Ewigkeitsgarantie» in sich trägt, während die belebte (Tiere und Pflanzen) und erst recht die unbelebte Natur (die Materie) irdisch, vergänglich ist und ins Nichts zurücksinkt. Dies aber widerspricht fundamental der Bibel, welche keinen derartigen Dualismus kennt. Es gibt nicht eine Seele, die dem Leib gegenüberstünde bzw. vor diesem und nach ihm ewig existierte. Es gibt nur eine einzige Wirklichkeit, die entweder wie in den ältesten Schriften der Bibel ins Nichts zurücksinkt oder dann – so in den jüngeren Texten – durch den Schöpfergott in ihre ewige Fülle hineingerufen wird.

Die Übernahme des griechischen Denkens verhinderte letztlich eine authentische Spiritualität der Schöpfung. Das ganze abendländische Denken war auf das Ende ausgerichtet, in dem allein die Welt des Geistes in Gott lebendig bleibt. Dieses Ende wurde sogar zum Sog, der die Existenz des Menschen und seine Sinnhaftigkeit definierte. Das Ziel religiöser Sehnsucht bestand nach dieser Überzeugung darin, möglichst bald den Leib und alles Irdische abzustreifen, um ins himmlische Reich des Geistes einzutreten. Viele der geistlichen Schriftsteller haben darum den Weg des Menschen als einen Aufstieg zu Gott beschrieben, bei dem sukzessive alles Irdische zurückgelassen werden muss. Zuerst musste man sich vom Weltlichen reinigen (via purgativa), dann sich von Gott erleuchten lassen (via illuminativa), um schließlich in reinster und vollkommener Liebe eins mit Gott werden (via unitiva)[34]. Auch die positivsten Schöpfungserfahrungen

---

[34] Vgl. die Neuinterpretation dieses dreifachen Weges durch D. Sölle, Mystik und Widerstand, «Du stilles Geschrei», Hamburg 1997, 123.

oder Gedanken, selbst wenn sie mit Jesus verbunden waren, mussten in die «Wolke des Vergessens» und in die «Wolke des Nichtwissens»[35] versenkt werden. Ein solches Leben war sehr oft von einer gewissen Todessehnsucht erfüllt, die durch asketische Verzichtübungen möglichst rasch zum Tod führen sollte. Nur selten kam in einem solchen Denken die Freude an der Schöpfung und am Leben selbst auf. Da ist Klara von Assisi schon fast eine Ausnahme, die am Ende ihres Lebens gesagt hat: «Gelobt seist du, Herr, dass du mich geschaffen hast!»[36] Eine Spiritualität der Laien aber, der Ehe bzw. der Sexualität und des menschlichen Handelns konnte auf einem solchen Boden kaum wachsen. Eine Mystik der Tat konnte sich nur zögerlich entwickeln und entfalten.

Das änderte sich jedoch in dem Masse, wie man die Bibel und ihr radikal anderes Denken wieder entdeckte. Ich bin erstaunt, dass man die Texte zwar las oder als Gebete vollzog, aber die Bedeutung kaum erkannte.

Der Psalm 95 oder das tägliche Bekenntnis zu Gott, dem Schöpfer

Seit über 50 Jahren bete ich das kirchliche Stundengebet. Bei Beginn eines jeden Tages stand und steht heute noch der Psalm 95 (heute freilich wahlweise auch andere Psalmen des gleichen Inhalts: 67, 100, 24), eine leidenschaftliche Anerkennung des Schöpfers, ein einziger Jubelschrei, dass Gott

---

[35] Wolke des Nichtwissens und Brief persönlicher Führung: der Klassiker der Kontemplation / Übers. von Willi Massa. Mit einer spirituellen Hinführung hrsg. von Willigis Jäger. Nachw. von Bernhard Uhde, Freiburg 2011.
[36] Die Schriften der heiligen Klara, Zeugnisse zu ihrem Leben und ihrer Wirkungsgeschichte, hg. von Johannes Schneider und Paul Zahner, Kevelaer 2013, 1421.

die Welt erschaffen hat, dass Ihm alles, was ist, gehört: die Tiefen des Meeres, die Gipfel der Berge, das trockene Land, auch wir Menschen, die «sein Volk» sind, von ihm geleitet und geführt. Nur eine Konsequenz ist aus diesem Glauben zu ziehen: Da muss man niederfallen, sich verneigen, niederknien, anbeten. Ich erinnere mich, wie wir diese Körperhaltungen auch tatsächlich vollzogen haben. Heute jedoch gibt es in vielen Fällen nicht einmal mehr eine Andeutung davon. Zur Schöpfungsvergessenheit trat die Leibvergessenheit. Die Worte bewegen nicht mehr... Trotz dieses verbalen und in den Leib fahrenden Bekenntnisses zur Schöpfung blieb es bei einem punktuellen Vollzug, ohne dass wir für unser tägliches Verhalten auch tatsächlich Folgerungen gezogen hätten.

Auf eine notwendige Folgerung kommt der Psalm aber besonders zu sprechen: Geschöpflichkeit – das heisst: Gott gehören, auf ihn hörend ausgestreckt leben, Gottes Stimme hören in den Ereignissen der Geschichte und in allen Gegebenheiten der Schöpfung. Alles wird zur Bühne, auf der sich der Schöpfer zur Geltung bringen will, auch die Not. Dies zu vollziehen ist eine tägliche Aufgabe. Deswegen schlägt der freudige und anbetende Ton des Psalms plötzlich um in eine prophetische Mahnung. Es soll niemals wieder geschehen, was in der Wüste passiert ist: Dass man Gottes An-Wesenheit, seine Gegenwart in der Schöpfung, bestreitet bzw. dass das Herz des Menschen sich verhärtet und sich gegenüber Gott verschliesst.

Gerade die Erfahrungen von Durst (vgl. Ex 17,9: Meriba und Massa) und des Hungers (vgl. Ex 16), die Erfahrungen von Not und Bedürftigkeit wollen doch noch einmal die Kreatürlichkeit und Verwiesenheit auf den Schöpfergott zum Ausdruck bringen. Statt diese anzuerkennen, reagiert das Volk Israel mit Verhärtung und mit der Bestreitung des Gottes, der in allem als Schöpfer des Himmels und der Erde geglaubt werden will. Wie soll man dann aber mit einer solchen Verhärtung noch in das «Land der Ruhe» Gottes gelangen? Wer die geschichtlichen Wege Gottes verkennt, dem bleibt die Fülle des Lebens verschlossen. Gott bleibt auch in der Not der gute Schöpfer der Welt, er erschliesst die Wasserquellen, gibt das Manna und die Wachteln.

Man muss sich das einmal vorstellen: das Volk Israel sehnt sich in der Wüste nach den Fleischtöpfen Ägyptens; angesichts der Not, die es in der Wüste erlebt, erscheint ihnen das Sklavenhaus als Schlaraffenland. Die Wüstenerfahrung wird sehr viel negativer eingeschätzt als die schlimmsten Erfahrungen in der Knechtschaft. Die Not trübt den Realitätssinn, lässt vergessen, dass Gott ein befreiender Gott ist – und statt den Sinn in die Tiefe und Weite zu wenden, verengen sich die Menschen und werden blind. Das Volk Israel fällt tief. Die Wüste mit ihren existenziellen Mangelerfahrungen aber könnte das Gegenteil hervorrufen: Das radikale Vertrauen in das Geheimnis, dem man sein Leben verdankt. Der Schrei nach Fleisch wird so zum Ausdruck einer grundsätzlichen Verkennung der eigenen Situation und der Befreiungstat Gottes, ja ist mit Gottlosigkeit gleichzusetzen. Die Gier geht schliesslich so weit, dass viele so viel Fleisch essen, dass sie sich vergiften und umkommen. «Daher nannte man den Ort Kibrot-Taawa (Giergräber), da man dort die Leute begrub, die von der Gier gepackt worden waren» (Num 11,33). Bezüge zum heutigen «Fleischkonsumwahn» drängen sich auf, wobei zu betonen ist, dass das Volk in der Wüste wirklich mit Durst und Hunger konfrontiert war, die Menschen heute und hierzulande aber im Überfluss leben.

Der Schöpfungsglaube wird also in dem allmorgendlichen «Eingangstor zum neuen Tag», wie man den Psalm 95 auch schon genannt hat, eng mit der Ernährungsfrage gekoppelt. Auch beim Essen und Trinken sind wir eingebettet in die Kreatürlichkeit, in das Geheimnis der Schöpfung insgesamt. Und auch die Erfahrungen des Mangels dürfen nicht von Gottes Schöpfungstat abgekoppelt werden. Sie sollen uns im Gegenteil erst recht in die bleibende Schöpfungswirklichkeit einweisen.

Im französischen Brevier gibt es einen Hymnus[37], der auf Gregor von Nazianz zurückgehen soll und der auf einmalige Weise die Kreatürlichkeit des Menschen zum Ausdruck bringt.

O Du, jenseits von allem,
ist das nicht schon alles,
was es zu besingen gilt?

Welcher Lobgesang,
welche Sprache
könnte etwas von Dir sagen?

Kein Wort
bringt Dich zur Sprache.
Woran kann sich
der Geist anbinden?
Du übersteigst
alles Erkennen.

Du allein bleibst das Unsagbare,
und alles Sagbare
ist aus Dir hervorgegangen.
Du allein bist das Unerkannte,

---

[37] http://www.biblisem.net/meditat/gregotoi.htm (Zugriff: Juli 2014).

*denn alles Erkennbare
ist aus Dir hervorgegangen.*

*Alle Wesen,
alles, was spricht,
alles, was stumm ist,
verkündet Dich.*

*Alle Wesen,
alles, was denkt,
alles, was ohne Gedanken ist,
erweist Dir die Ehre.
Die universale Sehnsucht,
das universale Seufzen
strebt nach Dir.*

*Alles, was ist,
betet.
Und auf Dich hin
leben alle,
die Deine Schöpfung bedenken.
Sie lassen
einen einzigen schweigenden Hymnus
aufsteigen zu Dir.*

*Alles, was bleibt,
bleibt durch Dich.*

*Von allen Wesen
bist Du die Vollendung.*

*Du bist jedes Wesen,
und Du bist keines.*

Du bist kein einzelnes Wesen,
und Du bist nicht ihre Gesamtheit.

Dir gehören alle Namen,
und Du allein bleibst namenlos.

Welch himmlischer Geist könnte
die Wolken durchdringen,
da sie auch den Himmel verbergen?
Erbarm Dich.

O Du, jenseits von allem,
ist das nicht schon alles,
was es zu besingen gilt?[38]

Die Vision der guten Schöpfung

Kürzlich war ich bei einer Veranstaltung für eine Diskussion zum Thema «Schöpfungsspiritualität» eingeladen. Da meinte ein Vertreter der buddhistischen Weltdeutung, dass der Buddhismus im Unterschied zur jüdisch-christlichen Tradition von der Tatsache ausgehe, dass die Wirklichkeit, in der wir Menschen leben, schlecht und böse sei. Deswegen sei der menschliche Geist gefragt, damit er durch entsprechende Konsequenzen sich so verhalte, dass er sich selbst verändert und somit auch die Wirklichkeit, an deren Ende dann das Nirvana, das Erwachen in der unsagbaren Leere, stünde. Ich widersprach heftig und sagte, dass der Eindruck deswegen entstünde, weil die Erzählungen von der guten Schöpfung Gottes am Anfang der Bibel stünden. Tatsächlich jedoch seien diese Texte relativ spät entstanden. Sie seien poetische

---

[38] Übersetzung: Anton Rotzetter.

Texte, die eine Alternative aufzeigen wollten zur vorgegebenen «bösen Welt»; Gedichte, die noch ganz andere Möglichkeiten der Weltgestaltung aufzeigen wollten, prophetische Visionen, die den Menschen in ihren bösen Erfahrungen Mut und Hoffnung geben möchten. Diese poetischen Texte werden am Beginn (Paradies) oder am Ende der Geschichte (Himmel) inszeniert. Man müsste eigentlich die positiven Aussagen der Genesis ins Gegenteil verkehren, um die erfahrene böse Realität zu erkennen, denen die Bibel von Gott her eine Antithese entgegenstellt.

Gen 1, die erste Seite der Bibel, ist in die folgenden negativen Wirklichkeitserfahrungen hineingesprochen:

> In das Tohuwabohu, das totale Chaos: da sieht man keine Ordnung mehr, keinen Sinn im Ganzen, auch nicht im Detail; da erkennt man weder Richtung noch Ziel, weder Herkunft noch Ursprung, da ist alles «Irrsal und Wirrsal», wie Martin Buber sagt. Doch der Prophet verkündet: Alles ist auf die ordnende Hand Gottes verwiesen, die alles zum Kosmos zu wandeln vermag.

> In das totale Dunkel, das durch die Erfahrung der Gewalt, des Todes, entsteht: die verbrannte Erde, das in die Fremde entführte und entwurzelte Volk, die fehlende Beheimatung in Gott, der Verlust der religiösen Mitte, das sinnlose Töten von Mensch und Tier, die Unterordnung, ja Vergewaltigung der Frau … In diese Erfahrungen hinein spricht der Prophet sein Mut machendes Wort: dass Licht die erste und letzte Wirklichkeit ist; dass alles, was ist, auf ein Sprechen, auf ein Wort Gottes zurückgeht, dass wir also in einer geworteten, sinnhaften Welt leben, in der jedes Geschöpf zur Offenbarung Gottes wird; dass alle Tiere gesegnet und deswegen von Gott selbst gewürdigt sind; dass besonders die Landtiere, was Zeit und Herkunft aus der Erde betrifft, dem Menschen nahe stehen,

ja sogar wesensverwandt sind; dass Frau und Mann eine Einheit sind und nicht gegeneinander ausgespielt werden dürfen; dass Menschen und Tiere grundsätzlich gewaltlos und im Frieden miteinander leben sollen und sie deswegen an sich einzig und allein vegetarisch leben müssten; dass die Menschen «Ebenbilder Gottes» sind und deswegen dafür sorgen sollten, dass die Schöpfung eine gute Schöpfung wird; dass die Menschen alles so gestalten, dass sie auf die Feier des Sabbats, also auf die Genugtuung Gottes über seine gelungene Schöpfung und die geschöpfliche Anerkennung des Schöpfer Gottes ausgerichtet bleiben.

Die Schöpfung als Beziehungsnetz

Dass es sich um poetische, also fiktive Texte handelt, in denen andere Möglichkeiten des menschlichen Verhaltens aufgezeigt werden, und nicht um historische Berichte, zeigt Gen 2, das zweite Schöpfungsgedicht der Bibel. Denn dieses stellt eine ganz andere Reihenfolge der Geschöpfe dar. Während das erste Gedicht mit der Überwindung des Chaos und der Erschaffung des Lichtes beginnt und der Mensch ganz am Ende, das Tier aber kurz vor ihm erschaffen wird, «berichtet» Gen 2 davon, dass Gott zuerst den Lehmklumpen Erde bewässert und die Pflanzenwelt, das Paradies erschafft und dann aus der Erde Adam, den «Erdling» und ihn in diesen Garten hineinstellt. Daraufhin stellt Gott fest, dass die Einsamkeit wohl sein grösstes Problem sei: «Es ist nicht gut, dass der Mensch allein bleibt. Ich will ihm eine Hilfe machen, die ihm entspricht» (Gen 2, 18). Theologisch und ethisch bedeutsam ist nun, was selbst Theologen geflissentlich übersehen können, dass Gott zur Bewältigung der menschlichen Einsamkeit zuerst die Tiere schafft. Der

Mensch soll zu ihnen eine Beziehung gestalten, ihnen einen Namen geben, bei dem sie gerufen werden können. Ein Stück weit können Tiere also, wie die Bibel meint, den Menschen aus der Einsamkeit befreien, was ja eigentlich heute immer mehr erfahren wird. Tiere können durch verschiedene Therapieformen Menschen heilen, sich allein fühlende und alte Menschen können sich emotional an Tiere binden und diese an sie; Hunde können blinden und behinderten Menschen eine grosse Hilfe sein, Hunde können Diabetiker auf die bevorstehende Unterzuckerung aufmerksam machen, ja können sogar eine Krebsdiagnose stellen.

Dennoch wird das Tier die Einsamkeit des Menschen nicht voll kompensieren können. Er braucht ein menschliches Gegenüber, mit dem er reden kann.

Als Zusammenfassung dieses Textes dürfen wir festhalten: Die Schöpfung definiert sich als Raum von Beziehungen, die die Menschen zu sich selbst, ja zur ekstatischen Selbst- und Du-Erfahrung führen können: «Das endlich ist Bein von meinem Bein / und Fleisch von meinem Fleisch» (Gen 2,23). Wenn diese identitätsstiftende Erfahrung erst durch das geschlechtliche Gegenüber zustande kommt, so gibt es analog dazu und als Vorstufe die Mensch-Tier-Beziehung, in der sich sehr viel an Sinn erschliessen kann.

Franz von Assisi wird in seinem Sonnengesang noch um einiges deutlicher werden. Er hebt alle Geschöpfe in einen quasipersonalen Raum, in dem sie insgesamt untereinander Geschwister sind. Schöpfung ist erst dann als solche begriffen, wenn sie ein Beziehungsnetz ist, in dem alles einander Schwester und Bruder ist.

Jesus von Nazareth als Gipfelereignis der Schöpfung

Eine moderne Theologie und Spiritualität der Schöpfung verlangt eine Neuinterpretation der Gestalt Jesu und der Christologie.

Allzu sehr hat man bisher Jesus von Nazareth vom Gesamten der Schöpfung isoliert. Man hat eine Leben-Jesu-Theologie entwickelt und immer wieder eine Rekonstruktion der historischen Biographie dieses faszinierenden Menschen vornehmen wollen. Dabei geht man heute so weit, dass man jede theologische Deutung der Gestalt Jesu ausklammern möchte. Abgesehen davon, dass dies kaum möglich sein dürfte, ist auch diese theologische Deutung oft zu sehr von Engführungen geprägt. Gerade im liturgischen Gedenken wird die Christologie zum weltenthobenen Ereignis.

Dabei gibt es viele Aspekte im Neuen Testament, welche die Einbettung Jesu in die Gesamtwirklichkeit der Schöpfung fordern. Ein paar Hinweise:

> Das Johannesevangelium spricht von Jesus als dem Logos, der vor aller Schöpfung bei Gott ist und als solcher die Welt schafft. Damit verstärkt Johannes das, was ich bei der Deutung des ersten Schöpfungsgedichtes bemerkt habe: Wir leben in einer geworteten, sinnvollen Welt, die von Anfang an nach personaler Verdichtung schreit. Zu sehr bleibt das Wort im Dunkel der Geschichte, zu sehr lullt sich der Mensch in der Finsternis ein, zu sehr bleibt ihm der Sinn des Ganzen, der Logos verschlossen. So will Gott in der «Fleischwerdung» des Logos Klarheit und Eindeutigkeit herstellen. In diesem Jesus von Nazareth verdichtet sich, was jeder Stein kündet, was jede Blume bezeugt, jedes Tier sagt, jeder Mensch proklamiert.

> In der Wahl des Wortes «Fleisch» (griechisch: sarx) will Johannes gerade nicht den Menschen als alleinigen Bezugspunkt der Inkarnation des Logos darstellen. «Fleisch»

bedeutet: Alles, was sterben muss und hinfällig ist, alles, was den Gesetzen des Irdischen und Zeitlichen unterworfen ist. Da hinein ist der Logos gekommen. Damit wird die Enge des Irdischen aufgebrochen, die Begrenzung ins Ewige geweitet, der Tod überwunden und das Leben als einzige Perspektive proklamiert, die Dualität zwischen Geist und Materie, Gott und Welt grundsätzlich aufgehoben. Man kann und darf nicht mehr in den Kategorien des Dualismus denken: Alles kann die Hoffnung in sich tragen, in das Geheimnis Gottes einzugehen.

› Der Apostel Paulus betont denn auch diese Hoffnung in seinem Römerbrief (vgl. Röm 8): Alles wird «rekapituliert», alles zusammengefasst, was in der Schöpfung vorkommt, alles in die Herrlichkeit Gottes heimgeholt, alles wird an der Freiheit der Kinder Gottes teilhaben können:

«Ich bin überzeugt, dass die Leiden der gegenwärtigen Zeit nichts bedeuten im Vergleich zu der Herrlichkeit, die an uns offenbar werden soll. Denn die ganze Schöpfung wartet sehnsüchtig auf das Offenbarwerden der Söhne Gottes. Die Schöpfung ist der Vergänglichkeit unterworfen, nicht aus eigenem Willen, sondern durch den, der sie unterworfen hat; aber zugleich gab er ihr Hoffnung: Auch die Schöpfung soll von der Sklaverei und Verlorenheit befreit werden zur Freiheit und Herrlichkeit der Kinder Gottes. Denn wir wissen, dass die gesamte Schöpfung bis zum heutigen Tag seufzt und in Geburtswehen liegt.» (Röm 8,18–22)

Diese Erkenntnis des Paulus hat zu einer grossartigen Aussage in einem Text der «Internationalen Theologenkommission geführt:
«Außerdem schließt die Harmonie, die der Mensch im Ganzen der Schöpfung begründen oder wiederherstellen muss, seine Beziehung zu den Tieren ein. Wenn Christus

in seiner Herrlichkeit kommt, wird er das Ganze der Schöpfung ‹rekapitulieren› in einem eschatologischen und endgültigen Moment der Harmonie.»³⁹

› Die Taufe Jesu (vgl. Mk 1,9–13) enthält bei näheren Zusehen alle Motive von Gen 1: einen sprechenden Gott aus dem Himmel, das Schweben des Geistes über den Wassern, die absolute Gewaltlosigkeit, das Beisammensein von Menschen und Tieren ... Kein Wunder, dass die Orthodoxie das Fest der Taufe Jesu als Schöpfungstag begeht und damit das Geheimnis Jesu in die Schöpfung einbettet:

«So verbinden sich ursprüngliche Schöpfung und Neuschöpfung in Christus. ‹Am Anfang der Welt war das Wasser, am Anfang des Evangeliums der Jordan›, schrieb Kyrillos von Jerusalem (315 – 387). Bei der Schöpfung ruhte der Geist Gottes über den Wassern und Gott gebot, es werde Licht. Vom Jordan erstrahlt das Licht des Evangeliums, denn ‹seit jener Zeit›, d.h. seit der Taufe, begann Jesus zu predigen und zu verkündigen: ‹Tut Busse, denn das Himmelreich ist nahe herbeigekommen› (Mt 4, 17). – Darum verknüpfte man das Fest der Taufe Christi mit der Grossen Wasserweihe (griech. Megas hagiasmos ...). Es wurde üblich, sie sowohl am Vortag als auch am Festtag zu vollziehen, in der russischen Orthodoxie durch Synodalbeschluss von 1666 – 1667. Am 6. Januar findet die Prozession des ‹Ganges zum Jordan› statt, bei der man heute ein Wasserbecken umschreitet, in dem die Wasserweihe vollzogen wird. Einst ging man zum nahegelegenen Fluss. Im russischen Winter wurde es auch Brauch, dass der Priester durch das ins Eis gehackte Loch ein Kreuz warf und andere danach tauchten. Die Grosse Wasserweihe zelebriert man unter dem Gebet der Kirche kraft des Wirkens des Heiligen Geistes, wobei der Priester das Kreuz Christi als Symbol der

---

³⁹ Siehe den ganzen Text S. 107.

heiligenden und heilenden Kraft dreimal ins Wasser taucht, begleitet von Lesungen, so vom geistlichen Trank (1 Kor 10, 1-4) sowie von Jesu Taufe und Versuchung (Mk 1, 9-12). Die Gläubigen trinken danach vom geweihten Wasser und nehmen etwas davon in einem Gefäss nach Hause»[40].

In vielen orthodoxen Kirchen wird dieser Schöpfungstag an einem Gewässer verbracht. Als Beispiel sei aus einem Bericht des «Tagesanzeigers» berichtet:

«Der Höhepunkt aber ist die eigentliche Wasserweihe am See. Rund eine halbe Stunde dauert der Wechselgesang. Dann treten die Priester nacheinander vor, tauchen ein an einer Schnur befestigtes Kreuz in das Wasser im Kelch, dann werfen sie es dreimal mit grossen Bewegungen in den Zürichsee. «Das Zürichseewasser ist nun geheiligt», verkündet ein Priester. «Und durch das Wasser die ganze Schöpfung.»[41]

Wenn man die Taufe Jesu als Schöpfungsereignis deutet, erscheinen auch gewisse Texte der Evangelien im neuen Licht. Das ganze Leben Jesu endet dann «im Paradies» für alle (vgl. Lk 23,43; 2 Kor 12,2). Die vielfältigen Verweise auf die Schöpfung werden verständlicher: Die Lilien des Feldes (Mt 6,28), die Vögel des Himmels (Lk 8,5) und die vielen Gleichnisse aus dem Geschehen in der Natur zeigen, wie sehr Jesus schöpfungsverbunden lebt und verkündet.

---

[40] Hans Dieter Döpmann, Die orthodoxen Kirchen in Geschichte und Gegenwart, Frankfurt am Main, Peter Lang, 2010, 2. erweiterte Auflage, 181; vgl. auch: http://bibliothek.orthpedia.de/index.php?option=com_mtree&task=viewlink&link_id=482&Itemid=0 (Zugriff: August 2014).

[41] http://www.tagesanzeiger.ch/zuerich/stadt/Das-Wasser-des-Zuerichsees-reinigt-Leib-und-Seele-/story/24575352 (Zugriff: August 2014).

› Auch das Kreuzesgeschehen wird kosmisch interpretiert (vgl. Mt 27,51ff): Der Tempelvorhang zerreisst: Gott wird allgegenwärtig; die Gestirne fallen vom Himmel, die Erde bebt, die Felsen spalten sich, die Gräber öffnen sich, die Toten stehen auf ... Diese Bilder bewegen sich innerhalb eines apokalyptischen Denkens über das Ende der Welt. Hier, mit dem Kreuzestod kommt die nekrophile Welt zu ihrem endgültigen Ende, eine neue Welt beginnt, in der nur noch das Leben zählt und alles ins Licht der Vollendung gestellt ist. Wir leben in einer Zeit der Auferstehung und des Aufstandes gegen jede Form des Todes. Nur zögerlich wird das in den Vollzügen einer so verstandenen Spiritualität bezeugt und bekannt. Wieder singt ein Hymnus aus dem französischsprachigen Brevier[42] in einer Strophe:

«Da kam der Tag und die Stunde der Gnade.
Gott gibt uns seinen Sohn, den Vielgeliebten:
Der Baum des Kreuzes weist die Türe
zur Welt, in der alles und jedes geheiligt ist»[43]

Diese Andeutungen mögen genügen, um das Christusereignis einem bloss individualistischen und weltenthobenen Verständnis zu entreissen. Die Jesusgeschichte ist nicht gegen die Schöpfung und die bisherige Geschichte zu deuten, sondern als Aufgipfelung dessen, was Gott mit seiner ganzen Schöpfung von Anfang an vorhat. In der franziskanischen Tradition hat vor allem Johannes Duns Scotus darauf bestanden, dass Jesus das Erstintendierte Gottes und das Ziel der ganzen Schöpfung ist und unabhängig von der Sünde

---

[42] Livre des Heures – Prière du temps présent, 768.
[43] Übersetzung: Anton Rotzetter.

des Menschen «Fleisch» geworden wäre. Gott will letztlich eine vernetzte Welt, in der Christus die Bezugsgestalt aller Liebesbeziehungen in der Schöpfung ist.

Kapitel 5:
Eine Kulturgeschichte des Fastens

In allen Kulturen und Religionen gibt es die Praxis des Fastens mit dafür vorgesehenen, besonderen Zeiten. Bevor diese mit ihren unterschiedlichsten Motiven beschrieben werden kann, ist eine begriffliche Annäherung[44] nötig.

Der Begriff des Fastens[45]

Der deutsche Begriff «Fasten» bedeutet ursprünglich «festhalten», und zwar am Gebot des materiellen Nahrungsentzuges und der dazugehörigen Gesetze und Riten. Mit anderen Worten: Dieser Begriff setzt eine Tradition voraus, in der eine (religiöse) Institution etwas zur Beobachtung und als Verpflichtung vorschreibt. Eigentlich bezieht sich der Begriff ausschliesslich auf den zeitweiligen oder totalen Verzicht auf Nahrung. Wie der Begriff «Karneval» (= carnem levare: das Fleisch wegnehmen) für die der Fastenzeit vorausgehende Zeit zeigt, gehört der Fleischverzicht aufgrund langer Tradition wesentlich zum Begriff selbst.

---

[44] Für die begriffliche Annäherung an die in diesem Kapitel verwendeten Begriffe vgl. Anton Rotzetter, Lexikon der christlichen Spiritualität, Darmstadt 2008.

[45] M. Dittrich, Gott vollende deinen Weg, Leipzig 2007; C. Willers-Vellguth: Das große Werkbuch Fasten und Ostern, Freiburg 2007; P. Bosmans, Frühling für die Seele, Freiburg 2007; K. Schridde, Leben in Fülle, Gütersloh 2007; N. Zatorsky, Fasten und Essen im geistlichen Leben, Hamburg 2004; G. Bachl, Essen und Trinken als Sakrament, TPQ 155 (2007) 30–39; A. Grün, Fasten, Münsterschwarzach 2001; J. Dirnbeck, Das Buch vom Fasten, Augsburg 2003; N. Brantschen, Fasten neu erleben, Freiburg 2006.

Im Kontext des Fastens müssen noch andere Begriffe erwähnt werden:
> *«Abstinenz»*[46] (von abstinere = sich enthalten), *Enthaltung* ist eine aszetische Übung und bezeichnet einen grundsätzlichen oder zeitweisen Verzicht auf eine bestimmte Sache: Schlaf, Fleisch, Genussgüter, Sexualität, Vergnügen und anderes mehr. Abstinenz ist ein Mittel der Vernunft, um der grenzenlosen Begehrlichkeit Grenzen zu setzen und ihr das bekömmliche Maß zuzuweisen. Dabei ist der weltanschauliche Hintergrund zu beachten, der die Abstinenz noch anders begründen kann. So stellt das Materielle für den absoluten Dualismus das Böse dar, von dem man sich durch Abstinenz lossagt, und für den relativen Dualismus etwas Minderwertiges, von dem man sich durch Abstinenz entfernt und sich auf eine andere, wie man meint, höhere, geistige Ebene erhebt; Abstinenz wird so entweder negativ zur «Abtötung» oder dann positiv zur Sensibilisierung für das, was zählt: Abstinenz kann verschiedene Abstufungen erfahren und sich bloß auf einzelne Nahrungs- und Genussmittel oder Vollzüge (Sexualität), auf tierische Produkte (Fleisch, Milchprodukte), auf Gekochtes oder gar auf alles beziehen.
> *Abbruch* ist die zeitweise oder grundsätzliche Unterbrechung eines Vorganges. Er versteht sich als aszetische Übung, bei der das Essen und Trinken vor dem Sättigungszustand abgebrochen wird, im Unterschied zu Abstinenz, die die völlige Enthaltung meint, nimmt man nur eine kleine Menge zu sich. Eine solche Übung ist gerade heute bedeutsam. Denn die Kontrolle über das Ess-

---

[46] P.R.L. Brown, Die Keuschheit der Engel, München 1994; B. Siebenbrunner, Die Problematik der kirchlichen Fasten- und Abstinenzgesetzgebung, Frankfurt 2001.

und Trinkverhalten gebietet nicht nur die Gesundheit, sondern auch die Freiheit und die solidarische Verbundenheit mit den Menschen.

Diese begriffliche Unterscheidung ist zwar notwendig und spielt in den verschiedenen Religionen und Kulturen eine wichtige Rolle, soll aber im Folgenden nicht mehr besonders erwähnt werden.

Fasten in den Religionen und Kulturen

Fasten gibt es mit unterschiedlichen Motiven und Ausdrucksformen in allen Religionen und Kulturen.

1. Fasten im Buddhismus

Eine mit jüdischen, christlichen oder islamischen Fastenzeiten vergleichbare Praxis gibt es im Buddhismus nicht. Da gibt es zwar eine dreimonatige Rückzugszeit, «Vassa»[47] (pali = Regen) genannt. Diese Zeit ist durch die Regenzeit bestimmt, welche das Wandern der buddhistischen Mönche erschwert, vor allem aber soll die junge Saat durch ihre Wege durch die Felder nicht zerstört werden. Diese Zeit dauert ungefähr drei Monate (Juli bis Oktober) und ist eine Zeit, welche die Meditation mehr als sonst in die Mitte stellt. Anfang und Ende der Zeit werden mit entsprechenden Festen gefeiert, die mit der Gestalt Buddhas in Verbindung gebracht werden: seiner ersten öffentlichen Predigt bzw. seiner Rückkehr aus dem Himmel. Diese Klausurzeit ist gekennzeichnet durch eine bestimmte aszetische Praxis, nicht aber durch Fasten, wobei freilich zu betonen ist, dass zum Buddhismus die vegetarische Ernährungsweise und zum Teil auch andere

---

[47] http://www.wissen.de/fest-feiertage/vassa-2013-07-22; http://de.wikipedia.org/wiki/Vassa (Zugriff: August 2014).

Abstinenzformen gehören: kein Alkohol, keine Vergnügungsformen wie tanzen, singen, Musikinstrumente spielen, kein Schmuck und keine Kosmetika, kein Luxusbett, kein Essen mehr nach dem Mittag, keine Berührung und kein Besitz von Gold und Silber. So sehr gewisse Analogien zur christlichen Fastenzeit erkennbar sind, distanzieren sich Buddhisten jedoch von diesem Vergleich.

Es lohnt sich, die Begründung für diese Klausurzeit in der ältesten Sammlung buddhistischer Schriften[48] zu lesen: Rücksichtnahme auf die Natur und die Tiere:

> «Zu jener Zeit weilte der Buddha, der Erhabene, in Rajagaha im Bambushain am Eichhörnchenfutterplatz. Damals hatte der Erhabene nicht erlassen, sich während der Regenzeit an einem Ort aufzuhalten. So gingen die Mönche im Winter, im Sommer und in der Regenzeit auf Wanderschaft. Die Menschen wurden verärgert, unruhig und regten sich auf: ‹Wie können bloß diese Asketen, die Sakyasöhne, im Winter, im Sommer und in der Regenzeit auf Wanderschaft gehen? Sie treten Grünes und Gras nieder, verletzen eine Sinnesfunktion habende Wesen und töten viele kleine Lebewesen. Sogar die Andersgläubigen halten sich an den Regenzeitbrauch und sorgen vor. Sogar die Vögel, nachdem sie im Baumwipfel ein Nest gebaut haben, halten sich an den Regenzeitbrauch und sorgen vor. Aber diese Asketen, die Sakyasöhne, gehen im Winter, im Sommer und in der Regenzeit auf Wanderschaft, treten Grünes und Gras nieder, verletzen eine Sinnesfunktion habende Wesen und töten viele kleine Lebewesen.»»[49]

---

[48] Eine Übersicht über diese Schriften: http://www.satinanda.de/thema-04/literatur-klassisch.htm (Zugriff: August 2014).

[49] Mvg 184 = Mahāvagga (Vinaya): zitiert von: Santuṭṭho, Das Fasten im Buddhismus: http://www.satinanda.de/thema-01/fasten-buddhismus.htm (Zugriff: August 2014). – Der volle Text dieser Ordensregeln siehe: http://www.kristkeitz.de/Mahavagga_Inhalt.pdf (Zugriff: August 2014).

Das Fasten als Fasten gibt es im Buddhismus als private Praxis in zwei Kontexten:
› Als aszetische Übung zur Vorbereitung auf die Meditation, um für diese «leichter» zu sein und eine grössere Konzentrationsfähigkeit zu haben.
› Als aszetische Übung der Leidüberwindung. Freilich zeigt der diesbezügliche Text die ganze problemgeladene Last einer falsch verstandenen Leiblichkeit (Text A), weshalb er am Ende kritisch auf diese Praxis zurückschaut. Auch der zweite Text (B) versteht sich als notwendige Korrektur einer extremen Fastenpraxis.

A: Es gibt bestimmte Mönche und Brahmanen, deren Lehrmeinung und Ansicht besagt, dass Läuterung durch Nahrung zustande kommt. Meine Askese war so: ... ich nahm kein Essen an, das mir gebracht oder für mich zubereitet wurde ... ich nahm keinen Fisch und kein Fleisch an, ich trank keinen Schnaps, Wein oder fermentiertes Gebräu. Ich hielt mich an einen Haushalt und nahm einen Bissen bis hin zu sieben Haushalten und sieben Bissen. Ich lebte von einem Löffel voll am Tag bis zu sieben Löffel voll am Tag. Ich nahm einmal täglich Essen zu mir, alle zwei Tage und so weiter bis zu einem Mal alle zwei Wochen. So beschäftigte ich mich mit der Praxis, Essen nur in festgelegten Abständen zu mir zu nehmen. (Hier folgt eine recht detaillierte Beschreibung, was und wie oft er aß.) ... Nun entsinne ich mich, ein einziges Reiskorn pro Tag gegessen zu haben. Indem ich mich so ernährte, erreichte mein Körper den Zustand äußerster Auszehrung. Weil ich so wenig aß, sahen meine Glieder aus wie durch Knoten unterteilte Weinreben oder Bambusrohre, mein Gesäß wie ein Kamelhuf, meine Wirbelfortsätze standen hervor wie aufgereihte Perlen, meine Rippen ragten heraus wie die Dachsparren einer alten, ungedeckten Scheune, meine Augen sanken tief in die Höhlen zurück und das sah aus wie der Glanz des Wasserspiegels, der in einem Brunnen tief abgesunken ist. Meine Kopfhaut verschrumpelte und verdorrte und meine Bauchdecke lag auf meinem Rückgrat auf, daher fühlte ich mein Rückgrat, wenn ich meine Bauchdecke berührte. Weil ich so wenig aß, stürzte ich beim Urinieren oder beim Stuhlgang auf das Gesicht. Mir fiel auch das an den Wurzeln verfaulte Haar aus, wenn ich versuchte meinem Körper Erleichterung zu verschaffen, indem ich meine Glieder mit den Händen massierte. – Und doch, durch solche Praxis, durch die Ausübung solcher Askese erlangte ich keinerlei übermenschliche Geisteszustände, keinerlei Klarheit des Wissens und keinerlei Erreichung, die der Edlen würdig ist. Warum war das so? Weil ich jene edle Weisheit nicht erlangt hatte, die, wenn sie erlangt wird, edel und befreiend ist und denjenigen, der in Übereinstimmung damit übt, zur vollständigen Vernichtung der Leidhaftigkeit führt.[50]

B: Zwei Extreme gibt es, die man nicht pflegen sollte. Welche zwei? Das ist einerseits die Hingabe an den Genuss der Sinnesfreuden, den niedrigen, ordinären, gewöhnlichen, unedlen, sinnlosen, und andererseits die Hingabe an die Selbstqual, der leidvollen, unedlen, sinnlosen. Diese beiden Extreme vermeidend ist durch den Vollendeten vollständiges Verständnis des mittleren Weges erlangt worden, des Einsicht gebenden, wissend machenden, der zur Beruhigung, Weisheit, Erkenntnis, Nibbana (!) hinführt. Es ist dieser edle, achtspurige Weg, nämlich: rechte Ansicht, rechte Gesinnung, rechte Rede, rechtes Tun, rechter Lebensunterhalt, rechte Anstrengung, rechte Achtsamkeit und rechte Konzentration.»[51]

In diesem Text wird auf den achtfachen Pfad der buddhistischen Weisheit hingewiesen, der für den «Vollendeten» (=Vollkommenen) wichtiger ist als alle aszetische Übung.

---

[50] MN 26 = Majjhima Nikāya: Mittlere Sammlung: Santuttho, ebda
[51] Mvg 13.

2. Fasten im Hinduismus

Ahimsa (= Sanskrit: Nicht Verletzen) gehört zu den gemeinsamen Grundvorstellungen aller asiatischen Religionen, wie man bereits bei der Darstellung der Fastenpraxis im Buddhismus herausgespürt haben dürfte. Das führt logischerweise zu einer mehr oder weniger konsequenten vegetarischen oder gar veganen Ernährungsweise. Das gilt nun auch für den so genannten Hinduismus, wobei zu bemerken ist, dass dies ein bloss geographischer Begriff ist und alle Kulturen meint, welche entlang des Flusses Hindu angesiedelt sind. Wegen diesem grossen Pluralismus der religiösen und kulturellen Phänomene gibt es keine Fastenpraxis, die man als allgemein hinduistisch bezeichnen könnte. Dennoch führt die motivierende Idee der «Reinheit» und die Sehnsucht nach diesem Zustand zu vielen Ritualen, zu denen auch das Fasten gehört.

› Die Ekadashie-Tage[52] (Sanskrit: «Elfertage»): Gemeint ist der jeweils 11. Tag nach dem Neu- bzw. Vollmond, der mit Fasten, Meditation und Kontemplation verbracht wird. Umgerechnet auf den Sonnenkalender sind das je zwei volle Tage, also insgesamt 24 Tage im Jahr.

› Bei bevorstehenden Sonnen- und Mondfinsternissen[53] beginnt der fromme Hindu sechs Stunden vor dem Ereignis ein Totalfasten, das nach Ende des Naturereignisses, um sich von den bösen Einflüssen der Sterne zu bewahren, mit einem Reinigungsbad und anderen Zeremonien abgeschlossen wird.

› Eine Liste der indischen Fasttage enthält 50 weitere Tage des Fastens[54].

---

[52] http://wiki.yoga-vidya.de/Ekadashi (Zugriff: August 2014).
[53] Helmuth von Glasenapp, Der Hindusimus, Hildesheim 1922, 357.
[54] http://www.swarayoga.de/fasten-und-feiertage/ (Zugriff: August 2014).

Als Verkörperung und Verdichtung der hinduistischen Fastenpraxis gilt Mahatma Gandhi (1869 – 1948). Der bereits erwähnte Ahimsa-Begriff, also das grundsätzliche Nichtverletzenwollen, und das «advaita»-Verhalten (Sanskrit: mit allem verbunden leben) verbindet sich bei ihm mit der absoluten Gewaltlosigkeit, für die Gandhi einen eigenen Begriff prägte: «Satyagraha» (Sanskrit: zusammengesetztes Wort: «Satya» = die geschuldete Wahrheit und «Graha» = die leidenschaftliche Beharrlichkeit). Als Logik davon ergibt sich für Gandhi notwendigerweise das Fasten sowohl als spiritueller Vollzug als auch als politische Strategie (Kampf um Gerechtigkeit und Frieden). So betont er die Wichtigkeit des Fastens für sein Leben: «Die Fastenzeiten sind ein Teil meines Wesens. Ich kann auf sie ebenso wenig verzichten wie auf meine Augen. Was die Augen für die äußere Welt sind, das ist das Fasten für die innere.»[55]

3. Fasten im Islam

Wegen seiner öffentlichkeitswirksamen Inszenierung ist das Fasten im Islam allgemein bekannt. Es ist im Koran grundgelegt:

> O ihr, die ihr glaubt, vorgeschrieben ist euch, zu fasten, so wie es denen vorgeschrieben worden ist, die vor euch lebten, auf dass ihr gottesfürchtig werdet, (und dies) für eine Anzahl von Tagen. Wer von euch krank ist oder sich auf einer Reise befindet, für den gilt eine Anzahl anderer Tage. Denjenigen aber, die es (eigentlich einhalten) können, ist als Ersatzleistung die Speisung eines Bedürftigen auferlegt. Wenn einer freiwillig Gutes tut, so ist es besser für ihn. Und dass ihr fastet, ist besser für euch, wenn ihr Bescheid wisst.
> Der Monat Ramadan ist es, in dem der Koran herabgesandt wurde als Rechtleitung für die Menschen und als deutliches Zeichen der

---

[55] P. R. Régamey, Wiederentdeckung des Fastens. Wien/München 1963, 155.

Rechtleitung und der Unterscheidungsnorm. Wer von euch nun in dem Monat anwesend ist, der soll in ihm fasten. Und wer krank ist oder sich auf einer Reise befindet, für den gilt eine Anzahl anderer Tage. Gott will für euch Erleichterung, Er will für euch nicht Erschwernis, und dass ihr die Zahl (der Tage) vollendet und Gott dafür hochpreiset, dass Er euch rechtgeleitet hat, und dass ihr wohl dankbar werdet.

Wenn dich meine Diener nach Mir fragen, so bin Ich nahe, und Ich erhöre den Ruf des Rufenden, wenn er Mich anruft. Sie sollen nun auf Mich hören, und sie sollen an Mich glauben, auf dass sie einen rechten Wandel zeigen.

Erlaubt ist euch, in der Nacht während der Fastenzeit Umgang mit euren Frauen zu haben. Sie sind eine Bekleidung für euch, und ihr seid eine Bekleidung für sie. Gott weiß, dass ihr euch immer wieder selbst betrogen habt, so hat Er sich euch gnädig wieder zugewandt und euch verziehen. Verkehrt nunmehr mit ihnen und trachtet nach dem, was Gott euch vorgeschrieben hat. Und esst und trinkt, bis ihr in der Morgendämmerung den weißen Faden vom schwarzen Faden unterscheiden könnt. Danach vollzieht das Fasten bis zur Nacht. Und verkehrt nicht mit ihnen, während ihr in den Moscheen eine Einkehrzeit einlegt. Dies sind die Bestimmungen Gottes, tretet ihnen nicht zu nahe. So macht Gott den Menschen seine Zeichen deutlich, auf dass sie gottesfürchtig werden.[56]

Diese Sure gibt uns sehr präzise Auskunft über den Ramadan[57] (arabisch = der heiße Monat), den 9. Monat des Mondkalenders. In diesen fallen zwei bedeutende Feste: «die Nacht der Bestimmung» oder «die Nacht des göttlichen Ratschlus-

---

[56] Sure 2, 183 ff: http://de.knowquran.org/koran/2/ (Zugriff: August 2014).
[57] Andreas Christmann, Der Fastenmonat Ramadan und das Fastenabschlussfest, München 2009; Angela Grünert u.a., Ramadan. Fasten mit allen Sinnen, München 2001; Zaynab Kkamehi (Hg), Der Monat der Barmherzigkeit, Hamburg 2004.

ses», eine Erinnerung an die Offenbarung des Korans, mit einem universalistischen Grundzug (der Koran ist der Menschheit als ganzer gegeben) und das Fest des Fastenbrechens, auch Zuckerfest genannt (vergleichbar mit dem Weihnachtsfest). Das Fasten ist zeitlich zwischen Morgendämmerung und Sonnenuntergang angesetzt und bezieht sich auf den Verzicht auf feste und flüssige Nahrung, auf Geschlechtsverkehr und auf Genussmittel aller Art (zum Beispiel Rauchen). Damit verbunden ist eine moralische Lebensweise (Friedfertigkeit, Wahrheit ...). Bei den Sufis, einer spirituell-mystisch orientierten Bewegung innerhalb des Islam, kommen weitergehende aszetische und spirituelle Bemühungen hinzu.

4. Fasten im Judentum

In der Juden und Christen zum Teil gemeinsamen Bibel ist häufig von Fasten[58] die Rede, meistens zusammen mit einer Reihe von Demutsbekundungen vor Gott: man zerreisst Kleider, kleidet sich notdürftig, wälzt sich im Staub, schlägt sich auf die Brust, ritzt die Haut, wälzt sich in Asche, schliesst sich aus der Gesellschaft aus, um Raum zu haben für Reue, Busse, Umkehr, Trauer und Sühne. Der Begriff, der im biblischen Text für diese Gesten unter Einschluss des Fastens gebraucht wird, ist identisch mit unserem «sich demütigen, sich erniedrigen» (vgl. Lev 16,29.31; Lev 23,27.32; Num 29,7; Num 30,14; Jes 58,3.5; Ps 35,13). Eine andere Formulierung ist «nicht essen und trinken» (Ex 34,28; Dtn 26,14; 1Sam 1,8; Dan 10,2f).

Zu unterscheiden sind

---

[58] https://www.bibelwissenschaft.de/wibilex/das-bibellexikon/lexikon/sachwort/anzeigen/details/fasten-fastentage-at/ch/be1385549c2414a-7b17e17dd27edd59f/ (Zugriff: August 2014).

> Individuelles Fasten, bei dem vor allem persönliche Erfahrungen von Schuld und Not «bearbeitet» werden und bei dem die eben genannten Äusserungen festzustellen sind (vgl. 2 Sam 12,16-23).
> Rituelles, gemeinschaftliches Fasten:
  — Am Tag der Versöhnung (Jom Kippur: Lev 16,29.31; Lev 23,27.29; Num 29,7), wobei das Fasten die Umkehrwilligkeit des Volkes zum Ausdruck bringt, aber keinerlei ursächliche Bedeutung für die Versöhnung hat. Diese ist allein Gottes Werk, der das hohepriesterliche Gebaren in seinen Hulderweis einbezieht.
  — In Notsituationen, etwa bei bevorstehenden Kriegshandlungen oder Naturereignissen, werden offizielle Fastentage ausgerufen (1 Sam 7,6; Jo 1,14; Est 4,3). Daraus entstehen eine Reihe von
  — Erinnerungsfasten, etwa am Vorabend des Purimfestes (Est 9,31), von Kislev (Sach 7,1-3) und an anderen Tagen (Sach 8,18-19). Besonders das Buch Sacharja verbindet jährliche Fasttage mit «historischen» Ereignissen des Exils: der Fall der Jerusalemer Stadtmauer (Jer 39,2; Jer 52,6f; 2Kön 25,3f.), die Zerstörung des Tempels im Jahre 587 v. Chr. (2 Kön 25,8ff.; Jer 52,12ff.), wozu später dann auch nachchristliche Ereignisse hinzukommen, die Ermordung des Statthalters Gedalja (2 Kön 25,22ff.; Jer 41,1f., der Beginn der Belagerung Jerusalems (vgl. 2 Kön 25,1).

Ziel des Fastens ist die völlige Anheimgabe an Gott. Festzuhalten ist vor allem auch das Bemühen, die Situation der Wüste herzustellen, um gänzlich von Gott her und auf ihn hin zu leben (Ex 34,28; Dtn 9,18; 1Kön 19,8). Oft deuten auch symbolische Gesten und Verhaltensweisen auf die Gotteserfahrung hin: Sandalen ausziehen, das Antlitz verhüllen, sexuelle Enthaltsamkeit, sich nicht rasieren, das Heiligtum nicht berühren bzw. sich ihm nicht nähern (Ex 19,10-15; 3,5-6). Dies ist nicht primär moralisch zu deuten, sondern als nonverbale religiöse Sprache.

Zu beachten ist die deutliche Kritik der Propheten an einer Fastenpraxis, die sich auf Äusserlichkeiten reduziert, sich verselbständigt und sich loslöst von der Solidarität und von der sozialen Einbindung jeder menschlichen Existenz (Hos 6,6; Jes 58,6f; Sach 8,19; Joel 2,12f; Tob 12,8).

5. Fasten im Neuen Testament und im Christentum

Die Christen der ersten Zeit waren zunächst eingebettet in den Glauben und das Leben des Volkes Israel, wie es in der gemeinsamen Bibel beschrieben ist. Man darf darum davon ausgehen, dass sie sich auch an die Fest- und Fastenpraxis gehalten haben, wie ich es im vorausgehenden Abschnitt beschrieben habe. Erst die vor allem durch Paulus vollzogene und begründete Loslösung der griechenchristlichen Gläubigen aus dem bisherigen Regelwerk um Synagoge und Tempel führte zu neuen Akzentsetzungen und Ausdrucksformen auch bezüglich des Fastens. Zuerst möchte ich einige Aspekte des Fastens aus dem Neuen Testament beschreiben und dann nachher die Fastenpraxis der christlichen Konfessionen.

Fasten im Neuen Testament
Man kann aus dem Neuen Testament sehr interessante Perspektiven herausheben, die für die spätere Fastenpraxis von Bedeutung sind.

› *40 Tage und Nächte:* Das Markusevangelium berichtet zunächst von der Taufe am Jordan, in der Jesus seine Berufung als wahrer «Sohn Gottes» und als gewaltloser

Messias erfährt (vgl. Mk 1,9 – 11). Danach geht er in die Wüste, wo er vierzig Tage unter wilden Tieren verbringt und von Engeln bedient wird (vgl. Mk 1,12f). Von Fasten ist im Text zwar nicht die Rede, aber zwingt der Text den Leser nicht dazu, sich an die Wüstenerfahrung zu erinnern, bei der die Israeliten Hunger und Durst erlebten und dabei in ihrem Glauben an Gott scheiterten?[59] Hat sich Jesus nicht fastend und betend auf seine Berufung vorbereitet? Deutet die Versuchung, von der da die Rede ist, nicht darauf hin, dass Jesus seine Gottunmittelbarkeit gerade auch in den «Versuchungen» des Lebens bewahrt? Das Matthäusevangelium spricht ganz folgerichtig:
— Von der ökonomischen Versuchung, alles, selbst Steine, in Nahrung zu verwandeln und die Sinn- und Gottesfrage auszuklammern,
— von der religiösen Versuchung, Gott für die eigenen Interessen zu missbrauchen und auch ihn den selbstbezogenen Bedürfnissen unterzuordnen,
— von der politischen Versuchung, die ganze Welt besitzen und beherrschen zu wollen.

Wenn in diesen Texten nicht direkt von Fasten die Rede ist, so haben sie dennoch als Grundlage der Fastenpraxis zu gelten. Die spätere vierzigtägige Fastenzeit wird Jesus in die Wüste folgen wollen und sich den dreifachen Erprobungen des Lebens stellen.

> *Fasten als Ausdruck der Gottferne:* Schon früh stellt sich den Jüngerinnen und Jüngern Jesu die Fastenfrage (vgl. Mk 2,18 – 22). Im Unterschied zu jenen des Johannes des Täufers fasteten sie nicht. Jesus war im Gegensatz zu ihm kein Aszet. Er verkörperte für die ersten Christen die Le-

---

[59] Vgl. die Ausführungen dazu S. 47ff.

bensfreude und Lebensfülle Gottes, war die Erfahrung einer unüberbietbaren Gotteserfahrung und darum der Grund eines ekstatischen Festes, das mit einer Hochzeit und den besten Speisen und köstlichsten Weinen assoziiert werden konnte (Joh 2,1 – 12; Jes 25,6). Eine solche Erfahrung lässt psychologisch ganz einfach kein Fasten zu. Jesus deutet darum das christliche Fasten als Ausdruck der Gottferne, der Nichterfahrung Gottes, der gewaltsamen Entfernung Jesu, der sich gleichnishaft als «Bräutigam» seines Volkes zu erkennen gibt.

> Das Kapitel 6 des Matthäus vermittelt die drei zusammengehörigen Frömmigkeitsübungen, die in der Kirche am Beginn der Fastenzeit stehen: Die Verpflichtung zur sozialen Dimension des Lebens (Almosen), zur Pflege des Gottesbezuges (Gebet) und zur – etwas einseitig und verkürzt gesagt – geistlichen Selbsterkenntnis (Fasten). In allen drei Vollzügen wird der Mensch in sein Inneres verwiesen. Almosen, Gebet und Fasten sind keine demonstrativen Selbstdarstellungen, durch die man gesellschaftliches oder religiöses Prestige erlangen könnte, sondern Sache des Herzens, die unabhängig von Beobachtung und Urteil anderer vollzogen werden wollen. Und dann fällt jeweils eine faszinierende «Definition» Gottes: «Der im Verborgenen ist und das Verborgene sieht.»

> Der Fleischkonsum ist im Neuen Testament nicht eigentlich thematisiert. Was Essen und Trinken betrifft, so ist Jesus der entschiedenen Meinung, dass das Böse nicht verobjektiviert werden darf. «Hört und begreift: Nicht das, was durch den Mund in den Menschen hineinkommt, macht ihn unrein, sondern was aus dem Mund des Menschen herauskommt, das macht ihn unrein.» (Mt 15,10ff).

Man könnte zwar aus der Berufung Jesu zum Messias schliessen, dass er der pazifistischen Sicht der Genesis (Gen 1,30) und des Propheten Jesaja (11,6; 65,25) und auch seiner Berufung zur absoluten Gewaltlosigkeit folgte und darum Vegetarier war. Dem kann man entgegenhalten, dass Jesus als Jude am Pessahfest teilnahm und dort jeweils Lammfleisch ass. Zudem ist mehrfach die Rede von Fischfangen und Fischessen. Dem hinwiederum kann man erwidern, dass das Letzte Abendmahl kein Pessahmahl war, wie das Benedikt XVI. in seiner Jesusbiographie annahm, und dass das Wort «Fisch» als «Zugabe» zu übersetzen sei, wie das moderne Vegetarier meinen. Weder das eine noch das andere kann so richtig überzeugen. Was den Fleischkonsum ganz allgemein betrifft, so hat das Neue Testament nirgendwo ein ausdrückliches Verbot erlassen. Doch ist anzunehmen, dass der Fleischverzicht zur konkreten Fastenpraxis gehörte. Paulus (1 Kor 10,28) empfiehlt den Verzicht auf das Essen von Fleisch, das von heidnischen Opfern stammt, wenn das Essen bei «schwachen Gläubigen» Ärgernis erregen sollte. An sich dürfe man solches Fleisch essen, meint er. Man erkennt, wie Paulus auf gesellschaftliche Fragen antwortet. Das Neue Testament ist, wie man sieht, mit der Frage sehr locker umgegangen, im Unterschied, wie wir noch sehen werden, zu den Interpretationen geistlicher Autoren der Nachfolgezeit.

Fasten in den Kirchen
Aufgrund der Tatsache, dass dem Fasten in der Bibel eine grosse Bedeutung zugemessen wird, dürfte es nicht überraschen, dass die Kirchen deren Fastenpraxis und Fastenzeiten wie eine Selbstverständlichkeit weitertradieren. Meistens stehen sie auf der Linie des Erinnerungsfastens, sind also

zurückgebunden an das Christusgeheimnis und Heilsereignisse. Von einer einheitlichen Konzeption und Durchführung des Fastens kann jedoch nicht die Rede sein. Ost- und Westkirche gehen weitgehend unterschiedliche Wege. Das trifft auch zu für die Katholische Kirche und die Kirchen der Reformation.

Die *Orthodoxie*[60] kennt folgende Fastenzeiten, bei der das Essen stark reduziert wird (Verzicht auf Fleisch und oft auch auf Fisch und tierische Produkte). Zu nennen sind:

> Die «Grosse Fastenzeit»: Es wird durch ein dreiwöchiges allmählich sich steigerndes mildes Fasten eingeleitet. Darauf folgen die 40 Tage strenger Fastenzeit, welche an das Leiden Jesu erinnern und auf das Osterfest vorbereiten wollen und seit 325 in der ganzen Kirche verpflichtend wurden. Das Fasten wurde sehr streng gehandhabt und oft als Trockenfasten verstanden (auch kein Öl und kein Wein). Vor allem verzichtete man auf tierische Produkte (Fleisch, Fisch, Milch …). Bis zur neunten Stunde (Todesstunde Jesu) verzichtete man auf jegliche Nahrung. In der letzten Woche vor Ostern wird die aszetische Strenge noch um einen Grad erhöht. Doch muss man hinzufügen, dass es immer schon mildere Auslegungen dieser Strenge gab und dass auch die orthodoxe Kirche den modernen Zeiten diesbezüglich Tribut zollte.

> Das «Petrusfasten» belegt die Zeit nach Pfingsten und endet am 28. Juni, dem Vortag des Festes der Apostel Petrus und Paulus. Es kann bis zu 42 bzw. 30 Tage (alter bzw. neuer Kalender) dauern, je nachdem, wann Ostern festgelegt ist. Es knüpft an das Fasten an, das die Apostel vor

---

[60] http://orthpedia.de/index.php/Fastenzeiten (Zugriff: August 2014). Vgl. auch die Ausführungen S. 120ff.

ihrer Mission praktiziert haben (Apg 13, 3). Dieses Fasten gab es schon in den ersten drei Jahrhunderten.

> Das Fasten zu «Mariä Entschlafung» oder «Herbstfasten» dauert zwei Wochen (14.–28. August) und ist ebenso streng wie die «Grosse Fastenzeit».
> Das «Weihnachtsfasten» beginnt am 15. November, ist ebenso lang, aber weniger streng als die «Grosse Fastenzeit», und endet am 24. Dezember. Diese Zeit soll auf das zentrale Geheimnis der Menschwerdung Gottes vorbereiten.
> Das eintägige Fasten: wöchentlich mittwochs und freitags (Erinnerung an den Verrat und das Leiden Jesu), mit Ausnahme in den hohen Zeiten (die Woche nach Ostern bzw. nach Pfingsten, zwischen Weihnachten und dem Vortag der Taufe Jesu und andere); der 11. September (Tag der Enthauptung Johannes des Täufers), der 27. September (Kreuzerhöhung), der 18. Januar (Vortag von Epiphanie).

Als Zusammenfassung können wir sagen: Der formale Aspekt des Fastens ist immer das Eingebettetsein in einen liturgischen Kalender, der Zeiten und Tage vorgibt, an denen man sich in besonderer Weise in das vorgegebene Geheimnis Jesu Christi begibt. Der materielle Aspekt, Einschränkung und Verzicht, bezieht sich sicher immer auf das Essen von Fleisch und meist auch auf Fisch und sämtliche tierische Produkte, oft auch auf Öl und Wein.

In der *katholischen Kirche*[61] gibt es zum Teil die gleichen Fastenzeiten:

---

[61] https://stjosef.at/morallexikon/fasten.htm (Zugriff: August 2014).

› Die österliche Busszeit, die mit dem Aschermittwoch beginnt und, die Sonntage nicht eingerechnet, an Ostern ihre Erfüllung findet. Die Asche als Endprodukt eines Verbrennungsvorgangs ist ein starkes Symbol der Todesverfallenheit des Menschen und weist auf das Feuer hin, das in der Osternacht entfacht wird. Damit ist die grosse Spannung angezeigt, die die Fastenzeit prägt. Aus uns selbst sind wir Menschen «pulvis, cinis et nihil = Staub, Asche und Nichts», wie es auf einem Grabstein der Barberinis in Rom heisst, von Gott her und durch die Auferstehung Jesu aber Sohn/Tochter Gottes, Salz der Erde, Licht der Welt und Stadt auf dem Berge (Mt 5, 13). Durch die Compassio = durch das solidarische Mitleiden mit Jesus und den Notleidenden der Welt können wir uns aus der Asche erheben und in österliche Lebensfülle gelangen. Der Inhalt dieser Fastenzeit ist, was den Sinn betrifft, identisch mit dem «Grossen Fasten» der Orthodoxie.
› Dieser österlichen Busszeit wurde die Adventszeit nachgestaltet, vier Wochen der Vorbereitung auf das Kommen Jesu an Weihnachten und das Kommen Jesu Christi am Ende der Zeiten. Wie die Fastenzeit gehörte auch die Adventszeit zu den so genannten «geschlossenen Zeiten», in denen früher keine Hochzeiten und festlichen Anlässe stattfinden durften. Das Fasten selbst war lange Zeit ebenso streng wie in der österlichen Busszeit, wurde aber zu Beginn des 20. Jahrhunderts wesentlich gemildert.
› Vigiltage: Der Vortag grosser Feste (Weihnachten, Pfingsten, Mariä Himmelfahrt und Allerheiligen). Man war sich bewusst, dass der ekstatischen Freude eine entsprechende Zeit des Verzichtes vorausgehen muss,
› Quatemberfasten, vierteljährlich jeweils am Mittwoch

und Samstag bei Beginn der Jahreszeit zur Geistes- und Lebenserneuerung.
› Das Freitagsfasten wollte den Todestag Jesu in Erinnerung rufen.

Die *Evangelischen Kirchen* sind bezüglich Fasten eher skeptisch und kritisch[62] eingestellt. Sie zählten es zur sogenannten Werkheiligkeit und betrachteten es theologisch als Gegensatz zur Auffassung, dass «die Gnade allein» zu gewichten sei. Freilich richtet sich der Protest der Reformatoren vor allem auf die rigide Fastengesetzgebung der Römischen Kirche, die die Einhaltung des Fastens «unter schwerer Sünde» forderte. Fasten ist nur als Ausdruck der «Freiheit der Kinder Gottes» zu begreifen und nicht als Gesetz. Es wurde mehr der privaten Frömmigkeit überlassen[63]. In der nachreformatorischen Zeit wurde dann aber das Fasten grundsätzlich abgelehnt.

Erst in den letzten Jahrzehnten gibt es in den Evangelischen Kirchen so etwas wie eine Rückkehr zu geistlichen Vollzügen des Fastens, so zum Beispiel
› die Fastenaktion der Evangelischen Kirche in Deutschland «Sieben Wochen ohne falsche Gewissheiten»[64], die vor etwa dreissig Jahren ins Leben gerufen wurde. Die Aktion ist entstanden aus der Erkenntnis, dass angesichts des Konsumismus eine Neubesinnung auf Mass und Moral im Bereich des Essens ein ethisches Postulat ist.
› Fastenkurse in Bildungshäusern und Gemeinden sind unterdessen keine Seltenheit mehr.

---

[62] http://www.theol.uni-kiel.de/de/einrichtungen/institute/kg/mueller/aufsaetze-a.-mueller-scans/a.-mueller-fasten (Zugriff: August 2014).
[63] Zur Haltung Martin Luthers siehe Seite 153ff.
[64] http://www.7wochenohne.evangelisch.de/ (Zugriff: August 2014).

Fasten im Mönchtum und in den Orden

Die Fastenpraxis der Kirchen ist wesentlich bestimmt durch die aszetische Praxis der Wüstenväter und –mütter, der monastischen Lebensformen und später des Ordenslebens.

Zunächst ist daran zu erinnern, dass das frühe Aszetentum und dann die Mönche nicht nur die Fastenpraxis der Bibel übernehmen, sondern auch der antiken Bewegungen, unter anderem der Stoa und des Pythagoras verpflichtet waren. Damit wird ein dualistisches Weltbild wirksam, in dem die materielle Welt zu Gunsten der geistigen abzustreifen ist. Kommt hinzu, dass die Aszeten und Mönche einen Bruch mit der umgebenden, inzwischen christlich gewordenen Gesellschaft vollzogen und in eine radikale Distanz zu ihr gingen. Dass dabei Verzicht und Fasten zu tragenden Motiven wurden, dürfte sich von selbst verstehen. Freilich darf nicht nur dieser aszetische Aspekt gesehen werden. Es ging ihnen darum, dem Wesentlichen zu begegnen, allein Gott zu suchen und ihm hingegeben zu leben. So sagt Johannes Klimakus: «So wie wohlbeleibte Vögel nicht fähig sind, zum Himmel zu fliegen, so auch derjenige nicht, der sein Fleisch nährt und pflegt.»[65] Innerhalb der aszetischen und monastischen Bewegung gibt es oft Übermass und Übereifer, so dass die geistlichen Autoren immer wieder das rechte Mass fordern mussten. Das Mönchtum des ersten Jahrtausends kennt neben den oben genannten Fastenzeiten folgende zusätzliche Aspekte:

Der totale Fleischverzicht: Man wollte ein «engelgleiches Leben»[66] führen und durch eine konsequent vegetarische Le-

---

[65] Zitiert bei Andreas Müller: http://www.theol.uni-kiel.de/de/einrichtungen/institute/kg/mueller/aufsaetze-a.-mueller-scans/a.-mueller-fasten (Zugriff: August 2014).
[66] Hier und im Folgenden: Hubertus Lutterbach, Was das christliche Mönchtum mit der neutestamentlichen Indifferenz gegenüber dem Fleischverzehr anfing, in: Biblisches Forum. Zeitschrift für Theologie aus biblischer

bensweise bewusst an den Vegetarismus im Paradies anschliessen. Besondere Bedeutung kommt diesbezüglich Hieronymus (+420) zu. Er begründete den Fleischverzicht mit dem ersten Schöpfungsgedicht und interpretierte den Fleischverzehr als Zugeständnis an die Schwäche der Menschen.[67] Dabei deutet er die «Vollkommenheitssprüche Jesu (Mt 19, 21) so, dass dieser die ursprüngliche Ordnung wieder hergestellt habe und darum der Vegetarismus die eigentlich christliche Lebensform sei. Dabei rekurriert Hieronymus deutlich auf die aszetische Tradition Griechenlands, in der der Verzicht auf Fleisch das aszetische Mittel schlechthin war, um sich selbst und die Leidenschaften im Griff zu haben und dem Göttlichen zu begegnen.

Der Einfluss des Hieronymus auf die gesamte monastische Tradition kann kaum überschätzt werden. Ab dem 4. Jahrhundert wurde der Fleischverzicht innerhalb der mönchischen Lebensweise fast ausnahmslos Tradition, ja auch die Laien sollten sich daran halten, meinten viele geistliche Autoren. Auch die Benediktusregel schreibt den gesunden Mönchen den Verzicht auf Fleisch vor, nur den Kranken ist es erlaubt, solange sie krank sind, Fleisch zu essen (Regel 36,9; 39,11). In seiner ausführlichen Darlegung des Fleischverzichtes in den mittelalterlichen Regeln stellt Hubertus Lutterbach fest: «Die Position der Benediktusregel ist für die meisten zeitgenössischen Klosterregeln repräsentativ».[68] Für längere Zeit vertrat man auch die Ansicht, dass Fleischverzehr vom Kommunionempfang ausschloss, weswegen man zumindest zu jenen nicht sehr häufigen Tagen, in denen man

---

Perspektive: http://www.bibfor.de/archiv/00-1.lutterbach.htm (Zugriff: August 2014).

[67] Die Zitate von Hieronymus, Adversus Iovinianum, PL 23, Paris 1888, 221-352, zitiert von Lutterbach ebda.

[68] Ebda.

zur Kommunion ging, auf Fleisch verzichten musste. Mit der Zeit, besonders in der modernen, kam man von der strengen Regel des Fleischverbots ab. Anderseits gibt es auch heute noch monastische Lebensformen, welche den totalen Fleischverzicht üben: Kartäuser[69], Trappisten[70] und andere.

Die Klarissen kamen ursprünglich der veganen Ernährung sehr nahe, wie auch die Zisterzienser, deren Fastenpraxis sie übernehmen mussten. Klara schreibt an Agnes von Prag:

> «Wir fasten jeden Tag, außer an den Sonntagen und an Weihnachten; an diesen Tagen sollen wir zweimal am Tag essen dürfen ... und wie schon gesagt, essen wir, die gesund und kräftig sind, immer nur Fastenspeisen.»[71].

Andere Orden haben zwar kein absolutes Fleischverbot, haben aber durch die zum Teil ausgedehnten Fastenzeiten, in denen Fleisch untersagt war, eine Affinität dazu. Wie aus den Schriften des Franz von Assisi[72] zu entnehmen ist, kommen zu den offiziellen Fastenzeiten noch andere dazu:
> Das «Benediktfasten»: ein freiwilliges Fasten von Epiphanie bis zur offiziellen Fastenzeit wie die Regel des Franziskus vorsieht, ebenso wie sie
> die Fastenzeit vor Weihnachten mit Allerheiligen beginnen lässt (Nichtbullierte Regel 3,11ff; Bullierte Regel 3,5).

---

[69] http://de.wikipedia.org/wiki/Kart%C3%A4user (Zugriff: August 2014).
[70] http://www.heiligenlexikon.de/Orden/Trappisten.htm (Zugriff: August 2014).
[71] Klara von Assisi, Dritter Brief an Agnes von Prag (1238), Klaraquellen 124. – vgl. G. P. Freeman, Klarissenfasten im 13. Jahrhundert, in: AFH 87 (1994) 217–285.
[72] http://www.minoriten.at/inhalt/Spirituelles/index_spirituelles.php#FranziskanischeFastenzeit (Zugriff: August 2014).

> Das Fasten vor Mariae Himmelfahrt (29. Juni – 15. August),
> Das Michaelsfasten (15. August – 29. September),
> Neben dem Mittwoch und dem Freitag galt in der monastischen Tradition auch der Montag und der Samstag als Fasttag. Den Versuch der Vikare des Franz von Assisi, diese auch für seine Bruderschaft einzuführen, lehnte er ab[73].
> Fasten wurde in den monastischen Gemeinschaften auch als Strafe eingesetzt (Benediktusregel 30,3).

Zum Abschluss dieses Abschnittes sei das Kapitel 49 der Regel des heiligen Benedikt wörtlich zitiert:

1. Der Mönch soll zwar immer ein Leben führen wie in der Fastenzeit.
2. Dazu aber haben nur wenige die Kraft. Deshalb raten wir, dass wir wenigstens in diesen Tagen der Fastenzeit in aller Lauterkeit auf unser Leben achten
3. und gemeinsam in diesen heiligen Tagen die früheren Nachlässigkeiten tilgen.
4. Das geschieht dann in rechter Weise, wenn wir uns vor allen Fehlern hüten und uns um das Gebet unter Tränen, um die Lesung, die Reue des Herzens und um Verzicht mühen.
5. Gehen wir also in diesen Tagen über die gewohnte Pflicht unseres Dienstes hinaus durch besonderes Gebet und durch Verzicht beim Essen und Trinken.
6. So möge jeder über das ihm zugewiesene Maß hinaus aus eigenem Willen in der Freude des Heiligen Geistes Gott etwas darbringen;
7. er entziehe seinem Leib etwas an Speise, Trank und Schlaf und

---

[73] Jordan von Giano, Chronik 11: Franziskanische Quellenschriften 976.

verzichte auf Geschwätz und Albernheiten. Mit geistlicher Sehnsucht und Freude erwarte er das heilige Osterfest.
8. Was aber der einzelne als Opfer bringen will, unterbreite er seinem Abt. Es geschehe mit seinem Gebet und seiner Einwilligung;
9. denn was ohne Erlaubnis des geistlichen Vaters geschieht, wird einmal als Anmaßung und eitle Ehrsucht gelten und nicht belohnt.
10. Also werde alles mit Einwilligung des Abtes getan.

Die Fastenzeiten waren also in den spirituellen Bewegungen durchwegs streng. Zu fragen ist selbstverständlich, ob sich diese nicht doch zu sehr an die altgriechische dualistische Weltanschauung gebunden hat bzw., ob eine biblisch orientierte Spiritualität eine solche rechtfertigen kann.[74] Anderseits muss man sich auch fragen, ob die grosse Freizügigkeit der letzten Jahrzehnte nicht doch zu sehr dem Geist der Welt, dem Konsumismus huldigt.

Hinzuzufügen ist, dass sich die Fastenpraxis des Westens – im Unterschied etwa zur Fastenpraxis im Islam – nicht auf Flüssiges bezieht. Da gab es einen Grundsatz «liquidum non frangit jejunium = Flüssigkeit bricht das Fasten nicht». Deswegen sind Wasser, Bier (!) und andere Getränke erlaubt.

6. Hochreligionen, innerkirchliche Alternativbewegungen und Naturreligionen

Diese drei Begriffe bezeichnen selbstverständlich ganz verschiedene und nicht vergleichbare Phänomene. Neben den genannten Hochreligionen gäbe es noch andere, die auf die Fastenpraxis zu befragen wären. So könnte die ausgestor-

---

[74] Vgl. dazu S. 45ff.

bene Weltreligion Manis[75] dargestellt werden, aber auch die Katharer[76], eine christliche Alternative zur Kirche, welche ein extremes Fasten praktiziert haben. Letztere kannten die sogenannte «Endura», ursprünglich ein einjähriges Eintrittsfasten in die Gemeinschaft und dann auch der totale Nahrungsverzicht, der zum Tode führte.

Auch heute andere noch bestehende Kirchen (Anglikaner, Baptisten, Freikirchen) und Gruppen, die man als Sekten bezeichnet, verdienten grössere Aufmerksamkeit.

In den Naturreligionen dient das Fasten oft als Mittel, um übersinnlichen, göttlichen Mächten zu begegnen. Doch würde eine detaillierte Darstellung für unsere Zwecke zu weit gehen.

7. Säkulares, profanes Fasten

Unabhängig von spirituellen Vollzügen, aber durchaus mit ihnen kompatibel, sind säkulare bzw. profane Fastenpraktiken.

> Gesundheits- und Heilfasten
> Das Motiv dieser Fastenpraktiken sind die Wiedererlangung oder Bewahrung der Gesundheit, die Gewichtsregulierung oder die Suche nach dem Gleichgewicht. Verschiedene Namen und Diäten verbinden sich mit solchen Zielvorstellungen. Dabei ist das «Buchinger-Heilfasten» das bekannteste.[77]

> Das politische Fasten (Hungerstreik, Nahrungsentzug)
> Darunter versteht man ein Fasten, das bestimmte Ziele

---

[75] http://de.wikipedia.org/wiki/Mani_(Religionsstifter) (Zugriff: August 2014).
[76] Vgl. A. Rotzetter, Lexikon der christlichen Spiritualität, Art.: Katharer.
[77] https://www.buchinger-wilhelmi.com/?language=de (Zugriff: August 2014)

erreichen will. So trat Klara von Assisi[78] in einen Hungerstreik, um die Rücknahme einer für sie nicht akzeptablen päpstlichen Anordnung zu erlangen. Mahatma Gandhi, auf den ich bereits hingewiesen habe, praktizierte ein jeweils wochenlanges Fasten schon in Südafrika und dann in seinem Heimatland Indien, um gegen die Rassendiskriminierung zu protestieren und für die Unabhängigkeit Indiens zu kämpfen. In modernen Zeiten[79] wurde es immer wieder als Druckmittel eingesetzt: Louis Lecoin (1888–1971) für das Recht auf Kriegsdienstverweigerung, Fritz Teufel gegen seine Verhaftung, die Terrororganisation «Rote Armee Fraktion» für die Erleichterung der Haftbedingungen, abgewiesene Asylanten für das Bleibendürfen, die Textilarbeiterinnen in Bangladesch[80] für höhere Löhne und bessere Arbeitsbedingungen ...

Auch das Fasten des philippinischen Chefdelegierten am Warschauer Umweltgipfel[81] kann dazu gezählt werden. Er wollte ja mit diesem Mittel ein positives Verhandlungsergebnis erreichen.

Wenn man will, kann man die ganze Dokumentation des zweiten Teiles dieses Buch unter diesem Aspekt sehen. Es geht um die Realisierung der Klimaziele, um die Bewahrung der Schöpfung und um tiergerechte Haltung. Eine solche Sicht wäre aber zu kurz gegriffen. Denn das darin vorgeschlagene Ziel richtet sich ja nicht zunächst an andere, sondern an sich selbst. Es geht um Umkehr und Umdenken, um ein neues persönliches Verhalten im Kon-

---

[78] Klara Quellen, S. 328.
[79] http://de.wikipedia.org/wiki/Hungerstreik (Zugriff: August 2014).
[80] http://www.handelszeitung.ch/unternehmen/bangladesch-textilarbeiter-im-hungerstreik-648392 (Zugriff: August 2014).
[81] S. 162ff.

sum- und in anderen Bereichen. Es situiert sich zudem in der Fastenpraxis der christlichen Traditionen mit ihren geistlichen Bezügen. Darüber hinaus will es freilich prophetisch sein, politisch in dem Sinne, dass Umkehr und neue Praxis vorgelebt werden, um auch Kirche und Gesellschaft in diesen Sog zu verwickeln.

8. Kritik an der Praxis des Fastens

Nicht verschwiegen, sondern unterstrichen werden sollen hier noch die Kritikpunkte an der Praxis des Fastens. Sie sind sozusagen alle bisher bereits genannt worden:

> Die prophetische Kritik: Fasten darf sich nicht als bloss äusserliches religiöses Ritual verselbständigen. Es darf sich nicht isolieren vom weit Wichtigeren, der innerlichen und personalen Zuwendung zu Gott und der konsequent zu lebenden Solidarität mit den Armen.

> Die Kritik Jesu: Fasten darf nicht der Selbstdarstellung dienen (vgl. Mt 6). Sehr oft greift man dann zu verschleiernden, pharisäischen Praktiken. In Fastenzeiten werden oft kulinarische Genüsse angeboten, die man mit Fiktionen (kaltes Blut, nicht auf sexuellem Weg erzeugt) belegt, in Wirklichkeit aber das Fasten brechen: «Pharisäerkaffee» (Kaffee mit viel verstecktem Alkohol), Schnecken, Frösche, Fische ... – Hinweisen möchte ich in diesem Zusammenhang auch auf die Feststellung von Bodo Best[82] zum Ramadan. Er zeigt auf, wie in den letzten Jahren das tagsüber praktizierte Fasten nach Sonnenuntergang kippt – mit Folgen, die nicht der Sinn des Fastens sein können: Ungezügeltes Essen, Gewichtszunahme, Magendurchbrüche und andere ins Krankenhaus zwingende

---

[82] Wie sich der Ramadan wandelt, in Christ in der Gegenwart 2014 (Nr. 27), 296.

Vorfälle, häufig strenge Strafen für Fastenbrecher (zwei Jahre Gefängnis für das Essen eines Sandwichs), Zunahme des Fleischkonsums, mehr Tiere, die während der Fastenzeit getötet werden.
> Die protestantische Kritik: Fasten darf nicht die Alleinwirksamkeit der Gnade Gottes verfinstern (siehe oben prophetische Kritik).
> Die ethische Kritik: Fasten darf sich nicht als bloss aszetische und extreme Praxis verstehen, sondern muss in allem das rechte Mass anstreben und, wie ich meine, einer argumentativen Logik folgen.
> Die medizinische Kritik: Fasten darf die Gesundheit nicht schädigen. Man kann beobachten, dass Fasten sehr oft in Heisshunger umschlägt und letztlich die gesundheitlichen Ziele, die damit verbunden sind, nicht erreicht. Überdies sollten Teilnehmer an Fastenkuren und strenger Fastenpraxis eine ärztliche Begleitung suchen.

Teil 2:
Wegweisende Erklärungen und Initiativen

Es dürfte sich von selbst verstehen, dass die Kirchen aufmerksam auf die Situation, wie sie im ersten Teil aufgezeigt wurde, reagieren müssen. Grosskirchen sind aber schwerfällige Gebilde, die angewiesen sind auf einzelne Personen und Gruppen, welche sich als Pioniere verstehen und die zeitgemässe Antwort für Leben und Praxis aufzeigen. Deswegen sind wir dankbar für die zahlreichen Stimmen, von denen einige zu Wort kommen sollen.

Kapitel 6:
Erklärungen Europäischer Kirchen

[Redaktionelle Vorbemerkung]

Seit Oktober 1998 gibt es als Folge des konziliaren Prozesses für Frieden, Gerechtigkeit und Bewahrung der Schöpfung das christliche Netzwerk ECEN = European Christian Environmental Network mit Sitz in der orthodoxen Akademie in Vilemov/ Tschechische Republik. Auf deren Homepage[83] sind verschiedene theologische und ökologische Beiträge zu finden, die aufzusuchen ratsam ist.

Wir dokumentieren hier die beiden Erklärungen von 2010 und 2012. Eine weitere Erklärung zum Thema «Energie und Klimawandel – Rolle und Stimme der Kirchen» ist zu erwarten. Die Konferenz findet vom 27. September bis 1. Oktober 2014 in Balatonszárszó (Ungarn) statt.

Es ist schon erstaunlich, wie wenig von diesen Texten in die konkreten Kirchen überspringt.

»Unser tägliches Brot – Leben in einer Zeit des Klimawandels«
Ein Aufruf an die europäischen Kirchen und Christen
8. Konferenz des Europäischen Christlichen Umwelt-Netzwerkes
Prag, 9. – 13. Juni 2010

Liebe Freunde in Christo,

Wir, 85 Teilnehmer aus 23 Ländern, schreiben Euch von der Konferenz des Europäischen Christlichen Umwelt-Netz-

---

[83] http://www.ecen.org/content/european-christian-environmental-network (Zugriff: Juli 2014). Dort findet sich inzwischen auch das nachstehend erwähnte Dokument über «Energie und Klimawandel».

werkes (ECEN[84]), die vom 9. – 13. Juni 2010 am Internationalen Baptistischen Theologischen Seminar in Prag zum Thema «Unser Tägliches Brot – Leben in einer Zeit des Klimawandels» stattfand, mit Beiträgen von Kirchen mit orthodoxen, protestantischen und römisch-katholischen Traditionen. In Anbetracht der ernsten aktuellen sozialen, wirtschaftlichen und finanziellen Krisen bitten wir die Kirchen und Christen Europas, wachsam zu sein und wo immer möglich Tendenzen entgegenzutreten, die uns von ökologischer Nachhaltigkeit ablenken und abhalten.

Trotz des enttäuschenden Ausgangs der internationalen Verhandlungen in Kopenhagen von letztem Dezember bleiben viele unserer Kirchen aktiv, um den Herausforderungen des katastrophalen Klimawandels zu begegnen, der Gottes Schöpfung auf Erden bedroht. Wir sind schon Zeugen des Aussterbens von lebenden Organismen und des Verlustes der ökologischen Nachhaltigkeit auf der ganzen Welt und zwar insbesondere in den verletzlicheren Ländern, Gemeinschaften und Lebensräumen. Auch Vertriebene und Umweltflüchtlinge warten auf Gerechtigkeit – in Europa und anderswo.

Die Konsequenzen des Klimawandels treffen die Armen und Unterprivilegierten oftmals härter als die, die die Schäden verschulden. Diese Ungerechtigkeit wird weiter gefördert, manchmal mit militaristischem Eifer.

Wir glauben, dass unseren Kirchen eine wichtige Rolle bei der Bewältigung dieser Herausforderungen zukommt

---

[84] ECEN ist ein kirchliches Netzwerk zur Förderung der Kooperation punkto Schöpfungsverantwortung. ECEN ist ein Instrument der Konferenz Europäischer Kirchen zur Auseinandersetzung mit Natur und Umwelt aus der Perspektive christlicher Theologie und Lebensart: http://www.ecen.org/ (Zugriff: Juli 2014).

und tatsächlich muss ihr Engagement in Basisarbeit und Kampagnen vor und nach Kopenhagen anerkannt werden.

Unsere Konferenz hat eindringlich die Verquickung unserer Lebensmittelproduktion mit der Umweltzerstörung aufgezeigt. Die modernen Lebensstile und Ernährungsmuster bringen große Risiken für unsere Zukunft. So ist zum Beispiel laut der Welternährungsorganisation FAO die gegenwärtige intensive Fleischproduktion der wichtigste Faktor bei den weltweiten Treibhausgasemissionen und das Bestreben, Lebensmittel möglichst billig zu produzieren, fordert einen hohen ökologischen Preis. Oft ist der Boden überlastet, Chemikalien werden exzessiv eingesetzt, und die Biodiversität geht verloren. Viele Wildpflanzen und -tiere sind durch den Verlust ihres Lebensraumes von der Ausrottung bedroht. Die gegenwärtig benötigten Mengen von Energie und Wasser für die industrielle Landwirtschaft sind unhaltbar. Zusätzlich ergeben sich ernste ethische Probleme für Christen aller Kirchen durch den Transport von Lebensmitteln über weite Distanzen, die Risiken der genetischen Modifikation von Organismen, Unsicherheit in der Nahrungsbeschaffung und exzessive Abhängigkeit von intensiver Fleischproduktion.

Auf Glauben fußende Organisationen müssen ihre Berufung weiterentwickeln und Hoffnung bringen, indem sie durch die Gegenwart des Heiligen Geistes überall Worte zu Taten werden lassen. Unsere Hoffnung beruht auf dem Evangelium des dreifaltigen Gottes, der die Welt erschafft, erlöst und heiligt und uns als Mitarbeiter des Schöpfungsaktes in den göttlichen Akt der Liebe einbindet. So wollen wir die kirchlichen Führer, die Kirchenräte und alle an Christus Glaubenden ermutigen, diese Herausforderungen punkto Ernährung anzunehmen, mit uns einer breiteren Öffentlichkeit ihre Besorgnis zu manifestieren und durch Vorleben einer neuen Art von Nachhaltigkeit eine Führungsrolle zu übernehmen.

Wir laden Sie daher ein, mit uns Bewusstsein und Engagement zu verstärken im Wissen, dass das »tägliche Brot« für alles Leben eine Gottesgabe ist. Erkennen wir, dass die Ernährung der Weltbevölkerung schwerwiegende Fragen aufwirft, weil hungrige oder unterernährte Menschen sich nicht im Ebenbild ihres Schöpfers entwickeln können. Dies ist ein Unrecht!

Weiter sollten wir uns vor Augen halten, dass unabhängig von ihrem Wert für den Menschen die gesamte Natur für den dreieinigen Gott einen Wert darstellt. Unsere leidenschaftliche pastorale Verantwortung für künftige Generationen von menschlichem und nicht-menschlichem irdischem Leben macht uns sehr besorgt über diese komplexen, aber sehr realen Ernährungsprobleme. Wie Fjodor Dostojewski sagte: «Nahrung für mich ist eine materielle Sache, Nahrung für meinen Nachbarn aber eine spirituelle.»

Zu guter Letzt wollen wir in dieser kritischen Zeit, die einen »Kairos[85]«-Moment für uns darstellt, eine Reflexion auf das Vaterunser zum Gebrauch in Ihrer eigenen Kirche und Seelsorge anbieten.

Hochachtungsvoll
Die Delegierten und Teilnehmer der Konferenz in Prag.

---

[85] Kairos (griechisch für «die rechte Zeit»). Dieser Begriff wird in den letzten Jahrzehnten oft gebraucht, wenn es um das geht, was eine Analyse der Zeitumstände für das menschliche, vor allem aber christliche Handeln fordert.

Wir fügen hier das Vaterunser an, das ECEN[86] seit 2003 verbreitet:

Vater im Himmel, wir danken dir:
Du hast dich offenbart in deinem Sohn
und in der gesamten Schöpfung.
Die ökologischen Krise offenbart
unseren sorglosen, verderblichen Umgang mit der Schöpfung.
Ängstlich nähern wir uns den Fakten und beklagen
den Verlust des Paradieses.
Der Verlust betrifft jedoch nicht uns allein.
Unser Fehlverhalten wird sich noch Generationen offenbaren.
Sie werden die Hinterlassenschaft verfluchen
und uns mit einschliessen.
Lass uns nicht resignieren ob dieser Einsicht.
Stärke uns und mache uns frei,
den Kurs zu ändern.
Zeige uns in der Zeit der Entbehrung
neue Wege zur Heilung der Wunden der Schöpfung.
Darum bitten wir dich.

....
Ökologische Gerechtigkeit, Wachstum und Hoffnung
Jede Krise bietet auch die Möglichkeit zur Veränderung
9. ECEN-Konferenz vom 29.8. bis 02.9.12 in Elspeet
....

Wir, die 98 Teilnehmer und Vertreter aus 22 Ländern – haben uns Ende August zur neunten Vollversammlung des Europäischen Christlichen Umweltnetzwerks (ECEN) im Konferenzzentrum von Mennorode in Elspeet (NL) zusammengefun-

---

[86] http://www.ecen.org/content/lass-uns-nicht-resignieren (Zugriff: August 2014).

den. Das Treffen fand unter der Themenstellung «Ökologische Gerechtigkeit, Wachstum und Hoffnung» statt und beinhaltete Beiträge der Tradition der protestantischen, orthodoxen und römischkatholischen Kirche. Die Teilnehmerinnen und Teilnehmer sind auch zusammengekommen, um den Beginn der diesjährigen Schöpfungszeit gemeinsam zu feiern.

Wir leben in einer Zeit mit vielfältigen Problemen: Die globale Finanzkrise führt nach und nach zu immer tiefgreifenderen Problemen der Realwirtschaft. Der Weg des Wachstums im herkömmlichen Sinne scheint nicht länger gangbar zu sein. Es ist zunehmend fraglich, ob wir uns innerhalb der Grenzen der globalen Tragfähigkeit dieser Erde bewegen. Nicht alle haben Zugang zu den vorhandenen Ressourcen, und daraus resultiert eine stetig wachsende Ungerechtigkeit zum einen auf internationaler Ebene, zum anderen aber auch innerhalb von Staaten und Regionen.

Gerade in solchen Zeiten erleben unsere Kirchen die Herausforderung, Hoffnungsträger sein:

› Christus ist auferstanden. Gemeinsam mit den Frauen am frühen Morgen des Ostertages, mit den Anhängern, die ihn während seines Lebens begleitet haben, dass in Christus das Leben die Macht über den Tod hat.

› Wir vertrauen auf Jesus Christus, der uns Leben in all seiner Fülle verspricht (Joh 10,10). Sein Leben ist voller heilender und verändernder Kräfte, nicht nur für uns, sondern für die gesamte Schöpfung.

› Durch Christus schenkte uns Gott Frieden (Kol 1,20). Weil er für uns am Kreuz gelitten und sich geopfert hat, ist er nahe bei allen Geschöpfen, die heute leiden. Seine Auferstehung ist ihre und unsere Hoffnung.

› Christus spricht: Ihr seid das Salz der Erde (Mt 5,13). Das Leben Jesu Christi geht Hand in Hand mit unserem gemeinschaftlichen und persönlichen Leben, mit der Zuversicht des öffentlichen Bekenntnisses unserer Kirchen und mit unserer Mitwirkung am politischen Leben.

Weltweite Übereinkunft besteht mittlerweile darüber, dass wir unsere Strukturen im Blick auf Menge und Verteilung von Produktion und Konsum und unseren Lebensstil verändern müssen. Wir müssen uns auf den Weg zu einer nachhaltigen und gerechten Gesellschaft machen. Sowohl einzelne Menschen als auch viele Kirchen engagieren sich hierfür schon geraume Zeit. Wir befürchten, dass das nicht ausreichen wird. Es muss noch mehr getan werden, und diese Veränderung kommt nicht schnell genug, um unsere Gesellschaften auf einen zukunftsfähigen Weg zu leiten.

Die Kirchen müssen sich um einen strukturellen Wandel zusammen mit anderen Mitgliedern der Gesellschaft bemühen. Wir können unsere Erfahrungen mit neuen und nachhaltigen Lebensstilen einbringen, um die Gesellschaft in diesem großen Veränderungsprozess zu unterstützen und den Weg in Richtung einer «Ökonomie der Genügsamkeit und der Fürsorge» zu beschleunigen.

Die Kirchen können Zeugen und Handelnde bei diesen Veränderungen in den lokalen Gemeinden sein, weil sie beispielhaft die Werte einer zukunftsfähigen Gesellschaft leben können: Gerechtigkeit, Einfachheit, Bescheidenheit, Lebensrhythmus, Gemeinwesen, Glaube, Hoffnung und Liebe.

Wir empfehlen daher den Kirchen und allen Christen, auf verschiedenen Gebieten zu handeln:

> Beteiligen Sie sich aktiv an dem Wandlungsprozess, übernehmen Sie diese Grundzüge für Ihr eigenes Leben und teilen Sie diese als auch ähnliche Initiativen mit den Menschen in Ihrer Gemeinde.
> Behalten Sie Maßnahmen gegen den Klimawandel weiterhin als wichtigen Punkt in Ihrem Handeln.

› Unterstützen Sie aktiv den Schutz der Biodiversität, teilen Sie es anderen mit und schützen Sie gefährdete Lebewesen und Lebensraum.
› Tauschen Sie sich über neue Ideen bezüglich Öko-Management aus, um diese übernehmen zu können.
› Erkunden Sie die Reichhaltigkeit der christlichen Theologie, die die Ganzheit von Gottes Schöpfung umfasst und ihr mit Respekt begegnet.

Wo etwas geschieht, gib es auch Hoffnung. Wo Hoffnung aufkeimt, müssen daraus Taten folgen. Als Christen finden wir Hoffnung in der Auferstehung Jesu Christi, aber wir erfahren auch den Bruch, der durch die Welt geht. Wir glauben, dass Anmaßung, Hoffnungslosigkeit und passive Verzweiflung nicht in Gottes Sinn ist. Wir benötigen einen neuen Exodus aus den Fängen des wirtschaftlichen Wachstums und eines engstirnigen anthropozentrischen Ansatzes der Theologie. Wir sollten als eine geistliche Gemeinschaft mit der gesamten Schöpfung unter der Führung des Heiligen Geistes in die Zukunft gehen.

Daher verpflichten wir uns zu größerer Achtsamkeit gegenüber uns und anderen. So, wie unsere Vorfahren es uns gelehrt haben: Taten sind die weltlichen Zeichen unserer Hoffnung, unserer Hoffnung, die sich in der Wiederauferstehung Jesu Christi wiederfindet – in seinen Namen werden die Mensch ihre Hoffnung setzen.

September 2012

Kapitel 7:
Aufruf an die Kirchen – AKUT[87] – Schweiz

[Redaktionelle Vorbemerkung]

Kirchliche Stellungnahmen zu den heutigen ökonomischen und ökologischen Problemen sind zwar oft sehr mutig, aber dennoch defizitär. Das Tier, das bei diesen Problemfeldern eine Schnittstelle darstellt, kommt praktisch nicht vor.

Dieses Defizit hat AKUT aufgegriffen und nachstehenden «Aufruf an die Kirchen» lanciert. Dieser Aufruf wurde von vielen Moral- und Ethikprofessoren der Kirchen mitgetragen. Oeku[88], die in der Schweiz im Auftrag der Kirchen die ökologischen Probleme zum Thema in den Kirchen macht, hat den Aufruf Wort für Wort gelesen und unterstützt ihn als Organisation. Dahinter stehen auch die Direktoren bzw. Präsidenten von Brot für alle[89], Fastenopfer[90], Caritas[91], Kaderpersönlichkeiten von Erklärung von Bern[92] und vom WWF[93], Tierschutz- und Umweltorganisationen und das «Institut für theologische Zoologie»[94] in Münster/Westfalen. Da der Aufruf an die Kirchen der

---

[87] Akut – «Aktion Kirche und Tiere» ist ein Verein, der 1988 durch das evangelische Pfarrerehepaar Christa und Michael Blanke gegründet wurde. Ich selbst war von Anfang an in den Theologischen Beirat des Vereins berufen worden. Seit 2006 bin ich der Präsident der Schweizerischen AKUT, die 2004 durch Annette Forster gegründet wurde. AKUT will dem Tier in Verkündigung und Praxis der Kirche jene Würde zurückgeben, die ihm von der Bibel her und auch in der Hagiographie zukommt. AKUT legt den Finger auf eine weithin vergessene Tradition.
[88] http://www.oeku.ch/de/index.php (Zugriff: August 2014).
[89] http://www.brotfueralle.ch (Zugriff: August 2014).
[90] http://www.fastenopfer.ch (Zugriff: August 2014).
[91] http://www.caritas.ch (Zugriff: August 2014).
[92] http://www.evb.ch (Zugriff: August 2014).
[93] http://www.wwf.ch (Zugriff: August 2014).
[94] http://www.theologische-zoologie.de (Zugriff: August 2014).

Schweiz erging, haben wir deutsche und österreichische Instanzen nicht angefragt.

Der Text wurde im Juli 2011 vom Vorstand von AKUT-CH nach vielen Stunden gemeinsamer Beratung und nach mehreren Redaktionen verabschiedet. Dies merkt man ihm an: So viele Aspekte, so viele Fälle – und dann dieses und noch jenes, alles wollte bedacht sein. Wir wollten ausgewogen sein. Deswegen ist der Text aber teilweise kompliziert geworden, was Stil und Inhalt betrifft.

Es war unser Ziel, innerhalb eines Jahres in der Schweiz 10'000 Unterschriften zu sammeln. Dieses Ziel wurde nicht erreicht, weil wir zu spät erkannt haben, dass wir mit Standaktionen in den Städten und Zentren auftreten müssten. Bei solchen Aktionen machten wir dann die Erfahrung, dass AKUT sich zwischen den Fronten der modernen Zeit befindet. Einerseits wurden wir als kirchliche Basisgruppe angegriffen und mussten für die Defizite der Kirche den Rücken hinhalten. Viele, denen das Anliegen eines ökologischen und tierethisch verantworteten Lebensstils ein Anliegen ist, wandten sich zum Teil zunächst von uns ab, als sie das Wort «Kirche» hörten, liessen sich aber dann doch auf Gespräche mit uns ein, als sie vernahmen, dass es um die Tiere geht, und unterstützten dann die Initiative. Andere wollten grundsätzlich nichts hören, was mit Kirche zu tun hat. Andererseits meinten die ganz Frommen, dass der Einsatz für die Tiere nicht zum Kerngeschäft der Kirche gehöre und dass das Evangelium sich einzig auf den Menschen beziehe. Uns tat diese Frontstellung gut, und wir würden uns wünschen, dass die kirchlichen Funktionäre die gleiche Erfahrung machen könnten.

Der Text wurde auf Deutsch und Französisch im Internet veröffentlicht, wo auch ein Großteil der Unterschriften zusammenkam.

**Aufruf an die Kirchen,
an ihre Mitglieder und all ihre Einrichtungen und Institutionen
zu einem lebensfreundlichen und nachhaltigen Lebensstil
und zum Engagement für unsere Mitgeschöpfe, die Tiere**

Wir appellieren an

jeden einzelnen Gläubigen,

> sich dafür zu interessieren, was für zerstörerische oder lebensförderliche Auswirkungen unsere Zivilisation und Lebensweise auf Menschen und Tiere hat,
> eine Grundhaltung der Ehrfurcht und Dankbarkeit vor dem Leben einzuüben,
> einen Lebensstil zu finden, der Menschen, Tiere und die ganze Schöpfung möglichst wenig belastet, der mit weniger oder sogar ohne Fleisch auskommt, und wo immer möglich fair, biologisch, artgerecht und klimafreundlich hergestellte, verteilte und entsorgbare Güter bevorzugt,
> sich bewusst zu machen, dass den Tieren als Geschöpfe Gottes eine eigene Würde zukommt und sie deshalb einen besonderen Schutz vor Gewalt, Ausrottung und Ausbeutung benötigen,
> Organisationen (auch in den Kirchen) zu unterstützen, die sich für gerechtere und friedlichere Verhältnisse für Menschen und Tiere einsetzen.

kirchliche Gemeinden und Einrichtungen,

> selbst Initiativen für einen schöpfungsverantwortlichen Lebensstil zu ergreifen und zu fördern,
> bei Liegenschaften die Lebensräume der Tiere zu schützen und zu fördern,
> sowie bei Materialbeschaffungen, bei Anlässen und Festen auf naturnahe, artgerechte, Lebensraum erhaltende

und faire Produkte zu achten und vegetarische Varianten auszuprobieren.

die Verantwortlichen der Kirchen,
> die Würde und das Leiden der Tiere in ihren Stellungnahmen nicht länger auszusparen, sondern ausdrücklich und immer wieder zu thematisieren und in ethische Fragen einzubeziehen
> und dabei die Zusammenarbeit mit anderen Kirchen und Religionen zu suchen,
> AKUT, die Aktion Kirche und Tiere, anzuerkennen und zu beauftragen, die Würde der Tiere in Kirche und Gesellschaft herauszustellen.

Orden und religiöse Gemeinschaften,
> zu ihren lebensfreundlichen, fleischarmen oder gar fleischlosen Traditionen zurück zu finden,
> eine vorbildliche und prophetische Rolle im fairen Umgang mit den Gaben des Lebens und allen Geschöpfen einzunehmen und einen einfachen, für Menschen und Tiere schonenden, nachhaltigen und dankbaren Lebensstil vorzuleben und andere dazu ermutigen.

Warum wir diesen Appell lancieren

Wir wollen nicht länger zusehen, wie menschliche Zivilisationsformen unsere Erde in allen Bereichen verwüsten und die Grundlagen des Lebens zerstören. Wir müssen nun grundlegende Entscheidungen treffen für lebensfreundlicheres Wirtschaften mit den Gütern, Gaben und Geschöpfen dieser Erde, und zwar auf persönlicher, lokaler, regionaler und globaler Ebene und mit allen Kräften.

Wir sind uns bewusst, dass wir nicht nur gegen mächtige

finanzielle und politische Interessen, Strukturen und Personen antreten, sondern auch mit Gleichgültigkeit und Bequemlichkeit vieler Menschen zu rechnen haben. Wir geben aber die Hoffnung nicht auf, dass der Ernst der Lage, unsere christliche Botschaft und gelebte Alternativen überzeugend wirken werden.

Zusammen mit vielen anderen staatlichen und zivilgesellschaftlichen Organisationen und Personen aus Politik, Wissenschaft, Wirtschaft, Kultur, Religion wollen wir zur notwendigen theoretischen, praktischen und spirituellen Wende beitragen. Wir fordern nichts weniger als eine grundsätzlich respektvollere Lebensweise der Menschen, die sich nicht mehr nimmt als diese Erde vertragen kann.

Innerhalb der großen Bewegung für Frieden, Gerechtigkeit und Bewahrung der Schöpfung achten wir – die Aktion Kirche und Tiere – besonders auf unserer Mitgeschöpfe, die Tiere, deren Leid so oft vergessen wird, auch in den Kirchen. Wir stellen fest, dass es dieselben zu verändernden Mechanismen sind, die Menschen ausbeuten und Tiere zu Material degradieren. Wir glauben, dass die Tiere heute einen lebenswichtigen Schutz verdienen, sind doch Millionen von ihnen alltäglich als einzelne Tiere, als Massenware oder ganze Arten einer nie dagewesenen respektlosen und brutalen Wirtschaftsweise wehrlos ausgeliefert.

Die Zeit drängt. Die Zerstörungen sind schon weit fortgeschritten. Bitte unterschreiben Sie unseren Aufruf und setzen Sie mit uns und vielen anderen diesen schöpfungsverträglichen Lebensstil um, auf dass Menschen und die Tiere, unsere Mitgeschöpfe, und Leben überhaupt auf unserer Erde noch sehr lange eine lebensfreundliche Zukunft hat.

AKUT Schweiz, Ennetmoos im Juli 2011

[Redaktionelle Nachbemerkung]

Das Bemühen von AKUT, Bischöfe und andere Verantwortliche der Kirchen als Erstunterzeichner zu gewinnen, ist fehlgeschlagen. Völlig unverständlich ist die Antwort Norbert Brunners, des damaligen Präsidenten der Schweizerischen Bischofskonferenz.[95] Nicht nur versteht er nichts von den Zusammenhängen, welche zum Aufruf geführt haben. Seine Vorwürfe richten sich an die falsche Adresse. Seine Argumentation liefe darauf hinaus, zu sagen: Da die Gesellschaft nicht an Jesus Christus glaubt, hören wir auf, den Glauben zu bezeugen. Jedenfalls bestätigt der Brief erneut, dass die Kirchen nur schwer für eine tierfreundliche Haltung zu haben sind. Dass sie damit aber auch nochmals Gründe liefern, sich von der Kirche zu entfernen, ist ihnen nicht bewusst. Im Bistum St. Gallen freilich gab es mehrere Unterschriften aus dem bischöflichen Ordinariat.

Unser Ziel war, die gesammelten Unterschriften den Vertretern der Schweizer Kirchen und Orden zu übergeben. In der Folge hat uns der Synodalrat der Christkatholischen Kirche der Schweiz mit Bischof Dr. Harald Rein nicht nur wohlwollend empfangen, sondern sogar begeistert zugestimmt. Ähnliches erlebten wir vom Vorstand der Ordensobern unter dem Vorsitz von Dr. Ephrem Bucher OFMCap. Man bat uns, das Anliegen für das von ihnen herausgegebene Bulletin zu verschriftlichen. Nach mehrfachen Anfragen kam

---

[95] «Mir sind bei der Lektüre diese Gedanken durch den Kopf gegangen: Es scheint dass sich unsere Gesellschaft, oder wenigstens grosse Teile davon, mehr Sorge machen um die Tier- und Pflanzenwelt, als um das menschliche Leben. Im gleichen Zeitraum, wo die Tierschutzgesetze verschärft und die Vorschriften für eine gerechte Tierhaltung ins fast Unerträgliche gesteigert wurden, hat diese Gesellschaft, oder wenigstens eine Mehrheit, das Töten menschlichen Lebens am Anfang (Fristenlösung: straffrei erklärt, den Spitälern als Dienstleistung vorgeschrieben und als obligatorische Leistung der Krankenkassen festgelegt) und am Ende (Beihilfe zum Selbstmord) erlaubt.
Solange diese «Problematik» nicht im Sinne der Menschenwürde und des Schutzes menschlichen Lebens gelöst ist, ist nicht an eine Unterstützung des AKUT-Appelles zu denken.» (Brief vom 29. August 2011)

es dann zu einer wohlwollenden Begegnung mit dem Präsidenten des Evangelischen Kirchenbundes der Schweiz, Dr. Gottfried Locher, der auch noch einen Fachberater mitbrachte. Seinen Anfragen und Anregungen sind wir dankbar. Gar keine persönliche Begegnung gab es mit der Schweizerischen Bischofskonferenz, deren Sekretär die Zusendung des Dossiers erbat. Bei einem persönlichen Gespräch mit Bischof Dr. Charles Morerod ergab sich, dass er den Aufruf nie zu Gesicht bekam.

Für die Übergabe hatten wir ein reichhaltiges Dossier zusammengestellt, welches in mehrfacher Ausführung auch auf einer CD abgegeben wurde. Neben den Unterschriften enthielt es Dokumente zur Geschichte von AKUT und zur aktuellen Situation der Tierhaltung, vor allem auch kirchliche Dokumente wie das Arbeitspapier 113[96] der deutschen Bischöfe aus dem Jahre 1993, das auch in Deutschland fast vergessen ist, vor allem aber auf das Dokument der Vatikanischen Theologenkommission aus dem Jahre 2004[97]. Dieser Text spricht von der wiederherzustellenden Harmonie in der Schöpfung, indem er auf den paulinischen Begriff der «Recapitulatio» zurückgreift. Er verlangt von den Menschen, dass «sie ein wissenschaftliches Verständnis des Alls erwerben, verantwortungsvoll für die natürliche Welt sorgen (Tiere und Umwelt eingeschlossen) und ihre eigene biologische Integrität wahren.» Sie betont dann die «organische» Verbundenheit der Natur und die Einheit der «Biosphäre». Die Theologenkommission wehrt sich gegen den Vorwurf, dass die christliche Theologie die ökologische Krise mit verursacht hat. Der Mensch lebe eine «Herbergsexistenz», die Natur sei für ihn Herberge, die er nicht mutwillig zerstören dürfe. Der Abschnitt über das Tier sei hier wörtlich wiedergegeben:

---

[96] Sekretariat der Deutschen Bischofskonferenz (Hg.), Die Verantwortung des Menschen für das Tier: Positionen – Überlegungen – Anregungen; 4. Oktober 1993, Bonn 1993.

[97] Internationale Theologenkommission: http://www.vatican.va/roman_curia/congregations/cfaith/cti_documents/rc_con_cfaith_doc_20040723_communion-stewardship_ge.html (Zugriff:: 17.02.2014). – Die Nummern im nachstehend wiedergegebenen Text sind Teil des Zitates und bezeichnen die Paragraphen des Dokumentes.

«79. Diese Verantwortung erstreckt sich auch auf die Tierwelt. Tiere sind Geschöpfe Gottes, und nach der Bibel umgibt er sie mit der Sorge seiner Vorsehung (Mt 6,26). Die Menschen sollen sie mit Dankbarkeit entgegennehmen und geradezu eine eucharistische Haltung im Blick auf jedes Element der Schöpfung annehmen und Gott dafür danksagen. Einfach durch ihre Existenz preisen die Tiere Gott und geben ihm die Ehre: «Preist den Herrn, all ihr Vögel am Himmel; lobt und rühmt ihn in Ewigkeit! Preist den Herrn, all ihr Tiere, wilde und zahme; lobt und rühmt ihn in Ewigkeit!» (Dan 3,80–81). Außerdem schließt die Harmonie, die der Mensch im Ganzen der Schöpfung begründen oder wiederherstellen muss, seine Beziehung zu den Tieren ein. Wenn Christus in seiner Herrlichkeit kommt, wird er das Ganze der Schöpfung «rekapitulieren» in einem eschatologischen und endgültigen Moment der Harmonie.

Auch wenn die nachfolgenden Ausführungen der Theologenkommission nicht mehr auf der Höhe heutiger wissenschaftlicher Ergebnisse und der daraus folgenden Tierethik sind, haben wir mit diesem Text doch eine gute Grundlage.

Bei der Übergabe der Unterschriften fügten wir hinzu, dass es beim Aufruf um nichts anderes als um das geht, was Karl Rahner seinerzeit «Konsumaszese» genannt hat, oder um eine «Kunst der Reduktion», wie es Niko Paech, ein deutscher Wirtschaftswissenschaftler, sagt. Wir müssen weniger konsumieren: «Reich ist nicht, wer viel hat. Reich ist, wer wenig verbraucht»[98] sagt er. Und ganz im Sinne prophetischer Kritik fordert Hartmut Rosa, Professor für Soziologie an der Universität Jena, eine neue Theorie des glückenden Lebens:

«Der Neoliberalismus hat aus sich selbst heraus keinerlei kulturelle Ressourcen, um das aberwitzige, selbstzerstörerische Steige-

---

[98] Paech, Niko, Befreiung vom Überfluss. Auf dem Weg in die Postwachstumsökonomie, München 2012.

rungsspiel mit Motivationsenergie zu versorgen. Er tut so, als sei der immer härtere Wettbewerb eine naturgegebene Tatsache; aber er verfügt über keine Erzählung, kein Wertesystem, das ein Sehnsuchtsziel für das menschliche Handeln, eine Idee des gelingenden Lebens zu definieren vermöchte.»[99]

Die Kirche aber vertritt, wie AKUT meint, eine solche Erzählung und hat eine Botschaft vom gelingenden Leben. Darum ist die Kirche der richtige Adressat für unseren Aufruf und das richtige Subjekt, das die Inhalte unseres Aufrufes prophetisch zu leben hat.

Angesichts der apokalyptischen Aussichten unserer Erde und der Ursachen, die dazu geführt haben, braucht es einen neuen Lebensstil, den wir mit unserer Kampagne fördern wollen. Zudem brauchen wir eine neue Ethik, die dem Tier seine Würde zurückgibt.

---

[99] Hartmut Rosa, *Idiotenspiel*, in: Le monde diplomatique (deutsche Ausgabe), 13. 4. 2012.

Kapitel 8:
Die Schönheit des Fastens wieder entdecken –
40 Tage ohne Fleisch und Fisch –
Chrétiens unis pour la terre[100]

[Redaktionelle Vorbemerkung]

Auf die hier aufgenommene Internet-Plattform bin ich zufällig gestossen. Sie hat mich sofort begeistert und dann auch zur AKUT-Charta[101] geführt, die am Ende des Buches als konkreter Vollzug vorgestellt werden soll. Sie ist das Ergebnis von Diskussionen, die in verschiedenen Organisationen stattgefunden haben, auch innerhalb der französischen Bischofskonferenz. Immerhin haben diese dazu geführt, dass ein Bischof in ihrem Namen mit einem entschiedenen Leitwort die ganze Aktion unterstützt. So weit sind wir in den deutschsprachigen Gebieten noch lange nicht, obwohl da die ökologische und tierethische Sensibilität an sich grösser ist als in Frankreich. Denn das Fleisch steht dort noch viel mehr im Zentrum als bei uns. Da gibt es tierverachtende Praktiken, die anderswo teilweise heute verboten sind: Foie gras, Froschschenkel, Stierkampf ... Woran liegt es aber dann, dass anderswo die Bischofskonferenzen oder einzelne Bischöfe weder den Mut finden, entsprechende Initiativen zu begrüssen noch sich zu Wortführern aufzuschwingen? Das gleiche gilt auch für die verantwortlichen Instanzen der Evangelischen Kirchen. Über nichtssagende Floskeln kommen sie nicht hinaus. Ein hochangesehener Präsident einer Vereinigung von Evangelischen Kirchen, der privat durchaus Anerkennung für entsprechende Initiativen äusserte, verharmloste seine Aussage derart, nachdem wir ihn gefragt haben, ob wir sie veröffentlichen dürften, dass wir dann ob der gebliebenen Banalität darauf verzichten mussten. Ebenso stiess ich bei einer mehrstündigen Unterredung mit einem Bischof auf ein wohlwollendes Verständnis,

---

[100] In diesem Beitrag übersetzt: Christen – gemeinsam für die Erde. Übersetzung und Redaktion: Anton Rotzetter
[101] Siehe Seite 289.

doch fand er nicht den Mut, dann auch öffentlich mit Unterschrift und Siegel dazu zu stehen. Dasselbe gilt für Ordensleute und ihre Institutionen. Wenn ein Ordensoberer für die bevorstehende Fastenzeit ein paar konkrete Weisungen erlässt, etwa dass man doch, was Fleischkonsum betrifft, die Gewohnheiten wieder aufnehmen soll, die vor vierzig Jahren üblich waren, wird das als autoritär abgetan. Die Ordensleute sind zur grossen Mehrheit dem Konsumismus verfallen und weit weg von ihrer Berufung, Propheten der Zukunft zu sein.[102]

Insofern ist diese französische Initiative exemplarisch. Die Kirchen und Organisationen sind durch prominente Stimmen beteiligt, und dies mit einer Klarheit und Eindeutigkeit, die nichts zu wünschen übrig lässt. Die Aktion «40 Tage ohne Fleisch und Fisch» wurde 2013 erstmals und dann auch 2014 durchgeführt. Wir publizieren den Text, der als Broschüre gedruckt wurde, in der Form, wie er uns im Internet entgegenkommt, ergänzt durch die Texte, die 2014 hinzugekommen sind (mit * gekennzeichnet). Zu den Organisationen und Personen habe ich, wo ich es für opportun hielt, weiterführende Hinweise hinzugefügt. Selbstverständlich ergänzen wir die französischen Angaben zu Literatur, Homepages, Filmen und Organisationen mit entsprechend deutschsprachigen Hinweisen am Ende unseres Buches.

Wer wir sind

Wir sind eine Bewegung, die aus den ersten Versammlungen entstanden ist, an denen Christen über ihr ökologisches Verhalten reflektierten (Saint Étienne: November 2011, Saint Lambert: Mai 2011, Kolloquium «Ökologie und Spiritualität» in Sainte-Croix: Juli 2011, «Appel an die Bischöfe zu Gunsten der Ökologie»: September 2011) ...

«Christen – gemeinsam für die Erde» (CgE) setzt sich zusammen aus einer Initiativgruppe, die durch Laura Moro-

---

[102] Siehe Seite 35ff.

sini[103], einer Umweltjuristin, gebildet wurde. Sie gehört dem Rat «Umwelt und Lebensformen» der Bischofskonferenz Frankreichs an. Dazu kommen Damien Gangloff[104], der Gründer der christlichen Organisation für Ökologie (C. OR.E[105]) und Christine Kristof-Lardet[106], Journalistin, Mitglied der «Journalisten für Natur und Ökologie (JNE[107]) und Mitbegründerin des «Réseau des Ecosites Sacrés»[108].

Um diesen Kreis sammelten sich nach und nach Personen und Institutionen mit unterschiedlichen Denkhorizonten: Priscille de Poncins[109], Philosophin, Pastor Robin Sautter[110] (Netzwerk «Bibel und Schöpfung»[111]) und Männer und Frauen, die ihr christliches und ökologisches Engagement bezeugen wollen. Auf verschiedenen Ebenen beteiligten sich Organisationen wie CERAS[112], CMR[113], «Mission de Fran-

---

[103] http://www.linkedin.com/pub/dir/Laura/Morosini (Zugriff:: Juli 2014).
[104] http://www.continental-university.com/damien-gangloff/; http://sites.google.com/site/damiengangloff/home (Zugriff:: Juli 2014).
[105] = Christian organization for ecology: http://www.core-asso.org/02Core/0232histoire/0232Son_histoire.htm (Zugriff:: Juli 2014).
[106] Autorin: Ecologie, spiritualité : la rencontre : Des sages visionnaire au hevet de la planète, Editions Yves Michel 2007.
[107] = Journalistes pour la Nature et l'Ecologie.
[108] Netzwerk, das eine Vielzahl von Gemeinschaften spiritueller Traditionen in den Religionen verbindet: http://ecositessacres.free.fr/documents/Plaquette-RES.pdf (Zugriff:: Juni 2014).
[109] http://www.inlibroveritas.net/oeuvres/23082/du-don--de-la-fraternite-et-de-la-decroissance--face-a-la-crise-ecologique (Zugriff:: Juli 2014).
[110] Von der neuen vereinigten Kirche (Reformierte, Methodisten, Lutheraner) – http://www.lavoixdunord.fr/region/l-eglise-protestante-unie-de-l-artois-chante-le-ia29b0n1626316 (Zugriff:: Juli 2014).
[111] http://blog.bibleetcreation.com/ (Zugriff:: Juli 2014).
[112] Centre de recherche et d›action sociales – Zentrum für Forschung und soziale Aktion, das von den Jesuiten ausgeht: http://fr.wikipedia.org/wiki/Centre_de_recherche_et_d›action_sociales (Zugriff:: Juni 2014).
[113] Chrétiens dans le Monde Rural – Christen in ländlicher Welt, vor allem in der Landwirtschaft: http://cmr.cef.fr/?-Le-CMR- (Zugriff:: Juni 2014).

ce»[114], Pax Christi[115] usw. Daraus entstand die Bewegung «Christen – gemeinsam für die Erde» (CUT[116] = CgE).

«Fasten für die Erde» wurde zum ersten Mal durchgeführt zur Zeit des Gipfels von Rio de Janeiro (2012). Während drei Tagen kamen zehn Fastende in der Kirche von Ménilmontant/Paris[117] zusammen, die von ungefähr hundert Personen, Pfarrgemeinden, Gemeinschaften und Klöstern mitgetragen wurden. Die Intensität dieser Tage begründete unseren Willen, in unseren Aktionen Körper und Geist miteinander zu verbinden. Darauf folgten Februar/März 2013 die Fastenaktion mit dem Titel «Die Schönheit des Fastens wieder entdecken: Ein Weg ohne Fleisch und Fisch», die aktive Beteiligung an der gemeinsamen Kampagne «Anders Leben», an der sich etwa 25 christliche Vereinigungen beteiligten, und «Weihnachten ohne Geschenke – ein Fest der Freude, Einfachheit und Phantasie» (Ende 2013). 2014 schlossen wir uns dem «Klimafasten» an, das auf den Umweltgipfel von Warschau (Ende 2013) zurückgeht, wo Yeb Saño, der philippinische UNO-Delegierte in Solidarität mit seinem Volk für die Dauer der Verhandlungen fastete[118]. Er tat das in seiner Betroffenheit durch den grössten Zyklon, der je über die Philippinen gefegt ist. Er wollte so die Verhandlungen zu Gunsten des Klimas vorantreiben. Viele Organisationen mit religiösen Wurzeln folgten ihm: Christen, Buddhisten, Muslime, Hindus …, ebenso «Climate Action Network Internatio-

---

[114] Heute eine Gemeinschaft, welche zum Ziel hat, mit der nichtchristlichen Welt in Dialog zu treten: http://catholique-mission-de-france.cef.fr/pages/decouvrez.html (Zugriff:: Juni 2014).
[115] Internationale katholische Friedensbewegung: http://www.paxchristi.cef.fr/v2/ (Zugriff: Juli 2014).
[116] CUT = Chrétiens unis pour la terre.
[117] http://de.wikipedia.org/wiki/20._Arrondissement_(Paris)
[118] Siehe die Rede Seite 162ff.

nal»[119], «Freunde der Erde»[120] ... Die Aktion soll bis zur nächsten Klimakonferenz in Paris (2015) fortgeführt werden, und zwar am ersten jeden Monats.

Seit einem Jahr erscheint ein Mitteilungsblatt für jene, welche informiert sein wollen über die Aktualität der christlichen Botschaft für die Ökologie. 2014 gab es eine neue Fastenaktion, an der man per Telefon und über Internet teilnehmen konnte: «40 Tage für Frieden und Solidarität mit der Schöpfung».

Parallel dazu arbeitet CgE an der Zusammenlegung von Initiativen und Ressourcen, das heisst an einer allgemein zugänglichen Internetplattform. Die Zeit ist gekommen für ein starkes Engagement der Kirchen gegenüber den ökologischen Gefahren. Wir wollen die Hoffnung in der Welt neu entfachen. CgE hat die Absicht, alle bestehenden Anstrengungen von Organisationen und Personen zu sammeln. Gemeinsam werden wir fähig sein, an der Bewusstseinsbildung und an der notwendigen Veränderung unserer Gesellschaft mitzuwirken.

Was wir wollen

> Wir wollen die Schönheit des Fastens wieder entdecken und uns während vierzig Tagen der Gnade Gottes anvertrauen.
> Wir wollen miteinander eine Zeit für Gott leben, für uns selbst und für die ganze Schöpfung. Als aufmerksame Gärtner und Gärtnerinnen sind wir berufen, für die Erde Sorge zu tragen.

---

[119] http://www.climatenetwork.org/ (Zugriff: Juli 2014).
[120] http://www.bund.net/ (Zugriff: Juli 2014).

Die nachstehenden Gedanken[121] setzen sich zum Ziel, jeden und jede, einzelne, Familien und Gemeinschaften zu unterstützen, die Fastenzeit als Erneuerung und Bekehrung zu erleben.

«Seht, ich gebe euch alles Kraut auf der ganzen Erde, das Samen trägt, und alle Bäume, an denen samentragende Früchte sind. Das wird eure Nahrung sein» – eine göttliche Anordnung (Gen 1, 29), die in den orthodoxen Kirchen, bei den Benediktinern und Trappisten heute noch lebendig ist wie ein brennendes Feuer. Der Fleischkonsum hat sich in Frankreich[122] in den letzten 50 Jahren verdoppelt. Sieben von zehn Fischarten sind vom Aussterben bedroht. Wir sind von Wissenschaftlern und Fachleuten gewarnt: die weltweite Ausdehnung eines so verbrauchenden Lebensstils hat katastrophale Folgen für das Ganze unseres Planeten Erde. Meistens geht mit diesem übersteigerten Konsumverhalten eine würdelose Behandlung der Tiere einher. Diese werden Leiden unterworfen, welche wir nicht zur Kenntnis nehmen wollen. Die Fastenzeit bietet uns Gelegenheit, unsere Augen und unser Herz zu öffnen und unser Gewissen zu bilden.

Katholische Würdigung:
Ein Weg spiritueller und gemeinsamer Bereicherung

Viele betrachten das Fasten als eine sehr persönliche Angelegenheit. Man entscheidet sich für etwas, was Mühe macht. Man will im praktischen Lebensvollzug und in den Zwängen unserer Bedürfnisse etwas ändern. Das ist gewiss lobens-

---

[121] Ursprünglich eine Broschüre, die zum Teil im Internet heruntergeladen werden kann.
[122] Die Zahlen in andern Ländern sind vergleichbar.

wert, aber wenn Fasten ein 40tägiger Weg ist, der das Volk Gottes zum Land der Verheissung, zum auferstandenen Christus führt, dann muss sich unser persönliches Bemühen einschreiben in die Frage nach der Qualität unserer Beziehungen und unseres gemeinsamen Lebens. Viele haben vergessen, dass sich die Christen nach einer immer noch aktuellen Vorschrift der Kirche während der Fastenzeit vom Fleisch enthalten sollen, besonders an den Freitagen. Das ist nicht ein Bemühen unter anderen wie etwa der Verzicht auf das Rauchen. Der Verzicht auf Fleisch ist vielmehr ein gemeinschaftliches Bemühen, sich über die Art zu leben und zu konsumieren Fragen zu stellen und in einen Prozess gemeinsamer Klärung des Verhaltens einzutreten. Es versteht sich von selbst, dass man nicht als die Gleichen aus der Fastenzeit herauskommen kann. Im Verhältnis zu den Konsumgütern, zu den Produzenten, zu den Tieren sollten wir – ohne alles in Frage zu stellen – etwas weniger die Natur beherrschen und etwas ehrfürchtiger der Schöpfung gegenüberstehen.

Den Fleischverzicht auf die ganze Fastenzeit auszudehnen, erweitert das Bewusstsein und die Botschaft und korrigiert den Konsumrausch und die damit notwendig zusammenhängende Herabsetzung der Natur und der Tiere. Das wäre ein Segen für uns Menschen und für die Natur, die sich so grossherzig gibt, und für uns selbst eine spirituelle Bereicherung ist. Dann würden wir vielleicht die Fähigkeit wiedergewinnen, die wir aufgrund des Konsumzwanges verloren haben: die Kontemplation, die Anbetung, die Danksagung. Und das wäre dann eine gute Botschaft für unsere Brüder und Schwestern, die Menschen.

MARC STENGER, Bischof von Troyes,
Präsident von Pax Christi Frankreich

Monastische Würdigung:
Tiere essen? Nahrungsmittel und Opfer

«Auf das Fleisch vierfüßiger Tiere sollen alle verzichten, außer die ganz schwachen Kranken» (Benediktusregel 39,11).

Diese kurze Vorschrift ist auch heute noch die Praxis vieler Mönche und Nonnen. Ein paar kurze erklärende Worte dazu.

Die Erwähnung der vierfüssigen Tiere verweist auf das Ende der Fastenzeit, auf die Osternacht. Da beginnen die Lesungen mit dem ersten Kapitel der Genesis, das von den Landtieren erzählt, die am gleichen sechsten Tag wie der Mensch erschaffen wurden und damit auf eine gemeinsame solidarische Ebene gehoben sind. Zudem wird den Tieren und den Menschen eine exklusiv vegetarische Nahrungsgrundlage gegeben. Überdies ist das Tier vor dem Menschen geschaffen und geht uns im Lob des Schöpfers voraus. Dies führt zur Frage, ob man vom Menschen das gleiche sagen kann. So hat der Fleischverzicht einen ersten Grund: Wir müssen die Übereinstimmung von Mensch und Tier in der ursprünglichen Gnade bezeugen. Dies ist der Sinn der Fastenzeit, welche einen Neubeginn bewirken soll.

Das Tier ist freilich vom österlichen Geheimnis anders betroffen als der Mensch. Im Bund der Gnade, die ihrer Erschaffung folgt, wird sich die Verwandtschaft zwischen Tier und Mensch im Opfer ausdrücken. Das Tier wird zum Geschöpf, das für die Sünde des Menschen büssen muss. Der Fleischkonsum ist also mit der Sünde des Menschen verbunden. Der Mensch muss ein unschuldiges Wesen finden, das er an seiner Stelle opfern kann. Keinerlei Stolz ist ihm also erlaubt. Das Opfer eines Tieres entspricht nicht in erster Linie einem natürlichen Bedürfnis des Menschen. Es ist vielmehr dazu da, seine Schuld herauszustellen und Vergebung zu erlangen. Erst danach darf der Mensch seinen Anteil vom Fleisch des Tieres essen und am Leben teilnehmen, das hingegeben und von Gott angenommen wurde. So wird offenbar, dass das Leben eines Tieres Gott gehört und nicht dem Menschen. Das genossene Tierfleisch ist also nicht bedeutungslos, sondern ein Opfer.[123]

Die Frage drängt sich auf: Welchen falschen Göttern werden heute Tiere geopfert, um sie zu essen? Und mit welchen Götzen verbinden wir uns, wenn wir Tiere essen? Die Fastenzeit ist dazu da, damit wir uns im Herzen, aber auch körperlich von diesem Götzendienst reinigen.

Die Opfervorschriften des Alten Bundes wurden mit der Zeit hinfällig. Aber diese Opferökonomie zeigt den Weg an, der in den Bund der Gnade mündet, in das Opfer des Menschensohnes, der «das wahre Lamm Gottes» genannt wird. Wenn es einen Sinn im Leiden des unschuldigen Tieres gibt, dann besteht er darin, dass das Tier sozusagen Christus darstellt. Das geopferte Tier bleibt ewig gegenwärtig im geopferten «Lamm Gottes.»

Nach dem Opfer Christi hat der Mensch ohne Zweifel die Freiheit[124], ein Tier zu töten. Doch impliziert diese Freiheit, Verantwortung im Bund der Gnade zu übernehmen. Die Unterdrückung eines Tieres ausserhalb des aufgelösten Opferrahmens darf sich nur in Analogie zu diesem und als priesterlicher Akt verstehen.

Der Fleischverzicht bei den Benediktinern ist freilich nicht absolut. Nur Kranke dürfen Fleisch essen. Das ent-

---

[123] Anmerkung von Anton Rotzetter: Diese etwas ungewohnte Darstellung des Zusammenhangs von Mensch und Tier im Opfer wird bei vielen Tierschützern, aber auch Theologen nochmals hinterfragt.
[124] Vergleiche jedoch die Meinung des Hieronymus Seite 82f.

springt der freien Gnade, nicht dem Gesetz. Jede Ausnahme muss Gehorsam gegenüber dem Befehl eines Obern sein. Man muss das leibliche Leben bewahren, wenn es durch Krankheit bedroht ist.

Pater Jean-François Holthof, Zisterziensermönch,
lebt in der Einsiedelei Saint-Eugène, Ardèche

Protestantische Würdigung

Fasten macht Sinn

Miteinander informieren sich Christen mit unterschiedlicher Konfession und übernehmen eine Verantwortung, die Sinn macht.

Das Vorhaben, während der Fastenzeit auf Fleisch zu verzichten, will für die Leiden unseres Planeten sensibilisieren. Zudem bezeugt es, dass die Sorge um die Umwelt in unserem Glauben an Jesus Christus wurzelt. Gemeinsam können wir für die Erde, die von Gott geschaffen ist, Sorge tragen.

Diese ökumenische Umweltinitiative stellt notwendige Fragen, ist sinnvoll und zu begrüssen.

Pastorin Jane Stranz,
Verantwortliche des ökumenischen Dienstes
des Bundes der Protestanten in Frankreich

Einer Ethik der Nüchternheit entgegen

Lange Zeit brachte der Protestantismus dem Fasten ein gewisses Misstrauen entgegen. Denn er sah darin ein frommes Werk, das der Theologie der Gnade entgegensteht. Statt das Kind mit dem Bade auszuschütten, ist es wohl weiser, das Fasten wieder aufzunehmen und in die eigenen theologischen Kategorien zu integrieren.

Warum feiern wir Weihnachten im Dezember, Ostern im

Frühling und Pfingsten einige Wochen später? Aus pädagogischen Gründen. Es sind Zeiten, in denen wir uns auf privilegierte Weise des Kommens Gottes in unsere Welt besinnen. In der gleichen Perspektive können wir eine Jahreszeit vorsehen, um auf besondere Weise den Weg Jesu nach Jerusalem nachzugehen. Die Fastenzeit wird so zu einer Zeit, in der wir uns an Jesus und seinen Kampf gegen die Versuchung des Reichtums, der Macht und des Konsums erinnern. Und dies, um der Diener der Kleinsten zu werden. Wir müssen Zeichen finden und setzen, die zeigen, dass wir Jüngerinnen und Jünger Jesu sind.

Der Protestantismus entwickelte eine Ethik der Nüchternheit, die in der Dankbarkeit, im rechten Gebrauch der Dinge und im Bewusstsein wurzelt, dass wir nur Verwalter der uns anvertrauten Reichtümer sind. Unsere Zivilisation ist das Gegenteil von Nüchternheit. Sie lenkt unsere Wünsche auf immer mehr Konsum.

Die Botschaft der Magazine und der öffentlichen Medien ist ein farb- und geruchloses Gas, das wir ohne es zu merken, inhalieren. Gegen diese Einflüsse, die uns mehr berühren als wir zugeben wollen, müssen wir ein Gegenmittel einnehmen: Das Evangelium, das uns sagt, dass das Immer-Mehr ein Engpass ist und unfähig macht, unserer Existenz einen Sinn zu geben.

Die Fastenzeit könnte also eine Zeit sein, in der wir auf privilegierte Weise ein Gegenmittel zu uns nehmen. Die Nüchternheit, die wir in dieser liturgischen Zeit entdecken können, bekommt so einen prophetischen Aspekt in einer Welt, die bedroht ist durch die ökologische Krise, in unserer Zeit, in der die Gesellschaft sich bewusst wird, dass der Abhang, an dem sie sich befindet, so abschüssig ist, dass sie in der Katastrophe enden wird.

Wir können in der Fastenzeit zum Protestzeichen in un-

serer Gesellschaft werden und zu einem Aufruf, den Reichtum des gerechten Masses in den Dingen wieder zu finden.
Antoine Nouis, *Pastor, Redaktor von Réforme*[125]

Orthodoxe Würdigung

Fasten als «Frühling der Seele»

Für die Christen der orthodoxen Tradition hat die Fastenzeit seit eh und je eine grosse Bedeutung. Sie nennen sie «Frühling der Seele».

Der Frühling ist die Zeit, in der sich die Natur entfaltet. So ist die Fastenzeit die Entfaltung und Weitung der Seele: Sie bringt geistliche und evangelische Früchte hervor. Fasten ist ein wesentliches Bemühen, das uns zur Umwandlung befähigt, ja unsere Gottesbeziehung verklärt, ebenso auch die Beziehung zum Nächsten und zum Kosmos. In diesem Sinne gehören Fasten, Gebet und das Teilen unauflöslich zusammen und verweisen uns auf die drei wesentlichen Beziehungen: Die Gottesbeziehung schliesst den persönlichen Wandlungsprozess, die Beziehung zum Nächsten bzw. das Teilen, und die Beziehung zum Kosmos, das heisst einen ganz neuen Blick auf die Schöpfung, mit ein.

Der geistliche Sinn des Fastens ist die Stärkung des Gotteshungers. Wir fasten nicht, weil wir uns der Nahrung enthalten oder weil wir den Körper abtöten wollen. Vielmehr wollen wir unsere Sensibilität für das Lebendige wachsen lassen und damit auch den Hunger und den Durst nach Gott.

Fasten will den natürlichen Appetit wesentlich begrenzen und uns freimachen für das wahre Begehren. Unter na-

---

[125] http://www.reforme.net/annuaires/personnalites/pasteur/antoine-nouis (Zugriff: Juli 2014).

türlichem Appetit verstehe ich nicht nur das übermässige Essen, sondern auch die Gier, die Lust, die Habsucht und die ungebremste Suche nach materieller Befriedigung ...

Das Fasten konzentriert unsere Aufmerksamkeit. Es macht uns zu Beobachtern unserer inneren Beweggründe. Es erlaubt uns, nicht mehr Sklaven zu sein, sondern den Weg zur glanzvollen Freiheit der Kinder Gottes zu gehen.

Die Väter und Mütter unseres Glaubens haben erkannt, dass die Art und Weise, wie wir mit den Nahrungsmitteln umgehen, eine unmittelbare Auswirkung auf unser Temperament und unser geistliches Leben hat. Wenn wir eine Speise begehren, die uns bestimmt, was regt sich dann? Ein Zwang oder das Gewissen?

Nach dem Buch Genesis hat Gott Adam geschaffen, jeden Mann und jede Frau. Als Essende sind sie geschaffen, nicht um die Welt zu verschlingen, sondern in eucharistischer Beziehung zum Schöpfer zu stehen und dies mittels der geschaffenen Nahrungsmittel (Brot und Wein sind kosmische Substanzen, die zur Eucharistie werden). Wir fasten, um eine lebendige Beziehung zum lebendigen Gott zu leben und damit der Kosmos seine Möglichkeit der Gemeinschaft mit Gott vollzieht.

Fasten im Geist des Teilens und der Solidarität

Die Fastenzeit erlaubt uns, eine aussergewöhnliche Erfahrung zu machen. Sie gibt uns die Gelegenheit, uns von der Last der Welt zu erleichtern, uns für das Mitleiden zu öffnen, das uns ja so oft fehlt, uns sensibler zu machen für das Lebendige und uns zu befähigen für eine eucharistische Kontemplation des Kosmos. Mit dem Verzicht auf gewisse Nahrungsmittel (oder sogar auf alle) können wir, wenn auch bloss bis zu einem gewissen Grad, die Erfahrung derer machen, die Hunger oder Mangel erleiden müssen. Viele in der

Welt haben Zugang nur zu einem Minimum an lebenswichtiger Nahrung. Wir sind aufgerufen, eine solche Einschränkung freiwillig zu leben, unsere Bedürfnisse einzugrenzen im Geist der Gerechtigkeit, des Teilens und der Solidarität, um den Frieden der Welt zu befördern. Physisches Fasten ist ohne die Reinigung des Herzens undenkbar. Es öffnet uns für die Einübung der Hingabe und der Liebe.

Wir können, wie der hl. Ambrosius von Mailand uns einlädt, das beim Fasten ersparte Geld den Armen geben und im Geist der Seligpreisungen die Erfahrung selbstgewählter Armut machen. Sie öffnet uns für die Gemeinschaft mit dem Bruder und der Schwester, mit denen sich Christus identifiziert: «Was ihr einem der Kleinsten getan habt, das habt ihr mir getan» (Mt 25,40).

Diese gewählte Nüchternheit ist nicht nur eine Therapie für den Körper, sondern auch eine Therapie für die Seele, sofern wir auch auf den Konsum von Medien, von Vergnügungen und all dessen verzichten, was uns vom Wesentlichen abhält. Vor allem aber müssen wir uns von jeder Form von Bosheit fernhalten, gemäss der Empfehlung des hl. Cassian:

«Wenn der äussere Mensch fastet, sollte sich auch der innere Mensch von jeder schlechten Nahrung fernhalten. Die schlechte Nahrung der Seele, das ist das üble Geschwätz der Brüder.»

Die Beziehung zum Kosmos

Christus hat nach seiner Taufe vierzig Tage und vierzig Nächte in der Wüste gefastet. Der Versuchung durch den «*Diabolos*», der ihm vorschlug, Steine zu Brot zu machen, antwortet er: «Der Mensch lebt nicht vom Brot allein, sondern von jedem Wort, das aus dem Mund Gottes kommt» (Mt 4,4). Das will sagen: Jede Kreatur ist die Frucht eines Gotteswortes. Es ist ebenso wichtig, sich mit Sinn zu nähren wie mit

Brot. Wer das vergisst, macht die Welt zur Sache. Er schliesst jede symbolische Dimension aus und ist gefangen in einem Universum des Scheins. Schliesslich wird er diese Welt für die Realität halten. Geschöpfe werden zur Ware, und die Macht des Geldes triumphiert. Durch die Begrenzung unseres Konsums können wir eine Beziehung der Mässigung gegenüber dem Kosmos aufbauen. Wir werden aufmerksamer für das Lebendige. Das Fasten öffnet das Gewissen; es offenbart das Unsichtbare im Sichtbaren, das Unberührbare im Berührbaren und die Tiefe der Realität jenseits der Erscheinungen.

Die Fastenpraxis in der orthodoxen Kirche
Es gibt zwei Arten von Fasten: das liturgische und das totale Fasten.

Das am meisten gelebte Fasten ist das liturgische. Es umfasst insgesamt 180 Tage im Jahr. Dessen zwei Hauptzeiten sind der Advent (40 Tage vor Weihnachten) und das österliche Fasten (ebenfalls 40 Tage), ohne die Fasttage zu zählen, die auf das ganze Jahr verteilt sind.

Das liturgische Fasten besteht im Verzicht auf Fleisch, Wurst, Fisch, Eier, Michprodukte (Käse, Butter, Joghurt usw.) und auf Wein. Es will den Gläubigen in die Bedingungen Adams im Paradies versetzen, der sich von samentragenden Samen ernährte. Der Verzicht auf Fleisch hat eine friedenstiftende Funktion und will den Geist des Verschlingens, der Gier und der Macht begrenzen.

Um ein gutes Gleichgewicht der Seele und des Körpers zu erreichen, empfiehlt sich das liturgische Fasten jeden Mittwoch und Freitag das Jahr hindurch.

Das totale Fasten ist der freien Entscheidung des Einzelnen überlassen. Freilich ist ein solches Fasten mit dem geistlichen Begleiter zu besprechen. Wir vollziehen das Fasten nicht einfach um der Disziplin willen, sondern weil es das

Gebet vertieft, den Geist erleuchtet, die Hochs und Tiefs der Stimmungen mässigt und uns grossen geistlichen Gewinn schenkt.

Wir können Euch nur ermutigen, in der kommenden österlichen Fastenzeit diese Erfahrung zu machen.

PATER PHILIPPE DAUTAIS,
Direktor des Zentrums Sainte-Croix, Dordogne[126]

Anglikanische Würdigung*

Gerechtigkeit auch für alle fühlenden Geschöpfe in der ganzen Welt

Mein ganzes Leben lang habe ich gegen Diskrimination und Ungerechtigkeit gekämpft, ob die Opfer Schwarze waren, Frauen, Schwule oder Lesben. Kein menschliches Wesen darf mit Vorurteilen belegt werden oder Adressat von Erniedrigung sein. Niemand darf seiner fundamentalen Rechte beraubt werden.

Doch gibt es noch andere wichtige Bereiche, wo die Gerechtigkeit herrschen muss. Nicht allein die Menschen, sondern auch die anderen fühlenden Wesen auf der Welt rufen nach ihr. Missbrauch und Grausamkeit, welche wir den anderen Tieren[127] zufügen, müssen unsere Sorge auf sich ziehen. Das gehört fortan zu den notwendigen moralischen Herausforderungen.

Freilich können die Ursachen dieser Ungerechtigkeiten

---

[126] http://www.centresaintecroix.net/ (Zugriff: Juli 2014).
[127] Zum Verständnis: in vielen Texten wird heute 'Tier' als Oberbegriff verstanden, dem auch der Mensch untergeordnet wird. Diese für viele befremdliche Begrifflichkeit hat aber ihre Voraussetzung in der alten lateinischen Bestimmung des Menschen: «animal rationale» = vernunftbegabtes Tier.

nicht mit einem Schlag beseitigt werden. Das ist so, weil die Opfer keine Macht haben und sehr verletzbar sind. Sie haben keine Wortführer und keine Instanzen, die sie gegenüber den Autoritäten vertreten könnten. Gerade die Tiere befinden sich in dieser Situation. Solange wir uns ihrer Interessen nicht annehmen und diesbezüglich nicht klar Stellung beziehen, bleiben Missbrauch und Grausamkeit bestehen.

Es ist eine Art theologischer Wahnsinn, vorauszusetzen, dass Gott die Welt allein für den Menschen geschaffen habe und bloss für ihn Gerechtigkeit fordert und dass er sich nicht um die Tiere kümmert, die in Millionen Arten auf der Welt leben. (...)

Unsere Beherrschung der Tiere wird nicht als despotisch beurteilt. Natürlich sind wir als Ebenbilder Gottes geschaffen, aber Gott, von dem wir Ebenbilder sind, ist heilig, die Liebe und Gerechtigkeit. Wenn wir andere fühlende Geschöpfe misshandeln, dann verehren wir Gott nicht. Zwar sind wir die am weitesten entwickelte Art der Schöpfung, aber ebenso wahr ist, dass wir die am meisten entgleisten und sündigsten Wesen sein können. Wenn wir dies erkennen, werden wir für Augenblicke nachdenklich. So werden wir Jesus Christus sehr nahekommen, der das Leiden der Geschöpfe in sich trägt und für sie sorgt, ob sie nun Menschen sind oder Tiere. (...)

Die Kirchen müssten die Wege öffnen und klar erklären, dass die Grausamkeit gegen andere Lebewesen ebenso wie gegen die Menschen ein Angriff auf das zivilisierte Leben und eine Sünde vor Gott darstellt.

Ehemaliger anglikanischer Erzbischof Desmond Tutu von Cap Town, Nobelpreisträger[128]

---

[128] Auszug aus Andrew Linzey (Hg.), Global Guide to Animal Protection, Illinois 2013.

Theologische Würdigung*

Ernährungsweise vor Noach

Im Garten Eden befahl Gott den Menschen und den Tieren die vegane Ernährung (vgl. Gen 1, 29 – 31). Zudem verkündet der Prophet Jesaia (vgl. 11, 1 – 9) eine Welt, in der alle Lebewesen miteinander im Frieden zusammenleben (der Wolf mit dem Lamm ...). Darum ist die vegetarische Ernährung ein Vorzeigezeichen für das göttliche Projekt einer versöhnten Welt.

Doch warum dann erlaubt Gott Noach das Essen von Fleisch (vgl. Gen 9,2 – 4)? Gott nimmt die gewaltvolle Realität zur Kenntnis, die ursprünglich nicht vorgesehen war und die letztlich auch der Grund für die Sintflut ist. Gott öffnet zunächst etwas die Türe für diese Gewalt: Die Menschen sollen von allem essen dürfen, auch Fleisch, das das Töten von Tieren voraussetzt, aber selbstverständlich weiterhin das Grünzeug, das ursprünglich allein die Nahrungsgrundlage bildete (vgl. Gen 1,30). Doch gleichzeitig erlässt er Gesetze, um das Menschliche zu strukturieren. Der Mensch kann zwar Fleisch essen, aber nicht das Blut, weil es der Sitz und das Zeichen des Lebens ist. Gleichzeitig aber unterstreicht Gott, dass er immer auf der Seite der Gewaltopfer sein wird (vgl. Gen 9, 5). Er wird immer mit den Opfern solidarisch sein und die Gewalttäter zur Verantwortung ziehen. Drei Fälle werden erwähnt: Ein Tier tötet einen Menschen, ein Mensch tötet einen anderen Menschen und ein Mensch tötet seinen Bruder: Wie etwa Kain, aber hat hier die Animalität nicht über das Menschliche des Menschen den Sieg davon getragen?[129] *Am Ende erklärt Gott (Gen 9, 6a):*

---

[129] Anmerkung von Anton Rotzetter: Der Text scheint hier nicht ganz logisch. Was ist mit dem Fall, dass ein Mensch ein Tier tötet? Ein Verweis

*«Wer das Blut eines Menschen vergiesst, dessen Blut soll für
den Wert des getöteten Menschen vergossen werden. Denn als
Bild Gottes hat er den Menschen gemacht.»*
PRISCILLE DE PONCINS,
vom Theologen André Wénin inspiriert

Ökologisch-christliche Würdigung*

Der doppelte Gottesbund: mit der Natur und mit den Menschen

Nach dem berühmten Text der Genesis erschuf Gott am dritten Tag die Pflanzen, die er dann am sechsten Tag zur gemeinsamen Nahrungsgrundlage für Menschen und Tiere erklärte. Das beweist ihre grosse Nähe und Verwandtschaft. Später dann macht Gott nach der Sintflut ein Zugeständnis an die wilde Natur des Menschen. Gleichzeitig erneuert er seinen Bund mit Noach und seinen Nachkommen, aber auch mit allen Tieren, die aus der Arche kamen, symbolisch also mit allen Tieren der ganzen Schöpfung.

Heute erkennen wir, dass die Tiere durch ihren fühlenden und leidensfähigen Körper die Natur insgesamt repräsentieren. Sie leiden unter den Misshandlungen, die wir ihnen zufügen. Als bekennender Christ sehe ich in diesem doppelten Bund eine göttliche Einladung, die Tiere zu achten. Das zeigt

---

auf Jesaja 66,3f wäre sinnvoll: »Wer einen Stier schlachtet, gleicht dem, der einen Mann erschlägt; wer ein Schaf opfert, gleicht dem, der einem Hund das Genick bricht; wer ein Speiseopfer bringt, gleicht dem, der Schweineblut spendet; wer Weihrauch anzündet, gleicht dem, der Götzen verehrt: Wahrlich, wie sie Lust haben an ihren eigenen Wegen und ihre Seele Gefallen hat an ihren Gräueln, so will auch ich Lust daran haben, dass ich ihnen wehe tue, und ich will über sie kommen lassen, wovor ihnen graut. Denn ich rief und niemand antwortete, ich redete und sie hörten nicht und taten, was mir nicht gefiel, und hatten ihre Lust an dem, woran ich kein Wohlgefallen hatte.«

sich darin, dass wir während der Fastenzeit auf Fleisch verzichten. Wenn wir Tiere lieben und schützen, dann schätzen wir die Natur insgesamt. Sie ist es ja, die uns lebensnotwendig ist und das Überleben der Menschheit sichert. Im Fleischverzicht verpflichten sich die Christen in diesem Sinne, treu der göttlichen Sendung, Hüter und Gärtner der Erde zu sein. Ökologie und Christentum – das gehört wesentlich zusammen!

JEAN-MARIE PELT, Präsident des Europäischen Instituts für Ökologie, Professor an der Universität Metz, Schriftsteller

Philosophische Würdigung*

Tiere sind fühlende Wesen

In meinem Buch «Das Schweigen der Tiere»[130] habe ich eine Hypothese aufgestellt: In Christus, dem Lamm Gottes, haben die Tiere ihren alttestamentlichen Status als Opfertiere verloren. Die neue Religion gibt die zahlreichen Vorschriften des Alten Testamentes, sofern sie das Opfer betreffen, auf, bei dem ja die Tiere eine grosse Rolle spielen. Da sagte ich auch, dass die Theologie folgenden Gedankengang aufnehmen müsste. Das Leiden ist die Folge der Ursünde, die Tiere aber haben in Adam nicht gesündigt, also dürften sie in keiner Weise leiden müssen. Wenn sie dennoch leiden müssen, wäre Gott ungerecht, was nicht sein kann. Aber selbstverständlich habe ich die Gegenstimmen nicht ausgeklammert, vor allem jene der Mystiker, die sich immer, was die offizielle Lehre betrifft, Freiheiten herausgenommen haben. Ich denke an Schriftsteller, an die schockierenden Beschreibungen des Tierleids bei Léon Bloy in «Die arme Frau»[131] und an die

---

[130] Elisabeth de Fontenay, Le silence des bêtes, Paris 1999.
[131] La Femme Pauvre, Paris 1897 – Die Armut und die Gier. Eine zeitgenös-

grossartige Rehabilitierung der Tiere im «Teppich der Apokalypse» von Paul Claudel[132].

Und meine Freunde, Hélène und Jean Bastaire[133], haben sich unablässig dafür eingesetzt, dass der zutiefst katholische Gedanke zu Gunsten der Tiere zur Geltung kommt. Ihnen verdanke ich den hoffnungsvollen Hinweis auf Maximus Confessor: «Wenn Adam dem Tod seine ganze Natur als Beute überlässt», dann wird – Dank der Gnade Christi – der neue Adam «die ganze Erde geheiligt und durch den Tod hindurch ins Paradies gelangen». So findet das «kosmische Ostern» statt: die ganze Welt kehrt in den alles umfassenden Gott zurück.

ELISABETH DE FONTENAY, Philosophin,
Produzentin der Sendung «Leben mit Tieren».

Die Begründung: Warum eine Fastenzeit ohne Fleisch und Fisch?

Alles ist wie ein Ozean,
alles fließt und berührt sich.
An einem Ende der Welt
verursachst du eine Bewegung
und am anderen Ende der Welt
hallt sie wider.
Geben wir zu: es ist verrückt
die Vögel um Verzeihung zu bitten
aber die Vögel und die Kinder
und jedes Tier

---

sische Episode. Stuttgart 1950.

[132] Paul Claudel: *Kleines geistliches Tierbuch*, Zürich 1956.

[133] Jean Bastaire, Le chant des créatures, Paris 1996; ders., Pour une écologie chrétienne, Paris 2002; Ders., Un nouveau franciscanisme. Les petits frères et les petites sœurs de la Création, Langres 2005; Ders., La terre de gloire – Essai d'écologie parousiaque, Paris 2010; Ders, Insurrection Pascale, Paris 2012.

*das euch umgibt
würde sich wohler fühlen
wenn ihr würdiger wäret
als ihr es jetzt seid.*

Die Brüder Karamasow – Dostojewski

Ursprung und Sinn des Fastens

Zur Fastenzeit laden die katholische und die orthodoxe Kirche ein, um die Erfahrung Jesu Christi während seiner vierzigtägigen Fastenzeit in der Wüste zu teilen. Dort wurde er der Versuchung durch Satan unterworfen. Mit ihm verbunden wollen die Christen eine Bekehrung des Herzens und des Geistes vollziehen, die «Metanoia», ein totales Umdenken. Sie wollen so erneut Gott und das Leben wählen und sich auf einen Kampf mit dem einlassen, was dem entgegensteht. Der verheissene Sieg in diesem Kampf wurzelt in der Auferstehungsfeier zu Ostern, dem «Fest der Feste». Nach den Worten des russischen Theologen Alexander Dmitrijewitsch Schmemann (+1983):

> «Ostern ist die jährliche Wiederkehr unserer Taufe, während das Fasten die Vorbereitung darauf ist, das anhaltende und getragene Bemühen, das schliesslich unseren eigenen ‚Übergang' ins neue Leben in Christus bewirkt».

So verstanden ist Fasten weit mehr als der einfache Verzicht auf Nahrung, es ist der Ausdruck der Zeit des Übergangs in das ewige Ostern. Es ermahnt uns zu einer Praxis der Bescheidenheit, des Gebetes, der Stille und der Innerlichkeit, zu einer tiefgehenden Bekehrung.

Eine solche Bekehrung ist jedoch unmöglich ohne eine Veränderung unserer Art, die Welt zu sehen und zu denken. Nur dies erlaubt uns eine innere Haltung, die sanfter, gerechter und solidarischer ist. Christus selbst führt uns auf diesem Weg: «Selig die Sanftmütigen, selig die Friedensstifter, selig die hungern und dürsten nach Gerechtigkeit» (Mt 5,1 – 12). In dieser Perspektive ist der Konsum von Tieren als solcher fragwürdig. Ursprünglich sind Menschen und Tiere Vegetarier (vgl. Gen 1, 28f). Die erste Erlaubnis, Fleisch zu essen, scheint ein Zugeständnis zu sein. Sie steht im ausdrücklichen Widerspruch zur allgemeinen Gewaltlosigkeit, wie sie der Prophet Jesaia ankündigt. Sie kennzeichnet das Reich Gottes (Jes 11, 9). In diesem Kontext nimmt der Fleischverzicht einen ganz bestimmten Sinn an. Man unterwirft sich der ursprünglichen Friedensordnung Gottes. Wir sind heute aufgerufen, uns nach diesem universalen Frieden auszustrecken.

Der Mensch als Ebenbild Gottes soll ein Prophet der Gewaltlosigkeit werden, auch im Blick auf die Tiere. Viele Mystiker und Theologen haben das bezeugt: die Wüstenväter, Johannes Chrysostomus, Origines, Tertullian, Franz von Assisi, Paul Claudel und Théodore Monod. Der Fleischverzehr ist, könnte man sagen, eher ein Zeichen des alten Menschen und des Sündenfalls als ein Zeichen der Zugehörigkeit zu Christus.

Dabei muss man die Bedingungen moderner Fleisch- und Fischproduktion näher anschauen. In Frankreich hat sich der Fleischkonsum in den letzten 200 Jahren verfünffacht. Dieser Zuwachs entstand aufgrund eines zunehmend geförderten Wachstumsrhythmus, vor allem wegen der exponentiellen Entwicklung der industriellen Fleischproduktion, die inzwischen 90% ausmacht. Das gleiche gilt für den Fisch, dessen Konsum sich in den letzten 50 Jahren vervierfacht hat. Zu diesem bedeutsamen Wachstum kommt die Globalisierung der industriellen Lebensmittelproduktion ganz allgemein. Auch in den sogenannten Entwicklungsländern kann man einen vergleichbaren Zuwachs an Fleisch- und Fischkonsum feststellen. Das beschädigt die Ökosysteme unseres Planeten massiv, mit einer ganzen Reihe von negativen Folgen auf die Um- und Mitwelt, auf Menschen und Tiere. Das ganze Ausmass der Folgen tritt heute immer mehr ins Bewusstsein. Vor allem haben die tropischen Wälder in den letzten dreissig Jahren unwiederbringlichen Schaden erlitten. An ihre Stelle sind unendliche Zonen von Weideland oder breite Sojakulturen (meistens genetisch verändert) getreten, meist zur Ernährung des Viehs auch in europäischen Ländern. Insgesamt 70% des Agrarlandes in Lateinamerika ist direkt oder indirekt für die Aufzucht von Tieren bestimmt. Die weltweite Abholzung der Wälder nimmt jährlich um die Fläche Grossbritanniens zu. Die Zerstörung der Lebensräume ist eine der Hauptursachen für das Verschwinden der Biodiversität auf unserer Erde und für den unersetzbaren Verlust der Tier- und Pflanzenwelt, die Millionen Jahre gebraucht haben, um sich aufzubauen. Das bedeutet auch Gewalt gegen das Leben selbst. Diese Zerstörung betrifft auch die menschliche Art, die, ihrer Natur und ihrer «Dienste» (Fruchtbarkeit des Bodens, Bestäubung, Regulierung der Wasserzyklen, Heilpflanzen, Nahrungsgrundlage ...) beraubt, immer verletzlicher wird. So hat die Abholzung der Wälder unmittelbar das Verschwinden darin wohnender einheimischer Völker zur Folge. Auf der anderen Seite führt die industrielle Nutzung bei den Kleinbauern zum Verlust von Ackerland und zur allmählichen Verarmung. Diese Wirkung wird sogar verstärkt durch die Klimaveränderung, die in grossem Ausmass mit der Tierhaltung zu tun hat (18 – 25% der schädlichen Treibhausgasemissionen). Die dramatischen Folgen werden in Ländern, die dem Ansteigen des Meeresspiegels (Bangladesh, pazifische Inseln) oder der Trockenheit und dem Hunger (Horn von Afrika) besonders ausgesetzt sind.

Die UNO schätzt die Zahl der Klimaflüchtlinge in den nächsten Jahrzehnten auf 50 Millionen. Die Frage des Welthungers steht in einem direkten Zusammenhang mit der Verschwendung der Erde und der Nahrungsmittel. 35 % der Getreideproduktion dient der Ernährung von Tieren. An sich wäre es möglich, mit der jährlichen Menge an Getreide, das auf der Erde angebaut wird, eine Milliarde unter Hunger leidender Menschen zu ernähren. Sanft zu sein gegenüber der Schöpfung ist auch für den Menschen gut und heisst auch, sanft und gerecht zu sein gegen sich selbst. Verstärkte Solidarität mit dem Nächsten ist ein Verhalten, das allen gilt, auf welcher Seite der Erde man sich auch befindet.

Was den Fisch betrifft, auf dessen Konsum wir vielleicht zurückgreifen wollen, müssen wir feststellen, dass die Situation ebenso alarmierend ist. Zahlreiche Fischarten sind bereits ausgestorben. Und wir fahren fort, die Meere und Seen auszubeuten, als ob sie unerschöpflich wären. Dabei sind zwei Drittel maximal ausgebeutet und ein Drittel gilt als überfischt. Um dem wachsenden Bedürfnis nach Fisch nachzukommen, werden grosse Anstrengungen unternommen und die Fangmethoden werden verfeinert (satellitengestütztes Fischen, Fischen in grosser Tiefe ...). Dazu kommt der Beifang («unnütze» Arten, tote Fische), der dem Meer zurückgegeben wird, und verletzte Delphine, Haie, Schildkröten. Nach dem WWF wird nahezu die Hälfte der in den industriellen Fangnetzen gefischten Lebewesen wieder ins Meer zurückgeworfen. Was die Wasserkulturen betrifft, so werden ungefähr die gleichen negativen Wirkungen erzielt wie bei der industriellen Tierzucht auf dem Lande. Aufmerksam zu machen ist auf die Labels «nachhaltiger Fischfang», doch sind sie noch sehr selten.

«Ich sage, wenn ihr Sushi esst, dann werdet ihr neben Eurem Teller eine Masse von getöteten Fischen haben, die den ganzen Tisch bedecken könnten.» (Jonathan Safran Foer).

Die industrielle Tierzucht erzeugt überdies eine Menge anderer Umweltprobleme: die Wasserverschwendung und -verschmutzung durch das Ausscheiden von organischen Stoffen, welche zu einer Eutropierung führen, das heisst zu einem übermässigen Nahrungseintrag in Flüssen und an Ufern (die grünen Algen in der Bretagne), Überdüngung und Vergiftung der Getreidekulturen (Pestizide) ... Diese anhaltenden Verschmutzungen bedrohen die Gesundheit der Böden und des Wassers und darum auch der Menschen und anderer Lebewesen. Wenn die Menschen Fleisch aus industrieller Tierhaltung konsumieren, nehmen sie auf diese Weise auch Hormone, Antibiotika, Gifte und genmanipulierte Substanzen auf, mit denen die Tiere ernährt wurden.

Unser Leib ist ein Tempel. Deswegen muss er vor jedem schädlichen Produkt bewahrt werden. Ebenso ist unser Planet davor zu bewahren, weil auch die Schöpfung ein Tempel ist. Schliesslich kommt ein weiterer und nicht der unbedeutendste Aspekt hinzu: Das Leiden der Tiere provoziert uns ethisch, philosophisch, theologisch, juristisch und emotional. Säugetiere, Geflügel oder Fische, die aus industriellen Haltungen stammen, sind sowohl im Alltag als auch beim Transport und bei der Schlachtung vielfachen Misshandlungen ausgesetzt: Massentierhaltung, Respektlosigkeit, minimale und nicht tiergerechte Haltungsbedingungen, die zu Krankheiten, Missbildungen und aggressivem Verhalten führen. Zum Beispiel werden die Hörner der Kühe, die Schnäbel der Hühner, die Schwänze der Schweine ohne Betäubung beschnitten. Süsswasserfische (Pangasius) werden grossgezogen mit Hormonen schwangerer Frauen. Kälber und Schafe werden zwei Tage nach ihrer Geburt von den Müttern getrennt und immer früher geschlachtet, nachdem ihnen Frischfutter verweigert wurde, um ihr Fleisch weiss zu halten. Die männlichen Küken der Legehennen werden beim Schlüpfen lebend geschreddert. Das gleiche geschieht mit den weiblichen Entenküken, denen man keine Magensonde einlegen kann, um «Foie gras» herzustellen (in sieben europäischen Ländern wegen Tierquälerei verboten!). Die Fälle von Tierquälerei, die sich der Produktionsnotwendigkeit und der Verdinglichung der Tiere «verdanken», sind zahlreich und gut dokumentiert. Man leugnet schlichtweg, dass es sich um leidensempfindliche Lebewesen handelt. Die biologische Tierhaltung wendet andere Praktiken an, macht aber bloss 2 % der französischen Produktion aus.

> «Wenn der Mensch sich bescheidener zeigte, von der Einheit der Dinge und Lebewesen überzeugt wäre und seiner Verantwortung und Solidarität mit den anderen lebenden Wesen und den Dingen bewusst wäre, wäre die Sachlage eine völlig andere» (Théodore Monod).

Angesichts dieser Fakten sind wir als Christen herausgefordert. Als Friedensstifter wollen wir auf der Seite der Menschen und der ganzen Schöpfung stehen, die Gott als gut geschaffen hat. (vgl. Gen 1,31). Die massive Zerstörung der Biodiversität und der Angriff auf das Leben selbst sind mit dem Plan Gottes unvereinbar: «Selig die Sanften, denn sie werden das Land erben». Dieser Satz verweist auf das Reich der Gewaltlosigkeit, wie es vom Propheten Jesaja vorhergesagt ist. Jede Form von Gewalt, wer auch immer das Opfer ist, Menschen, die Natur, Tiere erscheint uns als Gegensatz zur Liebe Gottes für seine Schöpfung und zeugt von einem Mangel an Menschsein. Diese Gewalt zu bekämpfen, weil man «nach Gerechtigkeit dürstet», ist zum dringenden und zeitgemässen Weg geworden, um ins Reich Gottes zu gelangen.

Die Fastenzeit gibt uns Gelegenheit, aufzustehen für die Ehrfurcht vor dem Leben und zur Schöpfung insgesamt im Geist des Friedens und der Solidarität in Beziehung zu treten. Wussten Sie,

> dass in der ganzen Welt pro Jahr 58 Milliarden Landtiere für den Fleischkonsum getötet werden?
> dass in Frankreich pro Jahr 1,1 Milliarden Landtiere für den Fleischkonsum geschlachtet werden?
> dass pro Jahr weltweit 1000 Milliarden Fische ihr Leben lassen müssen?
> dass es 1500 Liter Wasser braucht zur Herstellung eines Steaks von 100 Gramm, während es 15 Liter braucht für 100 Gramm Getreide?
> dass man, indem man bloss an einem Tag auf Fleisch verzichtet, ungefähr 5000 Liter Wasser spart, während es 35 Liter sind, wenn man beim Zähneputzen den Wasserhahn zudreht?
> dass die Weideplätze einen Viertel der gesamten verfügbaren Landfläche ausmachen und ein Drittel des Ackerlandes zur Herstellung von Tierfuttermitteln gebraucht werden?
> dass 37 % des Getreides weltweit für die Tiere bestimmt sind?
> dass sieben Kilo Getreide nötig sind, um ein Kilo Rindfleisch zu produzieren?
> dass es 300 Quadratmeter Land braucht, um ein Kilo Rindfleisch herzustellen, während 16 Quadratmeter für den gleichen Kalorienwert in Getreide und sechs Quadratmeter für Kartoffeln nötig sind?
> dass die Fleischproduktion in mehreren Phasen Treibhausgase freisetzt: bei intensiver Tierhaltung Stickstoff-

monoxid/Lachgas (N2O: 1 kg Lachgas = 301 kg CO2)? Das Rind selbst setzt grosse Mengen Methan frei (CH4); CO2 selbst wird bei der Verdauung, beim Transport und bei der Verpackung produziert; bei der Lagerung entsteht Kühlgas (= vieltausendfache CO2-Produktion). Diese Emissionen sind unterschiedlich gross bei den verschiedenen Tierarten: 1 kg Kalbfleisch = 220 km mit dem Auto; 1 kg Rind = 70 km; 1 kg Schwein = 30 km.

Wohlgenährt fasten

Heute sind in Frankreich Fleisch und Fisch die wichtigsten Nahrungsmittel auf dem Teller. Gemüse und Getreide werden dagegen oft nur noch als Beilage verwendet. Deswegen weckt die Entscheidung, auf Fleisch und Fisch zu verzichten, oft gewisse Ängste. Fehlt es mir dann nicht an Proteinen? Werde ich vielleicht müde und kraftlos? Werde ich genügend Ersatzprodukte finden? Wie kann ich die Menus variantenreich gestalten?

Vegetarisch essen bedeutet anders essen: bewusster, ausgewogener, gesünder, mit Frischprodukten ... Vegetarisches Essen ist für die Gesundheit in keiner Weise schädlich, zumal es ja bloss für eine beschränkte Zeit ist. Im Gegenteil!

Einige Grundregeln:

> **Sich ergänzende Nahrungsmittel zusammenstellen:** Getreide – Gemüse – Hülsenfrüchte – das ist ein guter Grundsatz, denn die Proteine vervielfältigen sich gegenseitig, sie werden nicht einfach aneinandergereiht.

— Den Anteil der notwendigen Proteine für eine ausgewogene Ernährung beachten: ca. 50 Gramm pro Tag und Person bei einem Körpergewicht von 60 kg;
— Protein gibt es auch in pflanzlicher Form. Selbstverständlich gibt es auch Protein tierischer Herkunft: Eier, Käse, Rahm, Milch, Joghurt; dabei muss man aber be-

achten, dass auch diese Produkte zumeist aus industrieller Tierhaltung stammen, die vielerlei Schäden und Leiden bedeuten; zudem enthalten sie Fett und entsprechen kaum dem, was man mit der Fastenzeit verbindet.
— Die Formel «Getreide – Gemüse – Hülsenfrüchte» ist in vielen traditionellen Menus gegeben: im Couscous im Maghreb; im Dahl (Linsen und Reis) in Indien, Reis, Mais und Bohnen in Mexiko, Kichererbsen, Auberginen und Reis im Libanon, die Minestrone (Gemüse, Hülsenfrüchte und stärkehaltigen Lebensmittel wie Nudeln, Kartoffeln) in Italien.

> **Getreide und Hülsenfrüchte variieren:** Getreidearten, die es in unseren Gegenden gibt, wenn möglich «bio», Vollkorn oder wenigstens zum Teil: Amaranth, Dinkel, Mais, Hirse, Reis, Buchweizen, Nudeln; Hülsenfrüchte, deren Proteingehalt dem des Fleisches vergleichbar ist (etwa 20%), Kichererbsen, Erbsen, weiße oder rote Bohnen, grüne Linsen, Soja (nicht genmanipuliert!)[134].

Achtung: meistens muss man Getreide und Hülsenfrüchte tags zuvor einweichen. Um daran zu denken, kann man einen Hinweis auf dem Zahnputzbecher anbringen. Wenn nötig, kann man ja auf Konserven zurückgreifen. Allerdings: Um wirklich ökologisch zu leben, sind saisonale Gemüse und Früchte aus der biologischen und lokalen Produktion vorzuziehen. Oft kann man sie direkt beim Bauern kaufen, entweder auf dem Hof oder auf dem Markt. Oder man ist Mitglied bei einer Organisation, die die bäuerliche Produktion för-

---

[134] http://www.vegetarisme.fr/wp-content/uploads/2012/06/guide-vegetarien-debutant.pdf – http://www.vegetarismus.ch/ -https://www.vebu.de/ (Zugriff: Juli 2014).

dert und entsprechende Produkte anbietet. So gibt es den «Bio-Korb», den man einmal pro Woche bestellen kann[135]. – Wenn man pflanzliche und tierische Proteine vergleicht, so ergeben sich folgende Werte:
- 1 Tasse trockene Bohnen = 150 Gramm Steak;
- zwei Tassen Vollreis = ca 100 Gramm Steak; diese drei Tassen entsprechen ca 350 Gramm Steak, wenn sie getrennt, jedoch 500 Gramm, wenn sie miteinander gegessen werden.

> Proteinersatzprodukte, wenn man nur wenig Zeit hat (dennoch auf die Herkunft schauen!):
- Tofu: eine Art Käse aus Soja, den man mit allen Saucen servieren kann;
- Tempeh: fermentierte Sojakörner, die wie eine Wurst in Scheiben geschnitten und gebraten werden können;
- Sojafleisch: gemahlene und zu kleinen Kugeln geformte Soja oder als entwässertes «Hackfleisch», das den Eindruck erweckt, wirklich Fleisch zu essen (nicht genmanipulierte Soja!);
- gewürzte Sojawurst;
- Panisse: leichte, fluffige «Fritten» aus Kichererbsenmehl;
- Seitan: Weizengluten, sehr reich an Protein, aber löst bei einigen Allergien aus.[136]

> Kleine Extras entdecken
Für eine ausgewogene Ernährung sind auch einige Köstlichkeiten zu erwähnen, welche die Palette bereichern. Darunter fallen kaltgepresste Öle, untereinan-

---

[135] http://www.bio-korb.de/ – http://www.biobouquet.ch/ – http://bionline.ch/1_29_Gem%C3%BCsekiste.html (Zugriff: Juli 2014).
[136] http://www.reseau-amap.org/ (Zugriff: Juli 2014).

der gemischt (Oliven und Raps); Gewürze wie Bockshornklee, Koriander, Kümmel, Gelbwurz (gegen Krebs!), Bierhefe, Weizenkörner, Sesamsalz. Algen und Sprossen sind bei Vegetariern wegen ihres grossen Nährgehaltes sehr geschätzt. Nicht zu vergessen: Trockenfrüchte (Trauben und Aprikosen), die vitaminreich sind und viel Magnesium, Fasern, Eisen und mehr enthalten, Nüsse, Mandeln, ... Oft befürchtet man Eisenmangel, wenn man auf Fleisch verzichtet, doch findet man Eisen und andere Mineralien in grosser Menge im Gemüse, vor allem in Petersilie, Brunnenkresse, Löwenzahn, Spinat, Fenchel, Portulak, Sauerampfer, Kichererbsen, Erbsen, Kürbis, Knoblauch, Brokkoli, getrockneten Früchten.

› **Wie anfangen: einige Tricks**
— Entdecken, was an unseren bisherigen Menus bereits vegetarisch ist: Vorspeisen, Suppen, Salate, Aufläufe, Kuchen, ...
— Naturbelassene oder wenig verarbeitete Produkte, «Bio» den verpackten und industriell verarbeiteten Produkten vorziehen. Denn deren Oberfläche enthalten oft Pestizide und haben zudem einen geringeren Nährwert und mehr Gift.
— Pfannen auswählen, niedrigere Kochtemperaturen: Dampfkocher (ohne Druck!), um die meisten Nährwerte und Vitamine zu bewahren. Diese verschwinden ab 90° – 100° und werden in giftiges Fett verwandelt.

› **Saisonale Rezepte und Ideen:** Wer die vorhin genannten Regeln beachtet und die Nahrungsmittel unter dem Aspekt der Abwechslung aussucht, kann täglich ausgewogene Mahlzeiten zubereiten.

Die Gemüse und Früchte der Fastenzeit (Februar/März): Möhren (Rüebli), Weiss-, Rot-, Grün- oder Chinakohl, Kürbis, Sellerie (Knollen oder Blätter), Endivienspinat, Brokkoli, auch Zwiebeln, Kartoffeln, Rettich, Schwarzwurzeln, Topinambur, Mandarinen, Zitronen, Äpfel, ...

> Zur Vorspeise:
- *Rohes und frisches Gemüse* kann gerafft oder zu Stäbchen geschnitten und roh gegessen werden: «Dreiwurzelsalat» (geraffelte Möhren, Sellerie und Rote Bete auf dem Teller als farbiges Mandala vorgesetzt);
- *gekochtes Gemüse* (Lauch, Brokkoli an einer Essigsauce);
- *Suppengerichte* sind der Schatz der Lebendigkeit und der Einfachheit (im Winter besonders geeignet!); mit Hülsenfrüchten und Getreide anreichern.
- Salate können nach Lust und Laune zusammengesetzt werden mit allen möglichen Elementen und können sogar zu einer vollen Mahlzeit werden, vorausgesetzt, es ist ein gutes Gemisch.
  Zum Beispiel: *«Nudelsalat mit Linsen»* (Zubereitungszeit 20 Minuten): Beluga-Linsen kochen und würzen (Schalotten, Thymian und Lorbeer), dazu hohle Nudeln (Makkaroni), kleines gewürfeltes Gemüse (Karotten, Sellerie, Kohl, Petersilie, ...), alles mischen und würzen, eine Sauce mit Mandeln, Wasser und Zitronensaft, alles gut durchmischen mit frischer Petersilie und Schnittlauch versehen.

> Hauptgang – Eintopf:
- *Chili sin carne* – rote Bohnen mit Reis (30 Minuten);Die Bohnen am Abend vorher einweichen (ungefähr 250 gramm für 4 Personen), In der Kasserolle zwei große

Zwiebeln in Olivenöl anbraten, zwei Karotten in Stücke schneiden und hinzufügen, ebenso anderes gewürfeltes Saisongemüse (Sellerie, Lauch, Chinakohl, ...), die abgespühlten Bohnen, eine Flasche Tomatensauce, alles mit Wasser zudecken und mit Thymian, Rosmarin, Salz und Pfeffer (eventuell Piment) würzen, einen großen Esslöffel Honig hinzugeben, köcheln lassen, bis die Bohnen weich sind; mit braunem Reis oder Wildreis und mit Salat oder Gemüse servieren.

— *Erbsenpüree mit Getreide* (eine Stunde kochen, Vorbereitung 10 Minuten, vorher 300 Gramm Erbsen drei Stunden im Wasser einweichen): Erbsen in einen großen Topf geben, dazu Möhren, gehackte Schalotten, Knoblauch, einen Kräuterstrauss, mit Wasser bedecken und eine Stunde kochen lassen, mit Milch in einen Mixer geben. Kann mit einer Auswahl Getreide (Buchweizen ist ein gutes Wintergetreide) und Gemüse serviert werden.

— *Polenta-Tomaten-Pizza* (sehr leicht zuzubereiten: 20 Minuten): 150 Gramm Instantpolenta allmählich und unter ständigem Rühren in kochendes Wasser geben, den Teig in eine Kuchenform giessen, etwas abkühlen, darauf Tomatensauce, Gewürz, Oliven, Pilze, Käse verteilen, ein paar Minuten backen lassen und wie eine Torte mit Salat servieren.Vegetarisches Couscous (ohne Gluten, 45 Minuten, am Vorabend einweichen): Wie ein traditionelles Couscous zubereiten, aber die Menge Gemüse erhöhen; nicht vergessen, die Kichererbsen mindestens 24 Stunden vorher einzuweichen; zur Abwechslung kann man Griess mit feiner Hirse mischen (mit zwei bis dreimal so viel Wasser ohne Deckel kochen), eventuell mit frischen Mandeln oder Trockentrauben servieren.

- *Kartoffel/Kürbis-Kuchen* (geliebt von Kindern, 20 min): fünf Kartoffeln und vier Scheiben Muskatkürbis ohne Haut fein raffeln; mit wenig Mehl mischen; falls notwendig, mit einem Ei binden; mit Salz und Pfeffer würzen; von Hand kleine Kugeln formen und in eine Pfanne in heißes Öl geben, braten und, wenn nötig, flach drücken; das Öl auf einem Tuch oder Papiertuch abtropfen lassen, im Ofen warmhalten. Variation: statt Mehl Getreideflocken nehmen und mit Rohgemüse servieren.

› Zum Nachtisch:
- Milchreis mit Trauben und Nüssen: den Reis oder irgendein Flockengetreide in Milch mit Vanille und Zimt weichkochen; vielleicht Zucker, Feigen, Aprikosen und/oder getrocknete Trauben und gemahlene Mandeln, Orangenblüten, Orangen- oder Zitronenschalen beigeben.
- Im Ofen gebackene gefüllte Äpfel: den Apfelkern entfernen, mit einer trockenen Aprikose, Mandel-Creme oder Haselnuss füllen, 30 Minuten backen.
- Kleine Pfannkuchen: Mehl aus Buchweizen, Reis oder Kastanien mit Milch zusammenmischen, um einen Teig zu bekommen, der etwas dicker ist als bei Crêpes; davon einen Esslöffel voll in die heiße Pfanne geben und einen kleinen Kuchen formen, beidseitig kochen, mit Marmelade oder kandierten Mandeln oder Haselnuss servieren.[137]

---

[137] Hier werden Bücher und Internetseiten angegeben, die eine fleischlose Menugestaltung betreffen. Wir nennen sie hier in der Fussnote, damit die Quellen der Aktion in Frankreich nachgeprüft werden können. Am Ende des Buches werden wir entsprechende deutschsprachige Angaben machen: *Bücher:* Une autre assiette de Claude Aubert (Éd. Tridaniel):

Wir engagieren uns – ich engagiere mich

Die Fastenzeit ist eine hervorragende Zeit, um die Tiefen unseres Glaubens aufzusuchen, unsere Beziehung zu Gott und zu Christus zu festigen, aber auch unsere Gewohnheiten und unser Konsumverhalten und unsere Beziehung zur Welt und zum Gesamten der Schöpfung zu überprüfen. Während der Fastenzeit wollen wir Christen uns für die Erde verbünden, indem wir bewusst und entschieden, nüchtern und bescheiden auf die Herausforderungen der Zeit antworten. Wir verzichten auf Fleisch und Fisch, auf alles, was den Tod eines Tieres voraussetzt. Durch einen persönlichen und bewussten Akt unterzeichnen wir unsere Verpflichtung zur Solidarität mit der Schöpfung.

Wir verpflichten uns, während dieser Fastenzeit weder Fleisch noch Fisch noch andere Lebensmittel zu konsumieren, die den Tod von Tieren voraussetzen.

› *Wir wollen unseren ökologischen Haushalt reduzieren:* Wasser sparen, den Ausstoss von Treibhausgasen mindern, die fortschreitende Entwaldung stoppen, die durch die Tierhaltung verursacht ist, die für die Herstellung von Futtermitteln gebrauchten Flächen reduzieren.

› *Wir wollen uns dem Tierleiden entgegenstellen,* das durch

---

versucht, Gesundheit und Ökologie miteinander zu verbinden, gesunde und ausgewogenes Menus für weniger als 2.50.- Euro; Sans viande et très heureux de François Couplan (Éd. Edisud) mit Ernährungswerttafeln und guten Rezepten; Devenir Végétarien de V. Mélina, B. Charbonneau Davis et V. Harrison (Éd. De l'homme), durch Ernährungsberaterinnen auf der Grundlage jüngster Forschungsergebnisse redigiert. *Internetseiten*: Le Site de l'Alliance Végétarienne: www.vegetarisme.fr; Le «blog référence» de Virginie Péan: http://absolutegreen.blogspot.fr; Le site des recettes d'Hildegarde von Bingen: http://lesjardinsdhildegarde.com; Le cri de la carotte, lustige und humorvolle Kommentare zu Fragen um den Vegetarismus: http://insolente0veggie.over-blog.com; einfache Gerichte: http://mathildeencuisine.over-blog.com.

die industrielle Tierhaltung verursacht ist, und unsere geschwisterliche Beziehung mit den anderen Geschöpfen bezeugen.
› *Wir wollen unsere Solidarität mit anderen Menschen zum Ausdruck bringen* und gegen die Ungerechtigkeit unter den Völkern aufstehen: industriell hergestelltes Fleisch bei uns essen ist gleichbedeutend mit der Beraubung der Nahrungsgrundlagen bei den fernen Völkern. Wir wollen mit unserem Tun die Lebenschancen zukünftiger Generationen erhöhen.
› *Wir wollen die Fastenzeit im Geist der evangelischen Gewaltlosigkeit,* der nüchternen Bescheidenheit und der Liebe leben.

Wir verpflichten uns, in dieser besonderen Zeit nachzudenken über die Zusammenhänge in der industriellen Tierhaltung und ihrer Produkte (neben Fleisch auch Milch, Käse, Eier ...).

Wir verpflichten uns, während der Fastenzeit eine verantwortliche und freie Haltung zu entwickeln, besonders im Blick auf die mögliche Desinformation, welche mit dem ökonomischen Druck verbunden ist, und über die Konsequenzen nachzudenken, welche unser Konsumverhalten für unseren Planeten, die Menschen, die anderen Lebewesen nach sich ziehen. Wir wollen diese auch in unser Beten einbeziehen.

Wir verpflichten uns, über die physiologischen, kulturellen, psychologischen Begrenztheiten nachzudenken, die uns hindern, ethische Entscheidungen in Übereinstimmung mit den Gedanken der Gerechtigkeit und des Friedens zu treffen.

Wir verpflichten uns, auch die persönlichen Grenzen zu achten. Gleichzeitig aber wollen wir auch versuchen, sie zu überschreiten, sofern sie eingespielte Verhaltensweisen betreffen.

Wir verpflichten uns, während dieser Fastenzeit in Übereinstimmung mit unserem Glauben zu leben und unsere Wertvorstellungen und unser Handeln zu harmonisieren. Wir wollen Pioniere unserer eigenen Vorstellungen sein.

Wir verpflichten uns, unserem Budget besondere Aufmerksamkeit zu schenken und einen Teil davon als Gabe zur Respektierung der Schöpfung zu bestimmen.

Wir verpflichten uns, in dieser Fastenzeit eine Haltung des Friedens und der Ehrfurcht gegen uns selbst und gegen die andern einzuüben, auch wenn das nicht immer verstanden wird.

Wir verpflichten uns, in dieser Fastenzeit zu überlegen, welche der gesäten Früchte auch während des Jahres weitergeführt werden können.

An der Seite von CgE will ich in der Fastenzeit die in diesem Dokument niedergeschriebenen Punkte beobachten. Und ich halte hier schriftlich fest, wo ich noch nicht in Übereinstimmung mit der Ganzheit der Schöpfung stehe:

_____

_____

_____

_____

_____

_____

_____

Um unsere Verpflichtung zu materialisieren, können wir das Dokument unterschreiben und sichtbar an den Kühlschrank heften oder in unseren Kalender oder auf unseren Schreibtisch legen. Wir können es auch in der Kirche aufhängen.

Bücher

Theologie und Spiritualität

> Hélène et Jean Bastaire, Le chant des créatures – Les chrétiens et l'univers d'Irénée à Claudel, Éd. du Cerf 1996 – Pour une écologie chrétienne Éd. du Cerf 2004.
> Jürgen Moltmann, Le rire de l'univers – Traité de christianisme écologique (Anthologie réalisée et présentée par Jean Bastaire), Éd du Cerf 2004.
> Paul Beauchamp, L'un et l'autre Testament. Accomplir les Écritures, Éd. Seuil 1990.
> André Wénin, D'Adam à Abraham ou les errances de l'humain, Lecture de Genèse 1,1 – 12, 4, Éd. du Cerf 2007.
> François Euvé, Penser la création comme jeu, Éd. du Cerf 2000.
> M.-M. Egger, La terre comme soi-même – Repères pour une écospiritualité, Éd. Labor et Fides 2012.
> J.-P. de Tonnac, Révérence à la Vie – Entretien avec Théodore Monod, Éd. Grasset 1999.
> Kallistos Ware, Tout ce qui vit est saint, Éd. du Cerf 2003.

Philosophie

> Élisabeth de Fontenay, Le silence des Bêtes – La philosophie à l'épreuve de l'animalité, Éd. Fayard 1999.
> Jean-Baptiste Jeangène Vilmer, L'éthique animale, Éd. PUF « Que sais-je? » 2011 Essais

> Fabrice Nicolino, Bidoche: l'industrie de la viande menace le monde, Éd. Les Liens qui Libèrent 2009.
> Jonathan Safran Foer, Faut-il manger les animaux?, Éd. L'Olivier 2011.
> Jocelyne Porcher, Une vie de cochon, Éd. La découverte 2008.
> Charles Patterson, Un éternel Treblinka, Éd. Calmann Lévy 2008.

Filme

> Earthlings http://www.veggiecafe.de/earthlings-deutsch.html, (Zugriff August 2014), auch als DVD erhältlich.
> Patrick Rouxel: Alma (Industrielle Rinderhaltung in Brasilien): www.almathefilm.com.
> Nikolaus Geyrhalter, Notre pain quotidien, DVD, KMBO.
> Richard Linklater, Fast Food Nation, DVD, The Weinstein Company.

Internetseiten

> La C.OR.E (Christian Organisation for Ecology): www.core-asso.org.
> Amerikanische Vereinigung der vegetarischen Christen: www.all-creatures.org.
> Verein zur Verteidigung der Tiere: www.l214.com.
> Alle Zahlen und Argumente bezüglich der industriellen Tierhaltung: www.viande.info.
> Spuren, die weiterführen: chretiensunispourlaterre.org.

Gebet für ein Fasten, das wandelt

Heiligste Dreifaltigkeit, Vater, Sohn und Geist,
Geheimnis, das alles übersteigt –
All die Namen, all die Gedanken,
Gnadenschatz des Himmels und der Erde,
der Du überall da bist und alles erfüllst:
Komm, wohn in uns.

Du hast Adam und Eva durch ein Gebot belehrt:
Essen ist weit mehr als sich ernähren.
Du hast eine Kluft aufgerissen
zwischen dem Bedürfnis und seiner Befriedigung.
Du hast unserer Gier eine Grenze gesetzt,
indem Du uns ermahnst,
uns die Schöpfung nicht anzueignen.
Vielmehr sollen wir sie Dir darbieten.
Denn Du bist der Ursprung von allem.

Du hast in den Essensakt ein Prinzip eingeschrieben:
Die gerechte Beziehung zu den andern Geschöpfen.
Pflanzen und Früchte sollten wir essen,
denn sie sichern durch ihren Samen die Zukunft.
Du hast die Ordnung der Natur abgestützt,
auf der Grundlage der Solidarität
und der Ehrfurcht vor dem Leben.

Wir bitten Dich:
Füll unsere Herzen mit Licht und Deiner Liebe.
Hilf uns, in fröhlicher Genügsamkeit zu leben,
gerecht und gewaltlos.

Du hast im Dornbusch Moses Dein Antlitz enthüllt.
Du zeigst, dass Deine Schöpfung mehr ist als bloss Materie.

Tag für Tag zeigst Du uns die Schönheit und die Güte Deiner
Schöpfung.
Tiere, Fische und Pflanzen sind Ausdruck Deiner Liebe.

Erhebe unseren Geist, damit wir Dein Geheimnis schauen
und in jedem Geschöpf den tiefsten Lebenssinn erkennen,
sein Anderssein und seine eigene Würde.

Heiligste Dreifaltigkeit,
Durchdring uns mit Weisheit und Mitgefühl,
mit Deinem Schöpfergeist und Deinem belebenden Atem.
Lehr uns zu danken für alles und jedes,
denn jede Nahrung ist Deine Gabe
und die Gabe der Erde.

Öffne Aug und Herz –
Und jede Mahlzeit wird zum Sakrament deiner Gegenwart.
Gib, dass diese Fastenzeit ein Weg des Teilens wird
und des grossen Wandels.

Michel Maxime Egger, Autor von La Terre comme soi-même
(Labor et Fides, 2012)

Gebet zur Fastenzeit

Schöpfergeist,
Du hältst seit Anbeginn
die Welt im Herzen Gottes.

Komm uns zu Hilfe,
Jetzt, am Anfang der Wüstenzeit
40 Tage lang

begegen wir uns selbst.
Es schreit in uns, wir haben Angst
in unser Lüge, in den Versuchungen,
in Hunger und Durst,
etwas weint in uns,
etwas fragt und fordert,
etwas wartet und hofft,
Wir glauben, wir wissen.

Mit Dir gehen wir den Weg nach Ostern.
Auf dem Weg lädst Du zum Teilen,
das Brot der Begegnung,
das frische Wasser des Lebens,
das neue Öl der reinen Herzen,
den köstlichen Wein derer, die sich für die Gerechtigkeit einsetzen,
alles, was nährt,
alles, was wächst,
alles, was uns aufbereitet.
Dein Wort allein gibt uns den wahren Sinn.
Deine Gegenwart allein kann das Glück schenken.

Nimm unsere Verpflichtung an.
Weis uns den Weg
zu einem einfachen Leben.
Lass uns Zeit finden für das Gebet.
Lass uns die Freude des geteilten Lebens erfahren
mit denen, die Mangel haben.
Leg auf unseren Tisch
gerechte Früchte unserer Arbeit
der Männer und Frauen unserer Zeit.
Wenigstens für eine beschränkte Zeit wollen wir
nicht auf Kosten anderer leben,

weder unserer menschlichen Schwestern und Brüder
noch unserer nichtmenschlichen Mitwelt.
Hilf uns die Wurzeln der Gier in uns auszureissen,
um dafür zu empfangen und zu teilen,
den Willen zu herrschen aufzugeben,
um Liebe zu lernen.
Du, Geist des Auferstandenen,
Hilf uns,
unser eigenes Ostern zu erleben
und Deinen Atem in uns zu tragen.
AMEN.

Père Dominique Lang, Assomptionist,
Autor des Blogs «Kirche und Ökologie»

Kapitel 9:
Fasten für Klimagerechtigkeit[138] –
Eine lutherische Perspektive LUTHERISCHER WELTBUND

[Redaktionelle Vorbemerkung]

Die 19. Versammlung der Vertragsparteien (= COP19[139]) ist der Ausgangspunkt verschiedener Initiativen, unter anderem auch der Aktion für ein monatliches Klimafasten, das auch von der französischen Vereinigung «Christen – gemeinsam für die Erde» (CgE140) aufgegriffen und empfohlen wurde. Sehr eindrücklich ist die Empfehlung des Lutherischen Weltbundes.

Worin besteht die Initiative und wie ist sie entstanden?

Für den Lutherischen Weltbund (LWB) ist der Klimawandel eine Priorität in der Advocacy-Arbeit[141], die in der LWB-Strategie 2012–2017[142] festgehalten wird. Die Vorbereitende Konsultation der Jugend zur LWB-Vollversammlung 2010 ernannte Nachhaltigkeit[143] zudem zur Priorität für die lutherische Gemeinschaft.

---

[138] http://www.lutheranworld.org/sites/default/files/Fasten_fuer_Klimagerechtigkeit.pdf (Zugriff: Juli 2014). © The Lutheran World Federation
[139] Vgl. das Kapitel über Yeb Sano in diesem Buch.
[140] Vgl. das Kapitel «40 Tage ohne Fleisch und Fisch» in diesem Buch.
[141] Engl. für «Eintreten», «Beistand», «Engagement», «Fürsprache».
[142] http://www.lutheranworld.org/sites/default/files/LWF-Strategy-2012_2017-DE-low.pdf (Zugriff:: Juni 2014)
[143] Nachhaltigkeit: A. Rotzetter, Lexikon christlicher Spiritualität, Darmstadt 2008, 428: «1a: abgeleitet vom veralteten deutschen Wort: Nachhaltigkeit = Rückhalt, b: = etwas zurückbehalten für die Zukunft, c: seit dem 18. Jahrhundert als Substantiv gebräuchlich, aber d: erst in der zweiten Hälfte des 20. Jahrhunderts zu einem der wichtigsten ethischen Begriffe erhoben. 2: Der Begriff ist heute kaum mehr unter allen Aspekten zu definieren; er ist auch nicht statisch zu verstehen, sondern als Suchbewegung

Im Rahmen dieses Engagements vertrat eine Delegation den LWB auf der 19. Tagung der Konferenz der Vertragsparteien (COP 19) des Rahmenübereinkommens der Vereinten Nationen über Klimaänderungen in Warschau, Polen, im November 2013.

Die Delegation bestand aus sieben jungen Menschen aus allen sieben LWB-Regionen und setzte sich äusserst aktiv für einen Aufruf zum Fasten für Klimagerechtigkeit ein. So soll die Solidarität mit den Schwächsten, die bereits heute unter dem Klimawandel leiden, zum Ausdruck gebracht werden. Die Initiative erhielt Unterstützung von zahlreichen christlichen und nicht-christlichen Glaubensvertreterinnen und -vertretern.

Als Ergebnis dieser Zusammenarbeit beschlossen die Vertreterinnen und Vertreter der verschiedenen Religionen, eine Kampagne für einen monatlichen Fastentag für das Klima ins Leben zu rufen und vorzubereiten. Er soll bis zur nächsten Tagung der Konferenz der Vertragsparteien (COP20), die im Dezember 2014 in Lima (Peru) stattfinden wird, zu Gebet und Reflexion aufrufen.

Der Aufruf zu einem Fasten für das Klima jeweils am ersten Tag des Monats bietet religiösen Gemeinschaften Gelegenheit, ihre Besorgnis über den Klimawandel und die Klimagerechtigkeit zum Ausdruck zu bringen und etwas zu

---

und als Lernprozess; auf jeden Fall gehören folgende Elemente dazu: a: Zukunftsfähigkeit: das konkrete Verhalten muss so sein, dass es nicht nur vor dem Forum des Jetzt Bestand hat, sondern auch vor demjenigen der zukünftigen Generationen; darum b: Universalität: das konkrete Handeln muss sich verbinden mit der Menschheit; es geht um die Zukunft der Welt und nicht nur eines bestimmten Volkes oder Kontinentes; c: im Grunde Ausweitung der Solidarität, die nicht nur horizontal die Verbundenheit mit den anderen Völkern sucht (Gerechtigkeit), sondern den Blick auf die zukünftigen Generationen lenkt. 3: Nachhaltigkeit gehört heute zur Schöpfungsspiritualität und zu einer Aszese, die dem Leben dient.

unternehmen. Ausserdem erhöht er die Sichtbarkeit, ermöglicht einen öffentlichen Ausdruck des gemeinsamen Glaubens, der geistlichen und ethischen Werte und zeigt die Selbstverpflichtung der Teilnehmenden, erforderliche Veränderungen in ihren Gemeinschaften vorzunehmen und gleichzeitig ihre nationalen Regierungen aufzufordern, sich für ehrgeizigere und ethisch vertretbare Ergebnisse der Klimaverhandlungen einzusetzen.

Wir bitten deshalb die Mitgliedskirchen des LWB, diese Einladung aufzugreifen und sich am *Fastentag für das Klima* zu beteiligen, um im Hinblick auf den Klimawandel und die Klimagerechtigkeit aktive Fürsprecherinnen zu werden.

Dr. Carlos Bock, *Direktor der LWB-Abteilung*
für Mission und Entwicklung

Was sagt unsere Glaubenstradition über das Fasten?

Fasten ist eine seit langem bestehende geistliche Praxis, die in vielen Religionen existiert. Die meisten Traditionen kennen regelmässiges Fasten, darunter eine längere Fastenzeit einmal jährlich im religiösen Kalender (wie der Ramadan im Islam oder die Fastenzeit im Christentum) und zusätzlich ein monatliches oder wöchentliches Fasten.

In Krisenzeiten, sowohl bei persönlichen als auch bei kollektiven Schwierigkeiten, existiert zudem ein besonderes Fasten. David fastete, als das Kind, das ihm Batseba geboren hatte, todkrank wurde (2.Sam 12,16.21 – 23), die Leute von Ninive fasteten, als sie den Aufruf Jonas zur Busse hörten (Jona 3,5). Selbst in Situationen grösster Verzweiflung ertönt der prophetische Aufruf: «Doch auch jetzt noch, spricht der Herr, bekehrt euch zu mir von ganzem Herzen mit Fasten, mit Weinen, mit Klagen!» (Joel 2,12).

Fasten ist sowohl am Leib, also körperlich, wie auch geistig eine intensive Erfahrung. Fasten wird in Gebet eingebettet und davon begleitet. Die tiefe Bedeutung des Fastens besteht darin, dass wir unsere Aufmerksamkeit auf Gott lenken, damit unsere Herzen und Seelen von Gottes Gegenwart berührt werden und wir dadurch Fehlverhalten aufgeben und zu Gott zurückkehren.

Zu Beginn seines Dienstes fastete Jesus vierzig Tage und Nächte lang und erlebte dabei Versuchungen durch Macht und Gewalt (Mt 4,2). Dies zeigt, wie Fasten helfen kann, den Geist zu erkennen und auf die Wege zu vertrauen, die Gott vorzeichnet. Auch die frühen Christen fasteten und beteten gemeinsam, als sie zu erkennen suchten, welchen Weg ihre Gemeinden und ihre Anführer einschlagen sollten (Apg 13,2f.; 14,23).

Die Bibel beschreibt Fasten als integralen Bestandteil des religiösen Lebens. Gleichzeitig übt sie scharfe Kritik an falschen Auffassungen des Fastens: «Siehe, an dem Tag, da ihr fastet, geht ihr doch euren Geschäften nach.» (Jes 58,3)

Fasten wird verzerrt, wenn es bloss als geistlicher Mantel dient, während die gesellschaftliche Verantwortung vernachlässigt wird. Die Bibel ruft uns auf, die tiefgreifende Verbindung zwischen unserer Beziehung zu Gott und unserer Beziehung zu unseren Nächsten zu erkennen:

> *«Das aber ist ein Fasten, an dem ich Gefallen habe:*
> *Lass los, die du mit Unrecht gebunden hast, lass ledig, auf die du das Joch gelegt hast!*
> *Gib frei, die du bedrückst, reiss jedes Joch weg!*
> *Brich dem Hungrigen dein Brot,*
> *und die im Elend ohne Obdach sind, führe ins Haus!*
> *Wenn du einen nackt siehst, so kleide ihn,*
> *und entzieh dich nicht deinem Fleisch und Blut.*

> *Dann wird dein Licht hervorbrechen wie die Morgenröte,*
> *und deine Heilung wird schnell voranschreiten,*
> *und deine Gerechtigkeit wird vor dir hergehen,*
> *und die Herrlichkeit des Herrn wird deinen Zug beschliessen.*
> *Dann wirst du rufen, und der Herr wird dir antworten.*
> *Wenn du schreist, wird er sagen: Siehe, hier bin ich.» (Jes 58,6 – 9)*

Auch in der Bergpredigt warnt Jesus vor falschen Begründungen für ein Fasten und vor falscher Fastenpraxis (Mt 6,16). Diejenigen, die bloss beim Fasten gesehen werden wollen, werden als «Heuchler» bezeichnet. In seiner Auslegung dieses Abschnitts betont Martin Luther dieses Problem und erklärt, er habe noch nie rechtes Fasten gesehen.

Luther kritisiert insbesondere jegliche Absicht, sich durch das eigene Fasten vor Gott gerecht machen zu wollen. Die Bibel legt denn auch äusserst klar dar, dass Gottes Barmherzigkeit nicht das Ergebnis, sondern die Grundlage unseres Fastens ist. Wir fasten nicht, um Barmherzigkeit zu *erlangen*, sondern *aufgrund* von Gottes Barmherzigkeit: «Bekehrt euch zu dem Herrn, eurem Gott! Denn er ist gnädig [und] barmherzig.» (Joel 2,13)

In seiner Abhandlung über die Bergpredigt hinterfragt Luther die Absicht hinter den meisten abgehaltenen Fastentagen nachdrücklich. Jedoch gibt er das Fasten nicht auf. Im Gegenteil, er schlägt vor, dass zwei sinnvolle Arten des Fastens beibehalten werden:

> «Es sind zweyerley fasten, die da gut und loblich sind: Eine mag heissen weltliche odder burgerliche fasten durch die Oberkeit gebotten wie ein ander ordnung und gebot der Oberkeit (nicht als ein gut werk odder Gottes dienst gefoddert.» (Martin Luther, Weimarer Ausgabe Bd. 32, S. 431)

Der Zweck des weltlichen Fastens ist, dass wir «ein wenig messig lerneten leben», meint Luther und fügt hinzu, «sonderlich was junge, volle, starcke leut sind». Das weltliche Fasten könnte darin bestehen, einmal oder zweimal pro Woche kein Fleisch zu essen oder feil zu bieten, oder sich eines ausgiebigen Abendessens zu enthalten und nur ein Stück Brot und ein Getränk zu verzehren, «damit man nicht so mit stettem fressen und sauffen alles verzeret».

Luther lobt solch einfache Fastenübungen, um sich der in der Gesellschaft so weit verbreiteten habgierigen und gedankenlosen Arten der Lebensführung bewusst zu werden. Interessant ist, dass Luther betont, dies sollte nicht bloss eine persönliche Übung sein, sondern eine allgemeine Praxis in der Gesellschaft:

> «Danach were uber diese fasten noch eine geistliche gemeine fasten die wir Christen solten halten, Und were auch wol fein das man noch etliche tage vor Ostern, item vor Pfingsten und Weyhenachten ein gemeine fasten behielte Und also die fasten inns jar teilete, Aber bey leib auch nicht darumb das man ein Gottes dienst draus mache, als damit etwas zuverdienen odder Gott zu versunen.» (ebd.)

Fasten sollte vielmehr für diese bedeutenden Zeiten im Kirchenjahr sensibilisieren und die Aufmerksamkeit darauf richten:

> «Denn es muss ja sein das man etliche zeit unter scheide und ausmale als Fastel und Feirtage dem groben gemeinen hauffen umb der predigt und gedechtnis willen der furnemlichen geschicht und werk Christi» (ebd.).

In seiner Beschreibung des Fastens ruft Luther zu einer strengeren Fastenpraxis auf, die nicht nur den Verzicht auf das Essen umfasst, sondern auch auf jeden körperlichen Genuss:

> «Sihe das heisse ich die rechte fasten der Christen, wenn man dem ganzen leib wehe thut und zwinget mit allen funff sinnen, das er lassen und emperen mus alles was im sanfft thut [...]» (WA 32, S. 433).

Gleichzeitig räumt Luther genügend Spielraum ein, damit jede und jeder für sich den geeigneten Weg und das richtige Mass finden kann:

> «Aber solch fasten trawe ich mir nicht auff zu bringen, wils auch niemand auff legen, Denn es mus ein jglicher hie auff sich selbs sehen und sich fülen, weil wir nicht alle gleich sind, das man kein gemeine regel darauff stellen kan [...]» (ebd.).

Luther erinnert uns deshalb erneut an die Bedeutung des Fastens und vermittelt uns folgendes Leitprinzip: «Denn es [das Fasten] ist allein gesetzt widder die lust und reitzung des fleisches, nicht widder die natur [...].» Luther beschreibt Fasten als eine Erfahrung, die uns lehrt und dazu erzieht, ein bedeutungsvolles Leben zu leben, ein Leben, das nicht von falschem Verlangen bestimmt wird, sondern sich an menschlichen Massen, die von Gott in seiner Gnade erhalten und angeleitet werden, orientiert.

Fasst man diese Einsichten aus der biblischen Tradition zusammen, erkennen wir, dass Fasten eine konkrete Praxis darstellt, die die körperliche, geistige und gesellschaftliche Dimension des menschlichen Lebens vereint. Die körperliche Erfahrung hilft uns, uns auf Gottes gnädige Anwesenheit zu konzentrieren und verbindet uns von Neuem mit Gottes Aufforderung, uns um den Nächsten zu kümmern. Durch das

Fasten entdecken wir und werden wir uns bewusst, wer wir als Menschen vor Gott und in Beziehung zu unseren Mitmenschen sind. Fasten hilft uns, wahrhaft menschlich und in diesen Beziehungen treu zu sein.

Die Schlussfolgerung Luthers am Ende seiner Überlegungen über das Fasten ist unumwunden: «[...] dein Gottes dienst sol sein allein der glawbe an Christum und die liebe gegen den nehesten, das du wartest des dazu du gefoddert bist» (WA 32, S. 434).

Pfarrerin Dr. Simone Sinn; LWB-Studienreferentin für öffentliche Theologie und interreligiöse Beziehungen

Wozu Advocacy für Klimagerechtigkeit?

Die Elfte LWB-Vollversammlung in Stuttgart, Deutschland, bekräftigte 2010 das Engagement des LWB in der Advocacy-Arbeit für Klimagerechtigkeit.

Gestützt auf Resolutionen früherer LWB-Tagungen verpflichtete die Vollversammlung den LWB dazu, «die Umwelt, die uns nicht gehört, [zu] achten, so dass zukünftige Generationen die Früchte der Schöpfung geniessen und ein gesundes Leben führen können».

Die Vollversammlung brachte 2010 ihr Bewusstsein zum Ausdruck, «dass das Fenster der Möglichkeit für eine Reduzierung der Treibhausgase kleiner wird. Wir erkennen, dass diejenigen, die am meisten Verantwortung tragen, sich häufig am wenigsten betroffen fühlen.» Sie betonte «die schwerwiegenden Auswirkungen auf die Ernährungssicherheit, die bereits heute in vielen Teilen der Welt als Ergebnis der sich verändernden Klimamuster spürbar sind.»

Der LWB rief «alle Regierungen auf, einen entschlosseneren politischen Führungswillen im Umgang mit dem Klimawandel und bei der Überwindung der Abhängigkeit von fossilen Brennstoffen in der Energieversorgung unter Beweis zu stellen». Er forderte verstärkte Anstrengungen, «um den Auswirkungen des Klimawandels auf Entwicklung und Armut in den am stärksten gefährdeten Bevölkerungsgruppen zu begegnen.»

Zu den prioritären Themen der weltweiten Advocacy-Arbeit des LWB gehören der Klimawandel und der Umweltschutz, mit einem Schwerpunkt auf den zunehmend schwereren Auswirkungen für Menschen, die bereits arm und verwundbar sind.

Der LWB führt diese Arbeit auf zweierlei Art und Weise durch: mit den Klimaanpassungsprojekten in den Länderprogrammen der LWB-Abteilung für Weltdienst und durch das Engagement und die Mobilisierung der Jugend, wenn sie den LWB auf den UN-Tagungen zum Klimawandel vertritt.

Unser Ziel dabei ist, dass die zukünftigen Generationen die Früchte der Schöpfung geniessen und ein gesundes Leben führen können.

Ralston Deffenbaugh,
Assistierender Generalsekretär des LWB
für Internationale Angelegenheiten
und Menschenrechte, Dezember 2013

Kapitel 10:
Der auslösende Faktor für das Klimafasten –
Naderev M. Saño

[Redaktionelle Vorbemerkung]

Naderev M. Sano – auch Yeb Sano genannt – war der Chefdelegierte der philippinischen Regierung am Warschauer UNO-Umweltgipfel[144] vom 11.–23. November 2013. Bereits am 1. Tag hielt er eine emotionale und tränenreiche Rede[145], die wir hier dokumentieren. Ausgangspunkt dieser Rede ist die schreckliche Taifun-Katastrophe, die kurz vor der Konferenz den Philippinen tausendfachen Tod und schreckliche Verwüstungen gebracht hat. Ein paar Monate später schreibt er für die Arbeitsgruppe 3 des Klimaberichtes einen Kommentar, der ebenso aufzurütteln vermag. Das Echo auf diese Rede ist bis heute sehr gross. Verschiedene Initiativen gehen auf sie zurück.

1. Die Rede[146]

Herr Präsident, ich habe die Ehre, im Namen der starken Menschen der Republik der Philippinen zu sprechen.

Erlauben Sie mir zu Beginn, unsere Übereinstimmung mit dem vorausgegangenen Statement, das der Botschafter der Republik Fidschi im Namen der G77 und Chinas vorgetragen hat, und mit der Erklärung Nicaraguas im Namen der sogenannten Entwicklungsländer festzustellen.

Dann möchte ich vor allem hier in Warschau, an der 19. Tagung der Konferenz der Vertragsparteien der UNO-Klima-Konvention aus der Tiefe unseres Herzens den Dank der

---

[144] 19th Conference of the Parties, abgekürzt: COP 19
[145] http://tcktcktck.org/2013/11/cop19-philippines-speech-moves-plenary-tears/58705 (Zugriff: Juli 2014)
[146] http://www.rtcc.org/2013/11/11/its-time-to-stop-this-madness-philippines-plea-at-un-climate-talks/ (Zugriff: Juli 2014)

Menschen auf den Philippinen und unserer Delegation zum Ausdruck bringen für die Sympathie, die Sie unserem schwergeprüften Land entgegenbringen.

In der Mitte dieser Tragödie fühlt sich die philippinische Delegation durch die herzliche Gastfreundschaft der Polen getröstet. Überall begegnen uns Menschen Ihres Landes, wo immer wir auftreten, mit einem warmen Lächeln. Hotelmitarbeiter und die Menschen auf den Straßen, Freiwillige und Personal des Nationalstadions boten uns herzlich freundliche Worte der Anteilnahme. Danke, Polen.

Die Massnahmen, die Sie für diese COP getroffen haben, sind grossartig. Wir schätzen die ungeheuerliche Anstrengung, die Sie in die Vorbereitung dieser wichtigen Versammlung auf sich genommen haben.

Wir danken auch allen, Freunden und Kollegen in dieser Halle und aus allen Ecken der Welt, dass sie in dieser schwierigen Zeit zu uns stehen. Ich danke allen Ländern und Regierungen, die ihre Solidarität erweitert haben und für alle Hilfsangebote für die Philippinen. Ich danke der Jugend, die hier anwesend ist, und den Milliarden von jungen Menschen auf der ganzen Welt, die fest hinter meiner Delegation stehen und die auf uns schauen, wie wir unsere Zukunft gestalten. Ich danke der Zivilgesellschaft, sowohl denen, die in unserem Land hart arbeiten und die in schwerstbetroffenen Gegenden gegen die Zeit anrennen, als auch denjenigen, die hier in Warschau sind und die uns bedrängen, ein Gefühl der Dringlichkeit und des Ehrgeizes zu haben. Wir sind zutiefst von diesem Ausdruck der menschlichen Solidarität bewegt. Diese Welle des Protests zeigt uns, dass wir uns als Menschheit vereinen können und dass wir uns als Spezies kümmern müssen.

Es sind kaum elf Monate her, seit meine Delegation in Doha an die Welt appellierte, wir sollten unsere Augen öffnen für die harte Realität, mit der wir konfrontiert sind. Damals standen wir einem katastrophalen Sturm gegenüber, dem kostspieligsten Unglück in der philippinischen Geschichte. Weniger als ein Jahr ist es seither. Wir konnten uns nicht vorstellen, dass eine noch viel größere Katastrophe kommen könnte. Mit offensichtlicher Grausamkeit schlug das Schicksal erneut zu. Über mein Land fegte der Höllensturm hinweg, der Super Taifun Haiyan, der von Experten als der stärkste Taifun beschrieben wurde, der jemals in der Menschheitsgeschichte ein Land befallen hat. Er war so stark, dass, wenn es eine Kategorie 6 gäbe, er ohne Zweifel in diese Kategorie fiele. Bis zu dieser Stunde sind wir nicht im Bilde über das volle Ausmaß der Zerstörung, da die Informationen in einer quälend langsamen Art und Weise dahinplätschern. Stromleitungen und Kommunikationsleitungen sind unterbrochen und es kann eine Weile dauern, bis sie wiederhergestellt sind. Eine erste Bewertung zeigt, dass der Taifun Haiyan massive Zerstörungen hinterlässt, die beispiellos, bisher undenkbar und schrecklich sind. $^2/_3$ der Philippinen sind davon betroffen, rund eine halben Million Menschen sind obdachlos, mit Szenen, die an einen Tsunami erinnern: Wüsten aus Schlamm, Schutt und Leichen. Nach Satelliten-Schätzungen der US-amerikanischen National Oceanic and Atmospheric Administration erreichte der Taifun Haiyan einen Mindestdruck von rund 860 mbar (hPa; 25.34 inHg) und der Joint Typhoon Warning Center schätzt Windgeschwindigkeiten von 315 km pro Stunde (195 mph) und Böen bis zu 378 km/h (235 mph). Damit handelt es sich um den stärksten Taifun in der modernen Geschichte. Trotz der massiven Bemühungen meines Landes, sich auf dieses Monster vorzubereiten, war das eine zu mächtige Kraft, selbst für eine Nation, die mit solchen Stürmen vertraut ist.

Der Super-Taifun Haiyan war etwas, was wir noch nie erlebt haben, vielleicht auch etwas, was bisher noch kein anderes Land erlebt hat.

Das Bild wird allmählich klarer. Die Verwüstung ist kolossal. Und als ob dies nicht genug wäre, ein weiterer Sturm braut sich in den warmen Gewässern des westlichen Pazifiks zusammen. Mich schaudert bei dem Gedanken an einen neuen Taifun an den gleichen Orten, wo Menschen noch nicht einmal zu stehen begonnen haben.

Für jeden, der die Realität des Klimawandels weiterhin leugnet, sage ich: Steigt aus eurem Elfenbeinturm und kommt weg vom Komfort eures Sessels. Geht zu den Inseln des Pazifiks, den Inseln der Karibik und auf die Inseln des Indischen Ozeans und seht die Auswirkungen des steigenden Meeresspiegels; geht zu den Bergregionen des Himalaya und der Anden, wo Menschen konfrontiert sind mit Gletscherhochwasser, geht in die Arktis, wo Menschen kämpfen mit den schnell schwindenden Polarkappen, geht in die großen Deltas des Mekong, des Ganges, des Amazonas und des Nil, wo Leben und Lebensunterhalt ertrinken, geht zu den Hügeln von Mittelamerika, die mit ähnlich monströsen Hurrikans konfrontiert sind; geht zu den weiten Savannen Afrikas, wo der Klimawandel ebenfalls eine Frage von Leben und Tod geworden ist, wo Nahrung und Wasser knapp werden, nicht zu vergessen die massiven Wirbelstürme im Golf von Mexiko und an der Ostküste von Nordamerika. Und wenn das noch nicht genug ist, dann sollten sie jetzt die Philippinen besuchen.

Die Wissenschaft gibt uns ein Bild, das immer mehr unsere Aufmerksamkeit verlangt. Der IPCC-Bericht zum Klimawandel und zu Extremereignissen offenbart die Risiken, die mit den Veränderungen in den Lebensformen ebenso zu tun haben wie mit der Häufigkeit extremer Wetterereignisse.

Die Wissenschaft sagt uns, dass der Klimawandel intensivere tropische Stürme zur Folge haben wird. Wenn sich die Erde erwärmt, steigen auch die Temperaturen der Ozeane. Die Energie, die in den Gewässern vor den Philippinen gespeichert ist, wird die Intensität der Wirbelstürme erhöhen und zerstörerische Stürme werden zur Norm.

Dies wird tiefgreifende Auswirkungen für viele unserer Städte und Dörfer haben, vor allem für jene, welche gegen die Entwicklungskrise und die Klimakrise zu kämpfen haben. Taifune wie Yolanda (Haiyan) und ihre Folgen stellen eine ernüchternde Herausforderung an die internationale Gemeinschaft: Wir können es uns nicht mehr leisten, den Klimaschutz zu verschleppen. Warschau muss den Ehrgeiz entwickeln, eine Verbesserung der Situation zu erwirken und den politischen Willen aufbringen, den Klimawandel zu stoppen.

In Doha fragten wir: «Wenn nicht wir, wer dann? Wenn nicht jetzt, wann dann? Wenn nicht hier, wo dann?» (so der philippinische Studentenführer Ditto Sarmiento während des Kriegsrechts). Das ist möglicherweise auf taube Ohren gestossen. Aber hier in Warschau können wir ebenso gut die gleichen Fragen stellen: «Wenn nicht wir, wer dann? Wenn nicht jetzt, wann dann? Wenn nicht hier in Warschau, wo dann?»

Was mein Land als Folge des extremen Klimawandels durchmacht, ist Wahnsinn. Die Klimakrise ist Wahnsinn. Wir können diesen Wahnsinn stoppen. Gerade hier in Warschau.

Es ist die 19. Konferenz der Vertragsparteien, aber wir könnten aufhören zu zählen, weil mein Land sich weigert zu akzeptieren, dass wir eine COP 30 oder eine COP 40 nötig haben, um das Klimaproblem zu lösen. Und weil es scheint, dass wir trotz der erheblichen Erfolge, die wir seit der Geburt des UNFCCC[147] vor zwanzig Jahren erzielt haben, auch weiterhin bei der Realisierung des angestrebten Ziels der Konvention scheitern. Jetzt befinden wir uns in einer Situation, in der wir uns fragen müssen, ob wir das in Artikel 2 beschriebene Ziel überhaupt erreichen können: die Verhinderung der gefährlichen vom Menschen verursachten Klimastörung. Wenn wir das Ziel der Konvention verfehlen, dann ratifizieren wir den Untergang der gefährdeten Länder.

Und wenn es uns nicht gelingt, das Ziel der Konvention zu erreichen, dann stehen wir vor den Problemen, die mit riesigen Verlusten und Schäden verbunden sind. Bereits heute ist das ein Problem überall in der Welt. Die Emissionsreduktionsziele der Entwicklungsländer sind gefährlich niedrig und müssten sofort angehoben werden. Aber selbst wenn diese mit der geforderten Reduktion von 40 – 50 % unter dem Niveau von 1990 wären, würden wir immer noch gefangen sein von den Problemen des Klimawandels und wir wären immer noch mit den Verlusten und Schäden konfrontiert.

Wir befinden uns heute an einem kritischen Punkt. Die Situation ist so, dass selbst die ehrgeizigen Emissionsreduktionen der Industrieländer, die die Führung bei der Bekämpfung des Klimawandels in den letzten zwei Jahrzehnten übernehmen sollten, nicht ausreichen, um die Krise abzuwenden. Es ist jetzt zu spät, zu spät, um über die Länder zu reden, die in der Lage sind, die Klimakrise zu lösen (die Liste 1 von Ländern der Vertragsparteien des Übereinkommens[148]). Wir leben jetzt in einer neuen Ära, die weltweite Solidarität

---

[147] = United Nations Framework Convention on Climate Change (= Rahmenübereinkommen der Vereinten Nationen über Klimaveränderung.
[148] http://translate.google.ch/translate?hl=de&sl=en&u=http://unfccc.int/parties_and_observers/parties/annex_i/items/2774.php&prev=/search%3Fq%3Dannex%2Bcountries%26biw%3D1280%26bih%3D603

verlangt, um den Klimawandel zu bekämpfen und sicherzustellen, dass Bemühungen um eine nachhaltige Entwicklung des Menschen im Vordergrund der Bemühungen der Weltgemeinschaft stehen. Deshalb wird auch der Beitrag der Entwicklungsländer immer entscheidender und notwendiger.

Der Generalsekretär der UN-Konferenz für Umwelt und Entwicklung, Maurice Strong, sagte am Umweltgipfel in Rio de Janeiro (1992), dass «Geschichte uns daran erinnert, dass das, was heute noch nicht möglich ist, morgen wahrscheinlich unvermeidlich sein wird.» Wir können nicht hilflos sitzen bleiben und auf dieses internationale Klima-Patt starren. Es ist jetzt Zeit zu handeln. Wir brauchen einen Klima-Notfall-Weg.

Ich spreche für meine Delegation. Aber darüber hinaus spreche ich für die zahllosen Menschen, die nicht mehr in der Lage sind, für sich selbst zu sprechen, weil sie im Sturm umgekommen sind. Ich will auch für diejenigen sprechen, die von dieser Tragödie zu Waisen wurden. Ich spreche für die Menschen, die jetzt gegen die Zeit rennen, um Überlebende zu retten und die Not derer zu lindern, die von diesem Desaster betroffen sind.

Wir können jetzt drastische Maßnahmen ergreifen, um sicherzustellen, dass Super-Taifune in Zukunft kein Weg des Lebens sind. Denn als Nation weigern wir uns, Super-Taifune wie Haiyan als bleibende Tatsache des Lebens zu akzeptieren. Wir weigern uns, vor den Stürmen wegzulaufen, unsere Familien zu evakuieren, Verwüstung und Elend zu erleiden und unsere Toten zählen zu müssen. Wir weigern uns einfach.

Wir müssen aufhören, solche Ereignisse als Naturkatastrophen zu betrachten. Es ist nicht natürlich, wenn die Menschen weiterhin kämpfen müssen, um die Armut zu beseitigen und immer nur zusehen zu müssen, wie ein Monstersturm unser Land zerstört. Es ist nicht natürlich, wenn die Wissenschaft sagt, dass die globale Erwärmung noch intensivere Stürme auslösen wird. Es ist nicht natürlich, wenn die menschliche Spezies das Klima wie bisher so grundlegend verändert.

Katastrophen sind niemals natürlich. Sie sind der Schnittpunkt vieler Faktoren, die nicht auf bloss physikalische Ursachen reduziert werden dürfen. Sie sind das Ergebnis einer steten Anhäufung von wirtschaftlichen, sozialen und ökologischen Fehlverhalten. Meistens sind Katastrophen das Resultat von Ungerechtigkeit, und die ärmsten Menschen der Welt sind am stärksten gefährdet wegen ihrer besonderen Verwundbarkeit. Die jahrzehntelange Fehlentwicklung, die ich hier geltend machen muss, ist verursacht durch das ökonomische Wachstum, das die ganze Welt beherrscht. Dieses ungehemmte Wirtschaftswachstum und der rücksichtslose Konsum haben das Klimasystem verändert.

Nun erlauben Sie mir, etwas persönlicher zu werden.

Der Super-Taifun Haiyan hinterliess in der Heimatstadt meiner Familie eine atemberaubende Zerstörung. Ich ringe um Worte, auch für die Bilder, die wir in den Medien sehen. Ich ringe um Worte, um Verluste und Schäden zu beschreiben, die diese Katastrophe bei uns hinterlassen hat und unter denen wir zu leiden haben.

Bis zu dieser Stunde erleide ich sozusagen Todesqualen beim Warten auf das Wort, welches das Schicksal meiner eigenen Verwandten beschreibt. Was mir neue Kraft und grosse Erleichterung gab, war, als es meinem Bruder gelang, uns mitzuteilen, dass er überlebt hat. In den letzten zwei Tagen hat er eigenhändig Leichen zusammengetragen. Jetzt hat er Hunger, aber es ist äusserst schwierig, etwas zu essen zu finden in den so schwer getroffenen Gebieten.

Wir appellieren jetzt, an dieser COP, an die Arbeit zu gehen, bis ein sinnvolles Ergebnis in Sicht ist, bis konkrete Zusagen gemacht werden, welche die Ressourcen für den Grünen Klimafonds sichern können, bis das Versprechen, einen Mechanismus gegen Verlust und Schaden zu errichten, erfüllt ist, bis dessen Finanzierung sichergestellt ist, bis konkrete Wege für das Erreichen der engagierten 100 Milliarden Dollar gebaut sind; bis wir einen realisierten Ehrgeiz erkennen, die Treibhausgaskonzentrationen zu stabilisieren. Wir müssen das Geld dort haben, wo unsere Münder sind.

Man hat den bisherigen Umweltkonferenzen der UNO viele Namen gegeben. Man hat von einer Farce gesprochen, von einer jährlichen Kohlenstoff-intensiven Versammlung von Vielfliegern. Man hat aber auch von einem Projekt zur Rettung unseres Planeten gesprochen, von der Rettung der Zukunft im Hier und Jetzt. Wir können dieses Problem lösen. Wir können diesen Wahnsinn stoppen. Jetzt und sofort. Genau hier, in der Mitte des Fußballfeldes.

Ich rufe Sie an, gehen Sie voran! Polen soll für immer der Ort sein, an dem wir ernsthaft bemüht waren, den Wahnsinn zu stoppen. Kann die Menschheit die jetzt gegebene Gelegenheit ergreifen? Ich glaube immer noch, dass wir das können.

Nachtrag

Während seiner Rede unterbrach Sano das eingesandte Manuskript mit einem spontanen Gelübde. Er sagte:

In Solidarität mit meinen Landsleuten, die darum kämpfen, zuhause wieder etwas zu Essen zu haben, zusammen mit meinem Bruder, der die letzten drei Tage nichts zu essen hatte, und bei allem Respekt, Herr Präsident, und ganz ohne Missachtung Ihrer Gastfreundschaft, beginne ich heute ein freiwilliges Fasten für das Klima. Mit anderen Worten: Ich will während dieser Konferenz der Vertragsparteien auf alle

Nahrung verzichten, bis ein bedeutungsvoller Beschluss In Sicht ist.[149]

2. Der Kommentar: «Wir befinden uns im Krieg»[150]

Alles schaut auf Deutschland: Der Klimawandel bedroht die Lebensgrundlagen der Menschheit und deshalb ist die deutsche Energiewende von so großer Wichtigkeit: Wenn ein Land mit einem solchen im Weltmassstab sensationellen Wohlstand es nicht schafft, seine Wirtschaft und seine Energiesysteme auf einen klimafreundlichen Entwicklungspfad umzubauen, wie können wir dann Ähnliches vom Rest der Welt erhoffen?[151]

Kaum drei Tage, nachdem der Taifun Haiyan, der größte Sturm, der je auf Land traf, meine Heimat verwüstete, reiste ich im vergangenen November zur UN-Weltklimakonferenz nach Polen. Mit allergrößter Beunruhigung über das Schicksal meiner Familie und meiner Freunde bat ich, beinahe flehentlich, die anwesenden Regierungen, anzuerkennen, dass verwundbare Länder wie die Philippinen die künftigen Schäden durch den Klimawandel bald nicht mehr allein bewältigen können. In dieser Woche versammeln sich in Japan die Regierungen, um den zweiten Teilbericht des UN-Wissenschaftsrats zum Klimawandel (IPCC) entgegenzunehmen und zu diskutieren. Dieser neue Bericht macht das Ausmaß der Bedrohung klar, die der Klimawandel für Menschen in

---

[149] http://www.rtcc.org/2013/11/11/its-time-to-stop-this-madness-philippines-plea-at-un-climate-talks/#sthash.iSVi9QGu.dpuf (Zugriff: Juli 2014).
[150] Kommentar zum Weltklimabericht vom 2. Mai 2014 (IPCC-Arbeitsgruppe 3) – http://www.ipcc14.de/kommentare/ipcc-arbeitsgruppe-3/131-wir-befinden-uns-im-krieg (Zugriff: Juli 2014).
[151] Einleitende Bemerkung der Homepage.

aller Welt darstellt, aber auch die Möglichkeiten sich dagegen zu wappnen.

Eines der großen Risiken ist zunehmender Hunger. Keine Zivilisation kann sich entwickeln, wenn nicht genug zu essen vorhanden ist – viele Zivilisationen sind zugrunde gegangen, als in schweren Krisen die Versorgung mit Wasser und Nahrung zusammengebrochen ist. Der Klimawandel verschärft den Hunger in der Welt. Unwetterkatastrophen wie der Taifun Haiyan, sich verschiebende Jahres- oder Regenzeiten, höhere Temperaturen und der steigende Meeresspiegel dezimieren schon jetzt die Ernten der Bauern und den Fang der philippinischen Fischer. Die Preise für Nahrungsmittel ziehen an, die Qualität dessen, was sich viele Menschen zum Essen noch leisten können, nimmt ab. Bis 2050 werden 50 Millionen Menschen, das entspricht der Bevölkerung Spaniens, zusätzlich den Gefahren von Hunger, Mangel- und Unterernährung ausgesetzt sein.

Haiyan hat mein Land verwüstet. Tausende Menschen verloren ihr Leben. Millionen verloren Hab und Gut, ihre Häuser, ihre Lebensgrundlage. Der Sturm hat auch meine eigene Familie schwer getroffen, und wie so viele werden auch meine Verwandten immer noch von den furchtbaren Erinnerungen und den Bildern von Leid und Zerstörung geplagt. Immer noch leben zahllose Menschen auf den Philippinen in zum Teil schwer beschädigten Häusern und sind auf Nothilfe angewiesen. Mehr als eine Million Menschen in der kleinbäuerlichen Landwirtschaft stehen immer noch vor dem Nichts und schlagen sich nur mühsam durch. 33 Millionen Kokosnusspalmen wurden umgeworfen, mehr als 100.000 Hektar Reisfelder sind völlig zerstört. Die ökonomischen Schäden gehen in die Milliarden.

Die Katastrophe endet hier nicht. Es könnte schlimmer kommen. Schwere, gar weltweite Hungerkrisen lauern in der

Zukunft, als Folge der globalen Erwärmung und der zunehmenden Schäden durch den Klimawandel. Gleichzeitig, wie die Katastrophe in meinem Land gezeigt hat und wie es auch der Oxfam-Bericht «Hot and Hungry» zeigt, ist die Welt auf Hungerkrisen durch den Klimawandel überhaupt nicht vorbereitet. Die künftigen Schäden werden uns alle treffen, ob reich oder arm, Untätigkeit kann sich niemand leisten. Und doch sind es die ärmsten und verwundbarsten Länder, die dem heraufziehenden Sturm am wenigsten entgegensetzen können. Sie wird die Katastrophe am härtesten treffen.

Die Welt schaut auf Deutschland
Die Welt tritt in eine entscheidende Phase ein – aber das Zeitfenster ist sehr klein. Und doch, noch können wir das Ruder herumreißen. Wir brauchen dringend ausreichend internationale Unterstützung, damit sich insbesondere die ärmsten und verwundbarsten Länder an die klimatischen Veränderungen anpassen können, um für Millionen Menschen die Versorgung mit Nahrungsmitteln jetzt und in Zukunft zu sichern. Das wird die Bank nicht sprengen. Für die Anpassung an den Klimawandel brauchen die Entwicklungsländer um die 100 Milliarden US-Dollar pro Jahr – das entspricht nicht mehr als fünf Prozent des Vermögens der hundert reichsten Menschen.

Wir brauchen darüber hinaus viel mehr und viel ehrgeizigeren Klimaschutz als bisher, um den Ausstoß der Treibhausgase drastisch zu senken und die Folgen auf ein Minimum zu reduzieren. Unsere Abhängigkeit von dreckiger Energie aus Kohle, Öl und Gas steht der Begrenzung des Klimawandels und der Sicherung der weltweiten Nahrungsmittelproduktion im Weg. Diese Abhängigkeit müssen wir beenden.

Deswegen ist auch die deutsche Energiewende von so

großer Wichtigkeit. Die Welt schaut auf Deutschland. Wenn ein Land von solchem, im Weltmaßstab sensationellen Wohlstand es nicht schafft, seine Wirtschaft und seine Energiesysteme auf einen klimafreundlichen Entwicklungspfad umzubauen, wie können wir dann Ähnliches vom Rest der Welt erhoffen?

Menschen in aller Welt setzen sich bereits gegen den Klimawandel ein. Bisher, leider, nehmen zu wenige Regierungen die Bedrohung ernst, zu oft steht die Privatwirtschaft dem Wandel im Weg. Gemeinsam müssen wir die Widerstände aufbrechen, Regierungen und Unternehmen überzeugen und natürlich auch alle unser eigenes Verhalten überprüfen und ändern – damit alle jetzt und auch in Zukunft genug zu essen haben; trotz Klimawandel.

Wir befinden uns im Krieg gegen den Klimawandel und gegen den Hunger in der Welt. Das ist ein Krieg, den zu verlieren wir uns nicht leisten können. Aber ein Krieg, den wir gemeinsam, so denke ich doch, gewinnen können.

Kapitel 11:
Fastenopfer / Brot für alle / Partner sein

....

[Redaktionelle Bemerkungen]

Seit jeher betonen die drei Organisationen – ähnlich wie das deutsche Hilfswerk Misereor – die Solidarität der Schweizer Kirchen mit den armen Ländern dieser Welt. Kirche kann sich nur vom universalen Horizont her definieren, der nicht nur auf der Ebene einer ideellen Perspektive vertreten werden darf, sondern notwendiger Weise die praktische Tat fordert. Unendlich viel Gutes ist auf diese Weise in der weiten Welt entstanden, viele Projekte wurden zum Wohl weit entfernter Menschen verwirklicht.

Dass darum auch immer wieder die Rolle des Fleisches herausgestellt wird, zeigt eine Doppelseite der Aktionen im Jahr 2014. Über die so gestaltete Arbeit hinaus gibt es dann auch spezielle Fastengruppen, welche vor allem das sogenannte Buchinger-Fasten[152] praktizieren, freilich mit geistlichen Impulsen und geistlicher Begleitung.

1. Bedeutsame Bilder

In der Broschüre, die Fastenopfer[153] und Brot für alle[154] im Jahr 2014 herausgegeben haben, stehen die beiden Bilder, die die Bedeutung des Fleischverzichts ebenso eindeutig herausstellen wie auch andere Regeln, die, wenn sie denn eigenhalten werden, für die Zukunft des Menschen und des Planeten wichtig sind.

---

[152] http://de.wikipedia.org/wiki/Otto_Buchinger (Zugriff: Juli 2014).
[153] http://www.fastenopfer.ch, (Zugriff: Juli 2014).
[154] http://www.brotfueralle.ch/, (Zugriff: Juli 2014).

10.–12.3.2014 ESSEN UND TRINKEN

SEHEN:

Lebensmittel im Umwelt-Check.

Am meisten belastet unser Konsum die Umwelt bei der Ernährung. Vom Acker bis auf den Teller verbrauchen Lebensmittel viel Energie: bei der Herstellung, dem Transport und der Lagerung. Hier entstehen erhebliche Mengen an klimaschädlichem CO_2. Zusätzlich belastet die industrielle Landwirtschaft weltweit Böden, Wasser und Luft.

Tierische Produkte belasten die Umwelt am stärksten.

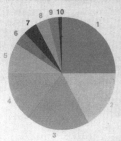

1) Fleisch 25%
2) Milch und Eier 17%
3) Getränke 19%
(v.a. Kaffee und Wein)
4) Fette und anderes
14% (v.a. Schokolade)
5) Getreide 9%
6) Verarbeitung 4%
7) **Transport 4%**
8) Gemüse 4%
9) Früchte 3%
10) **Verpackung 1%**

Lesebeispiel:
Die Fleischproduktion verursacht 25% der Umweltbelastung, die durch unsere Ernährung entsteht.
Quelle: ESU-services GmbH, Zürich

Fastenopfer / Brot für alle / Partner sein | 177

HANDELN:

Die 5 Goldenen Regeln für nachhaltigen Konsum.

① Essen Sie weniger tierische und mehr pflanzliche Produkte. ErnährungswissenschaftlerInnen raten, höchstens zwei bis drei Mal pro Woche Fleisch zu konsumieren.

② Bevorzugen Sie regionale Produkte aus umweltschonendem, biologischem Anbau.

③ Achten Sie auf Gemüse und Früchte aus dem Freilandbau und orientieren Sie sich daran, was gerade Saison hat.

④ Geniessen Sie Alkohol, Kaffee und Schokolade bewusst.

⑤ Kaufen Sie nur so viel, wie Sie auch brauchen. Damit weniger Lebensmittel verderben und im Abfall landen.

«Nichts wird die Chance auf ein Überleben auf der Erde so steigern wie der Schritt zur vegetarischen Ernährung.»

Albert Einstein
(1879 – 1955), Physiker

Sie wissen nicht, was kochen? Lassen Sie sich von unseren vegetarischen Rezepten inspirieren. Jetzt auf:
sehen-und-handeln.ch/rezepte

Misereor veröffentlichte 2009 nachstehende Grafiken von foodwatch[155]

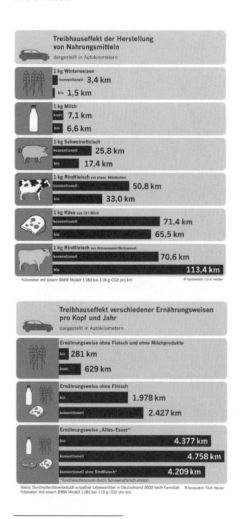

---

[155] http://www.foodwatch.org/de/, (Zugriff: Juli 2014).

2. Fastengruppen

Jedes Jahr werden unter dem Dach der beiden Organisationen auch FastenleiterInnenkurse angeboten. Hier die Ankündigung[156] eines solchen.

Der Kurs zur guten Leitung einer Fastengruppe
15. November 2014: Einführungs- und Weiterbildungskurs

Gruppen, die während der Ökumenischen Kampagne miteinander fasten, brauchen gut vorbereitete Leiterinnen und Leiter. Sie begleiten die Teilnehmenden, wenn sich Leib und Seele darauf einstellen, die Nahrung für eine bestimmte Zeit nicht von aussen, sondern von innen zu beziehen. Fasten ist eine Übung, in der Leben und gesteigerte Empfindung anders erfahren werden können als nach den Normen der Leistungs- und Konsumgesellschaft. Fasten lässt erleben, dass weniger mehr sein kann.

Immer mehr Menschen schliessen sich während der vorösterlichen Kampagnenzeit von Brot für alle und Fastenopfer einer Fastengruppe an oder möchten selber eine Gruppe gründen. Unter der Führung von Menschen, die den Weg bereits kennen, wird Fasten zum sicheren Erlebnis!

Am Samstag 15. November 2014 bieten Fastenopfer und Brot für alle einen Einführungs- resp. Weiterbildungskurs im Romero – Haus in Luzern an. Er vermittelt Neueinsteigerinnen und Neueinsteigern die Grundlagen zur Leitung einer Fastengruppe und bietet erfahrenen Leiterinnen und Leitern neue Anregungen und Austauschmöglichkeiten.

Dass auch diese Gruppen die Klimaproblematik im Sinne haben, beweist, dass sie den materiellen Erlös, der sich durch

---

[156] http://www.sehen-und-handeln.ch/Media/01_texte/de/aktivitaeten/fasten/2015_Voranzeige%20Kurs%202015%20Fastengruppenleitende.pdf (Zugriff: Juli 2014).

den Verzicht ergeben hat, zum Teil dem Klimafonds[157] zur Verfügung stellen.

3. Spezialfonds «Klima und Entwicklung»[158]

Die Klimaerwärmung trifft jene am härtesten, die am wenigsten dazu beigetragen haben: Arme Menschen in Ländern des Südens. Speziell betroffen sind Menschen, deren Leben von fruchtbarem Land, Wasser, Bäumen und vielfältigen Ackerpflanzen abhängt. So hat beispielsweise eine Dürre zwischen 2010 und 2012 in Somalia über 250 000 Menschenleben gekostet und 11,5 Millionen Menschen dem Hunger ausgesetzt.

Kontext
Der Klimawandel verstärkt die in vielen Regionen bereits schwierigen Umweltbedingungen. Zunehmende Dürre, Stürme, Überschwemmungen und wärmere Temperaturen haben gravierende Folgen: Laut dem Bericht des Weltklimarats IPCC werden in Afrika in den nächsten Jahren bis zu 600 Millionen Menschen aufgrund des Klimawandels von Wassermangel betroffen sein. In Zentral- und Südasien dürfte die Bevölkerung bis dahin bis zu 30 Prozent Einbussen ihrer Ernten erleiden.

Die von *Brot für alle*, *Fastenopfer* und weiteren kirchlichen Organisationen seit Jahren geleistete Arbeit für Entwicklung droht in diesen Regionen durch die Auswirkungen des Klimawandels erhebliche Rückschläge zu erleiden. Um

---

[157] http://www.brotfueralle.ch/index.php?id=3198; http://www.fastenopfer.ch/sites/projekte/klimafonds.html (beide Zugriff: Juli 2014).
[158] PDF: offenbar noch im Zustand des Entwurfs: www.brotfueralle.ch/klima

dies zu verhindern, haben *Brot für alle* und *Fastenopfer* den Spezialfonds «Klima und Entwicklung» geschaffen.

Mit den Fondsmitteln werden bestehende Programme im Bereich der ländlichen Entwicklung an die veränderten klimatischen Bedingungen angepasst. So bleibt zahlreichen Menschen im Süden ihre Lebensgrundlage langfristig erhalten.

Projekt

Programmpartner aus dem Süden stellen über ihre Schweizer Partnerwerke einen Antrag beim Klimafonds. Darin zeigen sie auf, wie ihr Projekt von den negativen Auswirkungen des Klimawandels betroffen ist und mit welchen Massnahmen es dagegen geschützt werden kann.

Die Klimafondskommission prüft die Vorhaben und spricht die Förderbeiträge aus dem Fonds. Die Nachfrage nach Anpassungen an die Auswirkungen des Klimawandels und zum besseren Schutz vor Katastrophen ist gross. 2014 wird beispielsweise das Netzwerk SECAAR in Westafrika unterstützt.

Über SECAAR werden die Verantwortlichen von 20 NGOs in Togo, Burkina Faso und Niger im Umgang mit dem Klimawandel geschult. Dies geschieht unter anderem mit Hilfe des Instruments zur Klima- und Katastrophenrisikoprüfung, das *Brot für alle* entwickelt hat (siehe dazu auch die *Brot für alle*-Projekte Nr. 835.8017 «Klimawandel angehen» und Nr. 835.8027 «Netzwerk Klimatrainer/innen»). Zusätzlich wird SECAAR in ihren Bemühungen begleitet, Lobby- und Aufklärungsarbeit im Bereich der nachhaltigen, klima-resilienten Landwirtschaft aufzubauen. So kann gewährleistet werden, dass in den Projekten der 20 NGOs zukünftig eine Klimaanpassungskomponente umgesetzt wird.

Ziele

Mit dem Spezialfonds «Klima und Entwicklung» (Klimafonds) verfolgen *Brot für alle* und *Fastenopfer* folgende Ziele:
› Projekte, die die kirchlichen Hilfswerke im Süden unterstützen, optimal gegen Klima- und Katastrophenrisiken schützen.
› Die Aufbauarbeit im Bereich der ländlichen Entwicklung stärken.
› Den Menschen im Süden ihre Lebensgrundlage langfristig sichern.

Zielgruppe

Zielgruppe der Klimafonds-Projekte ist die ländliche Bevölkerung in Gebieten, die besonders von Folgen des Klimawandels betroffen sind. Dazu gehören unter anderem Kleinbäuerinnen und Kleinbauern in Äthiopien, Bangladesch, Benin, Brasilien, Burkina Faso, Haiti, Indonesien, Kambodscha, Kamerun, Kenia, Kolumbien, Peru, Südafrika, Togo und Zimbabwe.

Projektpartner

Projektpartner sind lokale Hilfsorganisationen in Ländern des Südens, die von *Brot für alle*, *Fastenopfer* und weiteren kirchlichen Entwicklungsorganisationen bereits unterstützt werden.

Budget 2014

Brot für alle und *Fastenopfer* haben 2014 für den Spezialfonds «Klima und Entwicklung» 150000 CHF budgetiert[159].

---

[159] Weitere Informationen: www.brotfueralle.ch/klima

4. Selbstdarstellung der vorösterlichen Fastenpraxis der drei Organisationen

Redaktionelle Vorbemerkung

Nachstehend folgt eine Selbstdarstellung durch die verantwortliche Leiterin der Fastenkampagne.

Jedes Jahr während der vorösterlichen Fastenzeit veranstalten die drei Partnerorganisationen *Brot für alle, Fastenopfer* und *Partner sein* eine Aktion zu Entwicklungsthemen. Mit dieser Aktion wird die Schweizer Bevölkerung dazu angeregt, sich an der Nord-Süd-Diskussion zu beteiligen und die Solidarität mit benachteiligten Menschen gefördert. Weiter dient sie zur Mittelbeschaffung für entwicklungspolitische Kampagnen und Projekte in armen Ländern.

Der Kampagnen-Slogan SEHEN UND HANDELN zeigt das Grundanliegen der Aktion auf:
> genau hinsehen,
> hinter die Fassade schauen,
> weltweite Zusammenhänge erkennen.

Die oft verborgenen Ungerechtigkeiten werden beurteilt im Licht der christlichen Botschaft und mit Hilfe der Menschenrechte, damit wir
> der Ohnmacht entgegentreten,
> weltweit solidarisch sind,
> bewusst leben und gemeinsam handeln (www.sehen-und -handeln.ch).

Weniger für uns – genug für alle

Während der ökumenischen Kampagne wird anhand von exemplarischen Themen aufgezeigt, welche Mechanismen sich für Menschen in anderen Teilen der Welt nachteilig auswirken. Beispielsweise anhand von Pouletfleisch, wie der Konsum unserer Wohlstandsgesellschaft die Ernährungssicherheit vieler Menschen im Süden beeinträchtigt. Die in riesigen Zuchthallen gemästeten Poulets, aber auch Schweine und Rinder werden mit Soja gefüttert. Dort, wo das Futter grossflächig angebaut wird, pflanzten früher Familien ihr Essen an. Für die Sojabohnen-Monokulturen werden Wälder und Savannen gerodet. «Unsere Tiere fressen den Kleinbauernfamilien in den Produktionsländern buchstäblich die Lebensgrundlagen weg. Futteranbau und extensive Viehhaltung heizen die Zerstörung des Regenwaldes an. Die Fleischproduktion beansprucht heute drei Viertel der weltweiten Agrarflächen. Werden auch alle indirekten Folgen eingerechnet, verursacht die industrielle Nahrungsmittelproduktion zudem fast 40 Prozent der globalen Treibhausgasemissionen. Nicht nur die Tiere selbst belasten die Umwelt, sondern auch die Transporte, die Herstellung von Dünger und Pflanzengift» – so wird die Problematik des grossen Fleischkonsums und seinen Zusammenhängen in der Kampagne 2015 beschrieben.

Den drei Werken ist es ein grosses Anliegen, den beängstigenden Auswirkungen, die beim «SEHEN» erkannt werden, mit konstruktiven Handlungsvorschlägen entgegenzutreten. Ein bewusster angepasster Fleischkonsum steht nicht grundsätzlich im Widerspruch zu einer nachhaltigen Lebensweise. Glückliche Hühner vom Schweizer Bauernhof belasten das Klima ebenso wenig, wie die kleine Hühnerzucht einer Familie im Süden, die damit ihre Versorgung und das Einkommen sichert. Die Frage bezüglich des Fleischkonsums lautet nicht in erster Linie ob, sondern wie, denn weniger bei uns heisst genug für alle.

Fasten – Impuls zur Genügsamkeit

Nach christlichem Verständnis von Fastenopfer und Brot für alle, wie auch im Konzept der Menschenrechte verankert, sind alle Menschen allein aufgrund ihres Menschseins mit gleichen Rechten ausgestattet. Diese Rechte sind egalitär begründet, gelten universell, sind unveräusserlich und unteilbar. Dies verbietet sowohl willkürliche und rücksichtslose Ausbeutung von Mitmenschen als auch die Zerstörung von natürlichen Ressourcen.

Das ist ein grundlegender Aspekt in Bezug auf das Weltgemeinwohl und eine wichtige Motivation zu einer nachhaltigen Lebensweise mit entsprechender Konsumethik. Die Tradition des Fastens stellt eine wichtige Selbstbescheidung dar, die der Suche nach einem Lebens- und Wirtschaftsstil der Genügsamkeit wichtige Impulse vermittelt.

Die vierzig Tage Fastenzeit als Vorbereitung auf Ostern, in der die ökumenische Kampagne jeweils stattfindet, bieten sich an, Fasten mit spirituellem Erleben und Solidarität zu verbinden, denn Fasten ist mehr als nichts essen.

Fasten ist ein waches, aktives Geschehen. Leib und Seele stellen sich darauf ein, die Nahrung für eine bestimmte Zeit nicht von aussen, sondern von innen, aus dem eigenen Depot zu beziehen. Nach anfänglicher Unsicherheit stellt sich bald ein angenehmes Gefühl von Leichtigkeit, Ruhe und tiefer Entspannung ein. Fasten erlaubt den Luxus, sich dem Stress der Alltagsroutine zu widersetzen. Eine Übung, in der Lebenssteigerung in anderer Weise erfahren werden kann, als sie die Normen der Leistungs- und Konsumgesellschaft vorführt. Fasten ist erleben, dass weniger mehr sein kann, wahrnehmen, was ich wirklich zum Leben brauche. Im Rahmen der ökumenischen Kampagne wird Fasten vielerorts in Gruppen angeboten. Unter Führung durch Menschen, die den Weg bereits kennen, wird es zum sicheren Erlebnis. Jede gesunde und erwachsene Person ist eingeladen, sich auf das Einüben von innerer Freiheit einzulassen, auf die Fähigkeit etwas zu tun oder zu lassen, wenn es als richtig empfunden wird.

Die drei Dimensionen des Fastens

Bereits der Kirchenlehrer Augustinus von Hippo, besser bekannt als Heiliger Augustinus bezeichnete die tätige Nächstenliebe und das Gebet als die zwei Flügel des Fastens.

Die Fastenkulturen wurden stark durch religiöse Inhalte geprägt, auch in der jüdisch-christlichen Tradition. Dies wird im Fasten während der ökumenischen Kampagne aufgenommen. Fasten wird mit Beten und Almosen geben verbunden, was sich ideal mit dem Fasten nach der Buchinger Methode verbinden lässt.[160]

Buchinger erkrankte 1917 an einer Mandelentzündung und litt danach an schwerem Rheuma in den Gelenken. Das Antibiotikum war in dieser Zeit noch unbekannt und so unterzog er sich versuchsweise einer dreiwöchigen erfolgreichen Fastenkur, durch die er vollständig geheilt wurde. Anschliessend befasste er sich eingehend mit der Kunst der alternativen Heilmethoden und studierte intensiv die damals vorhandene Fastenliteratur. 1935 veröffentlichte er selbst das Buch *Heilfasten und seine Hilfsmethoden*. «Medizinisch richtiges Fasten, in der Wahrnehmung von Bedürfnissen anderer Menschen und verbunden mit dem Göttlichen, ist die ideale Form des menschlichen Fastens. In der christlichen Tradition mündet das Fasten in das Osterfest, ein Symbol für neues Leben.»[161] – so wird das dreidimensionale Fasten beschrieben.

---

[160] http://de.wikipedia.org/wiki/Otto_Buchinger
[161] In *Buchinger Heilfasten: Ein Erlebnis für Körper und Geist. Die bewährte*

BETEN   ALMOSEN GEBEN
Spirituell-religiöse   mitmenschlich-soziale
Dimension   Dimension

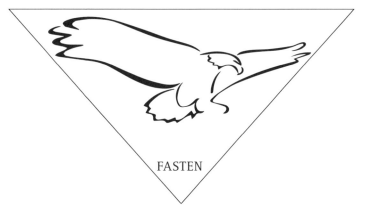

FASTEN

medizinisch-körperliche Dimension

Die medizinisch-körperliche Dimension

Die körperlich-medizinische Dimension steht für die physiologischen Vorgänge und die medizinisch-therapeutischen Anwendungen.

Im Fasten lassen sich drei Phasen unterscheiden: Der Einstieg in den Prozess der «Umschaltung», das eigentliche Fasten und das Fastenbrechen mit dem Wiederaufbau der Nahrungsaufnahme. Fasten bedeutet Urlaub für den Magendarmtrakt und das Immunsystem. Der Nahrungsabbau hin zum Fasten inklusive Darmentleerung brauchen Achtsamkeit. Die Umschaltung auf die innere Ernährung ist kein mechanischer Vorgang und will gut geplant sein. Das eigentliche Fasten ist die einfachste Phase, da darf man sich einfach

---

Methode für mehr Vitalität und ein neues Lebensgefühl, Dr. Med. Françoise Wilhelmi de Toledo, 2003 TRIAS Verlag, Stuttgart, S. 27

der dem Körper innewohnenden Intelligenz anvertrauen. Am schwierigsten gestaltet sich die Wiederaufbauphase, oft fehlt die Geduld dazu. Sie sollte sehr sorgfältig angegangen werden und gleich lange dauern wie das Fasten selbst.

Die spirituell-religiöse Dimension

Die spirituell-religiöse Dimension ergibt sich im Fasten durch den natürlichen Zugang zu einem höheren Bewusstseinszustand, der auch in allen grossen Weltreligionen angestrebt wird. Verhaltensmuster werden im Fasten unterbrochen. Die spirituelle Herausforderung besteht darin, diesen freien Raum wachsen zu lassen hin zu einer harmonischen Stimmung bis zu Glücksgefühlen. Damit wirkt Fasten der verbreiteten Resignation entgegen und verbreitet Hoffnung, denn es stellt sich mit dem Verzicht dem gängigen Weltbild entgegen: «Der Verzicht nimmt nicht. Er gibt. Er gibt die Grösse des Einfachen.» – wie es der Philosoph Heidegger formulierte. Der frei gewählte Verzicht eröffnet eine grosse Freiheit gegenüber der gängigen Alltagsroutine und Wertvorstellungen und lässt Farben, Formen, Gerüche usw. neu wahrnehmen. Fasten fördert das Wachsein für das Transzendentale, es erweitert den Bereich der normalen Sinneswahrnehmung.

Die mitmenschlich-soziale Dimension

Die mitmenschlich-soziale Dimension beschreibt die Fähigkeit der Fastenden, den Mitmenschen wahr zu nehmen. Die tätige Nächstenliebe oder Barmherzigkeit – Almosen geben – meint im wörtlichen Sinn Geld für einen guten Zweck geben. Bereits in der Didache – Lehre der zwölf Apostel, einer frühchristlichen Schrift, geschrieben von unbekannten Autoren, heisst es «Wenn einer nichts zu geben hat, faste er und bringe seinen Brüdern das, was er an jenem Tag ausgegeben hätte.» Almosen geben bedeutet aber nicht nur etwas von seinem Überfluss zu verschenken. Menschen, die fasten, neigen dazu, sich gegenseitig zu unterstützen und toleranter miteinander umzugehen, sie öffnen sich und können freier ins Gespräch kommen. «Wir wissen zwar, dass wir nach dem Fasten wieder essen können, dennoch können wir uns leichter vorstellen, wie Hungernde leiden müssen. Verzicht macht offen für die Not des Anderen.» – sagt der Fastenexperte Pater Niklaus Brantschen.[162]

Brücke zwischen Nord und Süd

Unter dem Aspekt der menschlich-sozialen Dimension unterstützen die Fastengruppen Menschen, die auf Solidarität angewiesen sind. Fastenopfer und Brot für alle schlagen mit dem Klimafonds eine Brücke der Gerechtigkeit zwischen Nord und Süd. Ressourcenverschwendung bei uns wird bekämpft und mit dem Eingesparten werden benachteiligte Menschen im Süden unterstützt. Das Klima verändert sich, die Stürme sind stärker, Überschwemmungen oder Dürren häufiger. Bei den ärmsten Menschen fordern solche Ereignisse den grössten Tribut: Wer ums tägliche Brot kämpft, hat schlichtweg keine zusätzlichen Möglichkeiten – sei's Arbeitszeit oder Geld – um die zerstörte Hütte wieder aufzubauen oder den kleinen Acker von Schlamm und Steinen zu befreien.

Die Fastengruppen helfen mit ihren «Almosen», die nötigen Mittel zur Verfügung zu stellen, um Massnahmen wie in Indonesien zu unterstützen, wo es in letzter Zeit vermehrt zu sehr starken Regengüssen kam. Da die haltgebende Bewaldung abgeholzt wurde, rutschten ganze Hänge ab und zer-

---

[162] Siehe dazu auch: Fasten für Körper, Geist und Seele, Niklaus Brantschen, AIRA Verlag, 2012

störten Strassen, Felder und Häuser von Kleinbauern. Gemeinsam mit den Bauern vor Ort wurde untersucht, wo genau Gefahrenherde die Lebensgrundlagen bedrohen, auf den Feldern, die Ernten, die Tiere, Häuser, aber auch der Einfluss auf die Gesundheit und die Gemeinschaft. Aufgrund dieser Untersuchungen konnten gezielte Massnahmen definiert werden. Zum Beispiel wurden Hänge mit Bäumen und Vetiver-Gras aufgeforstet. Die Bewurzelung dieses Grases ist besonders zur Stabilisierung von abgeholzten Hängen geeignet. Eine neue Pflanztechnik für Gemüsegärten wurde entwickelt und zur Bodenverbesserung wurde Kompost angesetzt. Um die Regierung gründlich über die Form der Abholzung und die entsprechenden Folgen zu sensibilisieren ist diese in den Prozess einbezogen worden

Den Klimafonds zu unterstützen bedeutet für die Fastenden ein Weg der aktiven Solidarität.

Die beiden Werke Brot für alle und Fastenopfer haben zur Unterstützung und Förderung von Fastengruppenleitenden zwei Fastenkoordinationsmandate vergeben, eines in der Deutschschweiz und eines in der Romandie. Die jährlichen Fastentagungen mit Einführungs- resp. Weiterbildungskursen für Neueinsteiger/-innen und erfahrene Fastengruppenleiter/-innen finden grossen Anklang: «Gut, dass es diese Vernetzungsstelle und dieses Treffen jetzt gibt, ich fühle mich inspiriert und motiviert für meine Fastenarbeit.» – so eine Fastengruppenleiterin.

«Der Apfel ist ein sensationeller Augenblick» – Erfahrungsbericht

«Morgen geht mein Fasten zu Ende. Ich werde zum Frühstück gaanz langsam und seehr genüsslich einen Apfel essen! Und mich so in den nächsten vier Tagen gemäss der Nahrungspyramide wieder an das Essen gewöhnen. Mit dem Fasten habe ich mich den Mechanismen des täglichen Lebens ein Stück weit entzogen. Habe einer Alltagsroutine zuwiderlaufenden Praxis gefrönt. Eine Übung, in der ich Lebenssteigerung in anderer Weise erfahren kann, als sie mir in den Normen der Leistungs- und Konsumgesellschaft vorgeführt wird. Ich lerne Nahrungsmittel wieder als Gabe begreifen, die ich gebrauchen, aber nicht missbrauchen darf. Eine Gabe, die auf der Erde ausreichend vorhanden ist und auf die alle Menschen das gleiche Anrecht haben. Fasten bedeutet für mich Einüben der ethisch geforderten, Not wendenden Selbstbegrenzung.

Noch ein kleines Erlebnis: Als ich bei der Bäckerei vorbei lief, habe ich die verschiedenen feinen Brote ›gerochen und geschmeckt‹. Bilder von hungernden Menschen tauchten vor meinem inneren Auge auf. Schlagartig wurde mir bewusst, wie sich Menschen fühlen müssen, wenn sie uns aus hungrigen Augen ansehen und ihre müden Hände träge nach unserer Hilfe ausstrecken. Verzicht macht einsichtig und bereit für die Not der anderen.

Ich behaupte: Wo sich Menschen – zum Beispiel durch Fasten sensibilisiert – aus Liebe zum Leben den Einsatz für eine gerechtere Welt etwas kosten lassen, weicht die Resignation und wächst die Bereitschaft, etwas zu verändern!»

DOROTHEA LOOSLI-AMSTUTZ, *lic.sc.theol.*
Fastenkoordination
Brot für alle / Fastenopfer

Kapitel 12:
Die Zukunft, die wir meinen – Leben statt Zerstörung: Mainzer Botschaft der Ökumenischen Versammlung 2014[163]

[Redaktionelle Vorbemerkung]

Anfang Mai 2014 fand in Mainz im Sinn bisheriger ökumenischer Versammlungen zu «Gerechtigkeit, Frieden und Bewahrung der Schöpfung»[164] eine mehrtägige Tagung statt, die eine fundamentale Kritik des ökonomischen und politischen Gebarens heutiger Staaten und Systeme zu Tage förderte. Bereits der Eröffnungsvortrag des evangelischen Theologen Geiko Müller – Fahrenholz zum Thema «Heimat Erde»[165] forderte eine «franziskanische Wende» nicht nur im individuellen Verhalten, sondern auch für Wirtschaft und Politik. Eindrücklich bleibt mir die Schweigeminute in Erinnerung, in der wir uns vor den vielen Kleinsttieren in unserem Körper verneigen sollten, dank derer wir hier und jetzt leben. Unter dem Titel «Gieriges Geld» unterzog Prof. Dr. Ulrich Duchrow[166] das geltende Wirtschaftssystem einer grundsätzlichen Kritik und wehrte sich vehement gegen den Einwand, dass Geld nicht gierig sein könne, sondern nur Menschen. Er unterstrich in einer ausholenden Replik, dass sich die Gier im kapitalistischen System verselbständigt und institutionalisiert habe: Geld will immer mehr Geld! Es diktiert alles, selbst wider die Vernunft. Der Wiener Christian Felber[167] stellte seine «Ge-

---

[163] http://www.oev2014.de/fix/files/197/doc/OeV%202014%20Mainzer%20 Botschaft%202014-05-04.pdf (Zugriff: Juli 2014). © Stiftung Ökumene.

[164] Zu den Wurzeln und der Geschichte des sogenannten Konziliaren Prozesses siehe: http://de.wikipedia.org/wiki/Konziliarer_Prozess (Zugriff: Juli 2014).

[165] Vgl. Geiko Müller – Fahrenholz, Heimat Erde, Christliche Spiritualität unter endzeitlichen Lebensbedingungen, Gütersloh 2014 (E-Book).

[166] Vgl. das gleichnamige Buch: Ulrich Duchrow, Gieriges Geld: Auswege aus der Kapitalismusfalle; befreiungstheologische Perspektiven, München 2013.

[167] Vgl. Christian Felber, Die Gemeinwohl-Ökonomie: Eine demokratische Alternative wächst, Wien 2012; ders., Geld: Die neuen Spielregeln, Wien 2014.

meinwohlökonomie» vor und fiel auf mit seiner Aussage, dass keiner der westlichen Staaten verfassungskonform sei bzw. gemäss der Verfassung tatsächlich das Gemeinwohl vor Augen habe. Und der Vertreter von «Brot für alle»[168], Beat Dietschy, beschrieb die Dramatik, in der sich der Planet Erde heute befindet. Auch er forderte einen Paradigmenwechsel: weg von der Anthropozentrik hin zur Biozentrik; das Leben in all seinen Erscheinungsformen soll in der Mitte allen Denkens und Handelns stehen. In der Diskussion forderten ich und andere, dass dies auch begrifflich verdeutlicht werden müsse. Tatsächlich verdichte sich im Verhalten zum Tier wie in einem Spiegel das ethische und ökologische Verhalten. Eine bloss inklusive Aussageweise genüge heute nicht mehr. Das Verhalten zum Tier und das damit verbundene Konsumverhalten müssen ausdrücklich benannt werden. Die Verringerung des Fleischkonsums bzw. eine vegetarische Lebensweise wäre, wie das alle Fachleute immer wieder sagten, das wirksamste Mittel, um zum Beispiel die Klimaziele zu erreichen. In der nachstehenden Erklärung, zu deren Unterzeichnern auch ich gehöre und die weit über das hinausgeht, was dieses Buch intendiert, fand dann aber leider dieses Postulat keinen Niederschlag.

Das Schlussdokument

Der seit Jahrzehnten stattfindende ökumenische Prozess für «Gerechtigkeit, Frieden und Bewahrung der Schöpfung» findet einen Ausdruck in einer Reihe Ökumenischer Versammlungen. Durch den jüngsten Aufruf der Vollversammlung des Ökumenischen Rates der Kirchen (ÖRK) in Busan 2013[169] zu einem auf sieben Jahre angesetzten «Pilgerweg der Gerechtigkeit und des Friedens» ermutigt, fanden sich über 500 engagierte Menschen aus Österreich, der Schweiz, Deutsch-

---

[168] http://www.brotfueralle.ch/ (Zugriff: Juli 2014).
[169] Vgl. dazu Kairos Europa e.V., Wirtschaft(en) im Dienst des Lebens; Von den Rändern her in Richtung globale Transformation!; «Pilgerweg der Gerechtigkeit und des Friedens» – Hoffnung auf einen neuen kirchlichen Aufbruch für das Leben, Heidelberg 2014.

land und anderen Ländern (u.a. Ukraine), darunter viele Expertinnen und Experten, in Mainz vom 30. April bis 4. Mai 2014 zusammen. In vielen Workshops, Vorträgen, Open Space-Phasen und Diskussionsforen beschäftigten wir uns mit den aktuellen Problemen unserer kapitalistischen Wirtschafts- und Lebensweise. Mit Papst Franziskus sind wir der Meinung: «Diese Wirtschaft tötet.»[170] Wir suchen eine «Ökonomie des Lebens».

Aspekte von Gerechtigkeit heute

Menschen sind noch immer den Zwängen der Ungleichheit und des Hungers ausgesetzt, obwohl genug für alle da ist. Deshalb setzen wir uns ein:
› für eine weltweite solidarische Sicherung der Grundbedürfnisse eines jeden Menschen,
› für die Angleichung von Einkommen und Vermögen,
› für einen für die heutige und zukünftige Generation gerechten Zugang zu den Ressourcen,
› für eine Geldschöpfung in öffentlicher Hand nach demokratisch gefassten Regeln.

Aspekte von Frieden heute

Menschen befinden sich in einer zerstörerischen Spirale der Gewalt, wie sie mit sich und anderen umgehen. Deshalb setzen wir uns ein:
› für einen sofortigen Stopp von Rüstungsexporten,
› für einen Militärausstieg in Schritten,
› für die Anerkennung von gewaltfreier Kommunikation und ziviler Konfliktbearbeitung als Lebensmaxime.

Aspekte der Bewahrung der Schöpfung heute

---

[170] Papst Franziskus, Evangelii nuntiandi 53 (2013), Freiburg 2014.

Die Menschen, die sich als «Krone der Schöpfung» verstanden haben, sind zur Krone der Erschöpfung der Welt geworden. Deshalb setzen wir uns ein:
> für die Abkehr vom Wachstumsdogma,
> für das Ende der Ausbeutung der Mitwelt (Natur und Mensch),
> für Anerkennung der ökologischen Vielfalt der Kulturen.

Darum ist eine große, gemeinsame Transformation not-wendig
Im Folgenden werden die Aspekte noch weiter ausgeführt.
«Niemand kann zwei Herren dienen ... Ihr könnt nicht beiden dienen, Gott und dem Mammon.» (Mt 6,24)
Wir, als ökumenisch-christliche Basisbewegung, stehen vor einer solchen Entscheidungssituation, die Jesus hier vor 2000 Jahren zum Ausdruck gebracht hat. Die zeitgemäße Übersetzung des aramäischen Wortes Mammon heißt «Kapital». Der entscheidende Zeitpunkt (Kairos) für eine grundlegende Einsicht zu einem bewussten Handeln ist gekommen. Das aktuelle Zivilisationsmodell steht sozial, ökologisch und ökonomisch grundsätzlich in Frage. Frühe jüdische Propheten, Vertreter anderer Weltreligionen und Jesus von Nazareth traten öffentlich auf – so auch wir, weil Gerechtigkeit, Frieden und Ablassen von der Schöpfungszerstörung Anliegen der Menschen-Gemeinschaft sind.

Vision (via positiva)[171]
Die Ökumene ist ein lebendiger Prozess in der Welt. Sie findet ihren Ausdruck in vielfältigen lokalen, regionalen und in-

---

[171] Dieser ineinandergreifende Prozess geht auf Dorothee Sölle zurück: vgl. die Meditation von Fernando Enns zur Eröffnung der Mainzer Versammlung: http://www.oev2014.de/fix/files/999/doc/OeV%202014%20Meditation%20Fernando%20Enns%20-%20Zur%20Eroeffnung.pdf (Zugriff: 2014).

ternationalen Gruppen. Trotz zunehmender Krisen der letzten 30 Jahre und trotz des Mantras der Alternativlosigkeit, das uns die regierungsamtliche Politik einreden will, arbeiten wir weiter, ermutigt und gestärkt durch die Kraft Gottes.

Die Vision vom *Reich Gottes* und die Lebensmaximen von *Schalom*, *Buen Vivir*, *Sangsaeng*, *Humanitas* und *Ubuntu* geben uns eine Vorstellung von dem, was wir uns für die Welt wünschen.

Skandal (via negativa)

Häufig fehlt uns die Rückendeckung von den offiziellen Kirchenleitungen. Auf internationaler Ebene werden von Versammlung zu Versammlung die Kritik an der bestehenden Situation vertieft und Alternativvorschläge erarbeitet. Trotz allen Wissens spielen sie aber im Alltag leider nur eine untergeordnete Rolle.

Der aktuellen gemeinsamen Sozialinitiative des Rates der Evangelischen Kirche in Deutschland und der Deutschen Bischofskonferenz widersprechen wir deshalb in ihrer Akzeptanz eines neoliberalen Sozialstaats mit ökologischem Anstrich. Wir sagen: Unser derzeitiges Wohlstandsmodell und unsere Wirtschaftsordnung sind ethisch und ökologisch nicht akzeptabel.

Das ganze Leben wird von einer kapitalistischen Anhäufungs- und Wachstumslogik beherrscht, die zur «Staatsreligion» geworden ist. Diese beherrscht unseren Alltagsverstand. Zwar erkennen viele, dass wir Nutznießer des Systems sind, aber wir lassen uns immer noch benutzen, dieses System bereitwillig oder gedankenlos zu legitimieren.

Wir machen uns dabei eines Verbrechens gegenüber einem Großteil der Menschheit schuldig. Dieses Verbrechen hat viele Gesichter: Ausbeutung und Missbrauch unserer Mitwelt, soziale Gegensätze (wie z.B. einerseits Hungertote, andererseits Lebensmittelvernichtung), Ausgrenzungsmechanismen, Abwehr schutzsuchender Flüchtlinge («Festung Europa»), Rüstungsproduktion und bewaffnete Konflikte auch für wirtschaftliches Wachstum, die mit unserem Steuergeld finanziert werden.

Herausforderung und Wandel (via transformativa)
Was können Kirchen tun?
Wie wichtig eine Bündelung der Alternativen gerade auch im kirchlichen Bereich ist, haben uns diese Tage wieder eindrücklich vor Augen geführt. Der Realität eines «Guten Lebens» von Wenigen, muss die Realität eines «Gutes Zusammenlebens» aller Menschen entgegengestellt werden.

Dafür sollte die Ökumene die Transformation auf sozialer, ökologischer, ökonomischer und politischer Ebene voranbringen. Wir können dabei auf unsere Fülle an biblischen Überlieferungen, aber auch anderer Philosophien und Religionen zurückgreifen. Das tätige Mitgefühl für die Mitmenschen, die Ehrfurcht vor dem Leben, die Bewahrung und Heilung der Schöpfung, die Gewaltfreiheit, das sind Handlungsansätze für uns, die für eine radikale Veränderung des derzeitigen Zivilisationsmodells sorgen können. Die gestörten Beziehungen zwischen Menschen, zwischen Menschen und Natur, zwischen Vergangenheit und Zukunft, sind nicht durch eine Entwicklung zu überwinden, die die Spaltungen vertieft, sondern im gemeinsamen Schaffen einer weltumspannenden Gesellschaft des «Guten Zusammenlebens».

Kirchengemeinden können Orte der Transformation werden, Werkstätten für soziale, ökologische und gewaltüberwindende neue Wege. Die Pilger auf dem Lernweg der Gerechtigkeit, des Friedens und der Bewahrung der Schöpfung brauchen diese Orte der Einkehr und des Ausprobierens. Wir alle sind deshalb zu Aufbauprojekten, die sich am paulinischen Begriff der «oikodome» inspirieren, aufgerufen, denn jeder Hausbau und Wegabschnitt ist nur gemeinsam zu bewältigen. Wir sind zurzeit auf so einem wichtigen Abschnitt, der *via transformativa*. Gehen und gestalten wir ihn in der Gesellschaft!

Was kann die Zivilgesellschaft tun?
Wir lehnen die derzeitige «marktkonforme Demokratie» ab, stattdessen wollen wir eine demokratiekonforme Wirtschaftsweise und das Abschaffen jeglicher oligarchischer Strukturen. Wir brauchen Verfassungskonformität der Wirtschaft. In unseren Verfassungen sind Kooperation und Gemeinwohl und nicht Konkurrenz, Ausbeutung und profitorientierte Bereicherung festgeschrieben.

In der solidarischen Ökonomie finden sich die beiden Prinzipien «Kooperation statt Konkurrenz» und «Sinn statt Gewinn». Diese erweitert um die Ideen einer gemeinwohlorientierten Ökonomie münden in konkreten politischen Forderungen. Die derzeitige private Geldschöpfung muss in die öffentliche Hand mit demokratisch gefassten Regeln übernommen werden. Jeder Kredit soll an seiner Gemeinwohlorientierung überprüft werden, damit koppelt man die Geldmenge an den Fortschritt einer solidarischen, gemeinwohlorientierten Ökonomie. Das biblische Zins-Verbot und die prophetische Anklage von Nahrungsmittelspekulation sind als konkrete Forderungen zu beachten.

Als weitere konkrete Forderung auf dem Weg ist die Befreiung jedes Menschen auf der Welt aus den Zwängen von Hunger, Krankheit und fehlender Entfaltungsmöglichkeit zu nennen. Daher ist eine solidarische weltweite Grundsicherung umzusetzen. Diese beinhaltet den Zugang zu Nahrungsmitteln, Trinkwasser, Wohnraum, Gesundheitsfürsorge, Bildungseinrichtungen und regionaler Mobilität als Gemeingüter für jeden Menschen. Sie wird durch die Gründung lokaler und regionaler, profitfreier Kooperativen ermöglicht, wie bereits weltweite Beispiele zeigen. Eine solche kann auch die Kirchengemeinde vor Ort sein.

Den Illusionen der kapitalistischen Ökonomie wird damit eine konkrete Alternative entgegengestellt. Diese dezentral verwaltete solidarische Ökonomie kann neben der Ernährungssouveränität auch die Energiesouveränität durch erneuerbare und nachhaltige Energien erreichen. Vor allem im Hinblick auf die CO_2-Reduzierung auf 2 t pro Person pro Jahr und dem 2 Grad-Ziel sind Energiesuffizienz (verantwortungsvoller Verbrauch) und Energiesubsistenz (Selbsterzeugung) wichtig. Daher ist auch eine industrielle Abrüstung vonnöten.

Wir lehnen die aktuell diskutierten transatlantischen Freihandels- und Investitionsabkommen TTIP (EU-USA) und CETA (EU-Kanada) gerade auch vor diesem Hintergrund ab. Sie müssen durch einen breiten und starken zivilgesellschaftlichen Protest und Lobbyarbeit verhindert werden, da sie all die erreichten und noch angestrebten Standards einer Wirtschaft im Dienst des Lebens aushebeln würden. Wir unterstützen daher die zivilgesellschaftlichen Kampagnen, u.a. des Bündnisses «Unfairhandelbar»[172], die dazu aufrufen, die Europawahl zur Entscheidung gegen das TTIP und CETA zu nutzen. Wir brauchen Strukturen, die faires Handeln wirklich ermöglichen und die sich an ökologischen, sozialen und friedensfördernden Bedingungen messen lassen müssen.

Wir regen an, dass das Ökumenische Netz in Deutschland einlädt zu einer Strategiekonferenz mit den Gewerkschaften, sozialen Bewegungen und allen Initiativen, die sich für die große Transformation der Gesellschaft einsetzen.

---

[172] http://www.ttip-unfairhandelbar.de/ (Zugriff: Juli 2014).

Entschieden widersprechen wir dem militärischen Engagement der Bundesrepublik Deutschland und aller anderen Länder. Aus dem Teilnehmerkreis der Ökumenischen Versammlung wurde eine Idee einer Arbeitsgruppe eingebracht, die sich aus Fachleuten der zivilen Konfliktbearbeitung, des Entwicklungsdienstes, von Organisationen der alternativen Ökonomie und Ökologie und der Friedensbewegung zusammensetzen soll. Aufgabe wäre ein Konzept für den Militärausstieg – Friedenssicherung und Schutzverantwortung ohne Militär – zu erarbeiten. Dieses wird zur öffentlichen Diskussion gestellt. Die Ächtung der Drohung und Anwendung von militärischer Gewalt in Konflikten ist die Voraussetzung, dass internationale völkerrechtliche Vereinbarungen zum Schutz des Weltklimas und einer fairen Weltwirtschaft endlich zu Stande kommen. Zudem ist es notwendig für die überfällige Beendigung der skandalösen Rüstungsforschung, -produktion und -export.

Die technologische Entwicklung hat einen Stand erreicht, der die umfassende Überwachung ermöglicht. Durch die Enthüllungen bezüglich NSA und anderer Geheimdienste ist bekannt, dass diese Möglichkeiten auch genutzt werden. Wir lehnen jegliche Art der Überwachung ab und fordern den Schutz der Privatsphäre.

Die universale Achtung der Menschenrechte lässt keinen Raum für ihre Einschränkung oder Nichtbeachtung. Menschenrechtsverletzungen müssen benannt, zur Anklage gebracht und bestraft werden, von wem und an wem auch immer sie begangen werden.

Fraglos ist es für das Überleben der Menschheit elementar, dass wir unseren Kindern und Enkeln ermöglichen, das sie das, was sie beim Eintritt in diese Welt mitbringen, weiter entfalten können: ihr urwüchsiges Vertrauen, ihre Neugierde auf die Welt, ihre Freude und Kreativität. Der Wandel von Lebenseinstellungen in unserer Kultur, zu der auch das Bildungswesen gehört, vollzieht sich durch die Begegnung auf Augenhöhe, der Gleichwertigkeit der Meinungen und gegenseitiger Wertschätzung. Damit wird den Kindern der Raum geöffnet, Vielfalt stärker als Chance begreifen zu können. So können sie in achtsamem, vertrauens- und liebevollem Umgang miteinander zu Konsenslösungen kommen. Das ist die kulturelle Voraussetzung für friedlichen, Kriege ausschließenden Umgang miteinander. So leben wir unsere Allverbundenheit in heilsamer Weise. Wir haben uns auf diesen Weg begeben und bitten dabei um die Unterstützung aller gesellschaftlichen Kräfte, die sich für das Überleben der Menschheit engagieren und bieten allen diesen Kräften unsere Unterstützung an.

Was kann die/der Einzelne tun?
Die Frage des «Genug» ist eine sehr persönlich zu beantwortende Frage. Deswegen haben Teilnehmerinnen und Teilnehmer der Versammlung eine konkrete Selbstverpflichtung verfasst.

Selbstverpflichtung:
Hiermit verpflichte ich mich, —————————————— , zu einem persönlichen Aufbruch. Ich will am sieben Jahre langen Pilgerweg der Ökumene zu Gerechtigkeit, Frieden und Bewahrung der Schöpfung teilnehmen.
Ich verpflichte mich daher:
> einen Lebensstil anzustreben, der ein «Gutes Zusammenleben» aller Menschen ermöglicht,
> Gemeingüter wie Wasser, Land und Luft zu schützen, mir Wissen anzueignen, dieses mit anderen zu teilen und dadurch Strukturzusammenhänge (wie z.B. der Schere zwi-

> schen Arm und Reich und ungleich verteilte Ressourcennutzung) zu erkennen und zu verändern,
> › zu einer Ökumene des Miteinanders aller Religionen und Weltanschauungen gegen Intoleranz und gruppenbezogene Menschenfeindlichkeit,
> › zu größerer Wertschätzung von allen Formen von Arbeit,
> › zu einer Willkommenskultur für Schutzsuchende und Flüchtlinge,
> › zu einer Überprüfung des eigenen Konsumverhaltens und zum Teilen eigener finanzieller Mittel,
> › zu einer Weitergabe der oben genannten ethischen Lebensmaximen in der eigenen Familie und im engsten Umfeld.

Allein schaffen wir das nicht. Wir brauchen einander und wir brauchen den göttlichen Beistand auf unserem Weg der Transformation.

Mit den Worten von Dorothee Sölle können wir beten:

Ich dein Baum

Nicht du sollst meine probleme lösen
sondern ich deine gott der asylanten
nicht du sollst die hungrigen satt machen
sondern ich soll deine kinder behüten
vor dem terror der banken und militärs
nicht du sollst den flüchtlingen raum geben
sondern ich soll dich aufnehmen
schlecht versteckter gott der elenden

Du hast mich geträumt gott
wie ich den aufrechten gang übe
und niederknien lerne

schöner als ich jetzt bin
glücklicher als ich mich traue
freier als bei uns erlaubt

Hör nicht auf mich zu träumen gott
ich will nicht aufhören mich zu erinnern
dass ich dein baum bin
gepflanzt an den wasserbächen
des lebens[173]

Diese Ökumenische Versammlung erfordert eine Fortsetzung in 3-4 Jahren zur Überprüfung der eingegangenen Verpflichtungen und Vorhaben.

Mainz, am 4.Mai 2014
Übergeben an den ÖRK zu Händen von Dr. Martin Robra

---

[173] In: Dorothee Sölle, Loben ohne lügen. Gedichte. © Wolfgang Fietkau Verlag Kleinmachnow.

Kapitel 13:
... Und abermals krähte der Hahn – Glaubwürdig, nachprüfbar, transparent und dauerhaft die Schöpfung bewahren

[Redaktionelle Vorbemerkung]

Zum Abschluss dieser Dokumentation über ökologisch orientiertes Fasten soll am Ende dieses umfassende Managementprogramm stehen. Es hat zwar nichts zu tun mit Fasten, dennoch lohnt es sich, diese Initiative etwas näher zu würdigen. Denn Fasten ist ja nur ein Praxisfeld neben anderen und darf nicht isoliert gesehen werden. Zudem hat «der Grüne Gockel» auch nicht direkt tierethische Ziele. Aber er wäre gut beraten, wenn er nicht den gleichen Fehler machte wie so viele andere gutgemeinten Initiativen und Massnahmen der Kirchen. Tiere (Marder, Fledermäuse, Vögel, Insekten ...) suchen auch in Kirchen Unterschlupf. Ihr Wohl gilt es zu beachten, sie sind zu schonen, und eine ökologische Gesamtbetrachtung wird sich um sie kümmern müssen. Nur tierfreundliche Kirchgemeinden werden den ökologischen Anforderungen genügen können.

Die Benennung dieser ökologischen Initiative verweist auf den biblischen Hahn, der in der Leidensgeschichte Jesu eine besondere Symbolik bekommen hat (vgl. Mt 26, 34fpar; Joh 18, 27) und deswegen von vielen Kirchtürmen herunter seine mahnende Botschaft verkündet. Wie Petrus sind auch die Kirchen immer wieder der Versuchung erlegen, Jesus und sein Evangelium zu leugnen. Bis heute gibt es grosse Teile der Kirchen, die die Verantwortung für die Schöpfung und für die Tiere leugnen und vergessen, dass nach dem Markusevangelium die Verkündigung «allen Geschöpfen» gilt (Mk 16, 15).

Der Grüne Gockel ging von den Baden-Württembergischen Landeskirchen aus und hat dann auch andere Landeskirchen und katholische Bistümer erfasst. Inzwischen ist er auch in der Schweiz vertreten, wo er «Grüner Güggel» heisst.

Der Grüne Gockel[174]

In der Evangelischen Landeskirche in Württemberg können Kirchengemeinden und kirchliche Einrichtungen ihr Umweltmanagement mit dem Zertifikat «Grüner Gockel» validieren lassen.

Bewahrung der Schöpfung ist eine zentrale Aufgabe der Kirche. Umweltmanagement stellt einen systematischen Weg dar, dieser Verantwortung gerecht zu werden und Umwelthandeln in kirchlichen Strukturen und Arbeitsabläufen zu verankern.

Der Grüne Gockel als zugehöriges Zertifikat ist konform mit der Europäischen Verordnung EMAS (eco management and audit scheme[175]). Er berücksichtigt kirchliche Rahmenbedingungen mit Hilfe von ehrenamtlichen kirchlichen Umweltauditoren und -auditorinnen sowie landeskirchlichen Geschäftsstellen zur Unterstützung der Gemeinden und Einrichtungen.

Der Grüne Gockel ist somit ein Beitrag zu einer schöpfungsgerechteren Zukunft und ein Schritt zu einer Kirche mit Zukunft.

Der Grüne Gockel bedeutet:
> systematische Erfassung von direkten und indirekten Wirkungen des Gemeindelebens auf die Mit- und Umwelt,
> Stärkung der Kommunikation innerhalb der Gemeinde,
> Öffentlichkeitswirksamkeit,
> fundierte Bewertung von Einsparpotenzialen,
> Ergreifen effizienter Maßnahmen,
> stetige Verbesserung der Umweltbilanz,
> ökologisches Haushalten der Gemeinde.

---

[174] http://www.elk-wue.de/arbeitsfelder/umwelt-und-schoepfung/gruener-gockel/ (Zugriff: August 2014).
[175] http://www.emas.de/, (Zugriff: August 2014).

Nach ersten positiven Erfahrungen beschloss die Synode der Evangelischen Landeskirche in Württemberg im Herbst 2002 die flächendeckende Einführung.

Bundesweit wurden bis Anfang 2005 mehr als 100 Kirchengemeinden und kirchliche Einrichtungen nach EMAS oder dem »Grünen Gockel« validiert, rund 200 befinden sich im Prozess.

Das Kirchliche Umweltmanagement ist heute ein ausgereiftes System mit kontinuierlicher Weiterentwicklung. Beteiligte Landeskirchen und Diözesen haben sich im ökumenischen Netzwerk «Kirchliches Umweltmanagement»[176] (KirUm) zusammengeschlossen. Der Grüne Gockel ist somit aktive Ökumene.

Grüner Güggel[177]

Kirchliches Umweltmanagement, Pilotprojekt 2014 – 2016 für Kirchgemeinden, Pfarreien, Fachstellen, Missionen ...
«Eine Erhebung der oeku in rund 200 Schweizer Kirchgemeinden hat gezeigt, dass allein zum Beheizen der Kirchen jährliche Heizkosten von durchschnittlich 25 Franken pro Sitzplatz anfallen.»

1. Ausgangslage

Das Potenzial ist gross: Wenn man allein in den ca. 50 katholischen Kirchgemeinden im Kanton Thurgau mindestens eine Kirche und ein weiteres Gebäude pro Kirchgemeinde rechnet, so sind es schon über hundert Bauten. Dazu kommen noch die Missionen und die Fachstellen. Das kirchliche Umweltmanage-

---

[176] http://www.kirum.org/, (Zugriff: August 2014).
[177] http://www.kath-tg.ch/aktuell/beitrag/items/1852.html, (Zugriff: August 2014).

mentsystem (UMS) mit der Möglichkeit des Zertifizierens (Grüner Güggel) will einerseits die Energieeffizienz dieser kirchlichen Liegenschaften erhöhen (im Sinne einer Optimierung des Bestehenden), andererseits analysiert das UMS alle möglichen Bereiche, die Einfluss auf die Umwelt haben, und geht damit weit über die reine Bewirtschaftung der Liegenschaften hinaus (z.B. Papierverbrauch, Abfallaufkommen, Beschaffungswesen, Umgebungsgestaltung, Mobilität ...).

Das kirchliche Umweltmanagement bietet die nötige Unterstützung, Fachwissen und Erfahrung, um nachhaltig Ergebnisse zu erzielen und den ökologischen Fussabdruck zu verringern. Die Bewahrung der Schöpfung wird so glaubwürdig zu einem wichtigen Ziel.

2. Das kirchliche Umweltmanagementsystem (UMS) – was ist das?

Das UMS ist ein Verfahren zur Reduzierung negativer Auswirkungen auf die Umwelt und Initiierung eines kontinuierlichen Verbesserungsprozesses hinsichtlich einer nachhaltigeren Gemeindeführung. Dabei bestimmt die Gemeinde Prioritäten und Tempo selber.

Der *Ablauf:*

1. Leitungsgremium (KV, Pfarreileitung) beschliesst Einführung des UMS;
2. Bestellung eines Umweltteams (3 – 6 Personen), daraus eine Person als Umweltbeauftragte/r;
3. Umweltberater führt und begleitet das Umweltteam durch alle Schritte des UMS;
4. Erstellung einer Umweltpolitik (Schöpfungsleitlinien), Definition baulicher und thematischer Systemgrenzen, Durchführen einer Bestandsaufnahme;
5. Erstellung eines Umweltprogramms (was in den nächsten drei Jahren umgesetzt wird) sowie Festlegung von Ver-

antwortlichkeiten; (krönender) Abschluss: Umwelterklärung, Gemeinde erhält eine Auszeichnung.

Zeitlicher Aufwand: ca. 8–10 Sitzungen/Jahr und diverse Aufgaben wie Begehungen ...
Für die *Erhebung und die Auswertung der Daten:* Erfassungsprogramm grünes Datenkonto (kostenlos für Mitglieder der oeku).
Beizug von Fachpartnern ist möglich und erwünscht, z. B. oeku[178] – kirchliche Arbeitsstelle Kirche und Umwelt (Bern), Emil Giezendanner, Baumann Akustik, Bauphysik AG (Dietfurt) u. a.
Themen, welche in einem UMS *Grüner Güggel* angeschaut werden (können):
> Energiemanagement (Wärme, Strom, Wasser, Heizungssteuerung, Beleuchtung, Geräte ...),
> Beschaffung von Material (Papier, Reinigungsmittel, Blumen, Renovationen, Essen, Getränke, Geschirr ...),
> Entsorgung (Menge, Art und Weise, Inhalt),
> Mobilität (Verkehrsmittel, Fahrzeuge, Anzahl Fahrten, Anlässe, Reisen, Ausflüge, CO2-Ausstoss ...),
> Liegenschaften (Biodiversität, Förderung von Lebensräumen für Pflanzen und Tiere),
> Bildung (Predigten, Religionsunterricht, Kurse, Seminare, Gruppen ...),
> Geldanlagen (Nachhaltigkeit ...)

«6500 Kirchengebäude gibt es in der Schweiz, und deren Energiesparpotenzial ist enorm. Emil Giezendanner, Architekt, rechnet mit Einsparmöglichkeiten von jährlich 100 000

---

[178] http://www.oeku.ch, (Zugriff: August 2014).

MWh oder 15 Millionen Franken. Dies entspricht dem jährlichen Strombedarf von 20 000 Haushalten.»
Aus: Oeku; Positivbeispiele 2009

3. Der Nutzen:
> Energetische und sonstige Einsparungen bis zu 15 % allein durch Änderung des Nutzungsverhaltens.
> Umweltrelevante Daten ermöglichen weitere betriebliche oder allenfalls bauliche Verbesserungen.
> Professionelle Leitung des Projektes durch Andreas Frei.
> Der UMS Grüner Güggel ist in der Anwendung ein erprobtes Instrument.
> Gewinnung von neuen, motivierten Mitwirkenden.
> Vorbild und Glaubwürdigkeit zum Thema Bewahrung der Schöpfung nach innen und aussen.
> Ein kontinuierlicher Verbesserungsprozess wird eingeleitet.
> Veröffentlichung der Resultate und evtl. Zusammenarbeit mit anderen (Energiestadt, Lokale Agenda 21, Evang. Kirche).

4. Pilotprojekt mit ausgewählten Kirchgemeinden/Pfarreien
Gesucht werden mindestens 4–5 Kirchgemeinden/Pfarreien, die das UMS *Grüner Güggel* einführen. Die Erfahrungen und Ergebnisse sollen auch der Landeskirche als Grundlage dienen, ob und in welcher Form der *Grüne Güggel* (oder eine Anpassung) längerfristig angeboten werden kann. Ideal dazu wären unterschiedlich grosse und strukturierte Kirchengemeinden.

5. Resultat
> Bericht (ca. 10-20 Seiten) mit Auswertung, Kommentar, Schlussfolgerungen,

> Jede erfolgreiche Kirchgemeinde/Pfarrei erhält eine Auszeichnung, die auch publik gemacht wird.

6. Zeitplan

> Sommer 2013 Ausschreibung Projekt
> Bis Ende September Meldung von Interessenten
> Umweltkommission stellt an der Wintersynode den Antrag auf eine Mitfinanzierung des Projektes
> Bis Ende Dezember 2013: Entscheidung über Durchführung/weiteres Vorgehen
> Anfang 2014: Geplanter Start des Projektes
> Projektdauer inklusive Auswertung: ca. 2 Jahre

7. Budget

Für Projektleitung (Vorarbeit, Projektleitung, Begleitung Umweltteams, Auswertung) und Sonstiges ist mit ca. CHF 1900.– pro Jahr (für zwei Jahre CHF 3800.-) zu rechnen, vorausgesetzt, die Landeskirche beteiligt sich hälftig an der Finanzierung. Die Kommissionsmitglieder arbeiten ehrenamtlich.

8. Projektorganisation

Wer	Funktion
Mitglieder Kommission Kirche und Umwelt	Projektlancierung und -begleitung, Finanzierung, PR, Berichterstattung landeskirchliche Gremien
Andreas Frei, Jg. 1965, Umweltberater WWF, Pfarrer (Universität Zürich)	Ausarbeitung Grundlagen Projekt, Projektleitung

*Liebe Kollegen und Kolleginnen im kirchlichen Dienst
im Kanton Thurgau,*

Ihr habt bestimmt schon im Rahmen von pastoralen Themen, zum Beispiel der Schöpfungszeit, Organisation von Anlässen, Predigten, Bittgängen, Tiergottesdiensten, Unterricht, Kursen... Aspekte von Umwelt- und Tierschutz bedacht und eingebracht. Euch ist es vielleicht angesichts der globalen Herausforderungen sowieso schon ein Anliegen, lokal im Sinne unserer Verantwortung für die Schöpfung einen verträglicheren Umgang zu unterstützen. Auch Papst Franziskus hat dies betont. Wie unsere Umfrage 2011 gezeigt hat, haben einige Kirchengemeinden auch schon Projekte in diese Richtung umgesetzt. Meistens geschieht das eher zufällig, wenn man auf etwas stösst oder etwas sich gerade anbietet. Nun möchte die Kommission Kirche und Umwelt das Schöpfungsanliegen mit dem grünen Güggel fördern und bittet Euch um Unterstützung:

Mit dem kirchlichen Umweltmanagementprojekt «Grüner Güggel» gibt es eine erprobte und konkrete Möglichkeit, wichtige Bereiche der Kirchengemeinde/Pfarrei einmal systematisch auf Umweltverträglichkeit zu untersuchen, selber festzulegen, welche Massnahmen in welchen Bereichen zu ergreifen sind, und diese dann auch umzusetzen. Bei allen Schritten werdet Ihr professionell unterstützt durch den Umweltberater Andreas Frei, der mit uns das Projekt entworfen hat.

Erfahrungen mit dem Grünen Güggel zeigen, dass nicht nur wesentliche Verbesserungen hinsichtlich der Schonung von Ressourcen (Energie und Material) und Förderung von Lebensräumen für Menschen, Tiere und Pflanzen erreicht werden können, sondern auch mit nicht unerheblichen finanziellen Einsparungen zu rechnen ist. Zudem können mit einem solchen Projekt auch am Umweltthema interessierte

Menschen als Freiwillige gewonnen werden, und die Pfarrei/ Kirchengemeinde/Stelle setzt mit ihrem Beitrag ein ermutigendes und positives Zeichen einer Kirche, die sich den Zeichen der Zeit stellt.

Der Grüne Güggel soll 2014 als Pilotprojekt starten können.

Alle kath. Kirchgemeinden im Kanton Thurgau (Präsidium, Pflegeramt) haben auch diese Einladung zum Projekt erhalten. Wir bitten Euch, zusammen mit ihnen zu überlegen, ob Ihr mit Eurer Pfarrei, Stelle, Kirchgemeinde, Pastoralraum, Mission ... mitmachen möchtet. In der Beilage findet Ihr genauere Angaben zum Verlauf und zu den Kosten. Gerne stehen ich oder auch weitere Kommissionsmitglieder für Fragen zur Verfügung.

Wenn Ihr Euch für eine Teilnahme interessiert, müsst Ihr Euch zunächst einfach bei mir bis Ende September 2013 melden und vorsorglich Fr. 1900.- für 2014 ins Budget aufnehmen lassen. Durchgeführt wird das Projekt nur, wenn genügend Kirchengemeinden/ Pfarreien mitmachen, und ein Anteil der Finanzierung durch die Landeskirche gesichert ist. Das wird sich bis Mitte Dezember entscheiden.

Der Grüne Güggel ist die Gelegenheit, die Schöpfung konkret und wirkungsvoll in Eurer Gemeinde, Eurem Umfeld zu würdigen, zu bewahren und sich daran zu erfreuen. Gleichzeitig ermöglicht Ihr damit, das Schöpfungsanliegen überregional zu verankern. Wir würden uns sehr über Euer Mitmachen und eine fruchtbare Zusammenarbeit freuen.

Herzliche Grüsse
im Namen der Kommission Kirche und Umwelt
und Umweltberater Andreas Frei
Gaby Zimmermann, Präsidentin

Teil 3:
Spirituelle Impulse für die Fastenzeit

In diesem dritten Teil möchte ich spirituelle Impulse für die Fastenzeit anbieten. Solche Impulse könnte man auch meinem Buch über das zwiespältige Verhältnis zum Tier entnehmen[179], ebenso aus meinem Gebetbuch[180], dessen Neuauflage die Schöpfungsspiritualität vermehrt ins Gebet einbezieht. Aber auch verschiedene Abschnitte dieses Buches können für den meditativen Vollzug der Fastenzeit genutzt werden. In diesem Teil folgt zunächst der «Kreuzweg der Schöpfung», den ich 2009 für das deutsche Hilfswerk Misereor geschrieben habe, und dann 40 Texte aus den Schriftmeditationen, die allesamt 2013 und 2014 im «Katholischen Sonntagsblatt», dem Magazin für die Diözese Rottenburg-Stuttgart, erschienen sind. Den Abschluss bildet die AKUT-Charta, die in der Fastenzeit 2014 veröffentlicht und auf Facebook begleitet wurde.

---

[179] Anton Rotzetter, Streicheln, mästen, töten. Warum wir mit den Tieren anders umgehen müssen, Freiburg im Br. 2012, 143–192.
[180] Anton Rotzetter, Gott der mich atmen lässt, Freiburg 2012.

Kapitel 14:
«Heute noch wirst du mit mir im Paradies sein!» (Lk 23,43) – Kreuzweg der Schöpfung[181]
Anton Rotzetter

[Redaktionelle Vorbemerkung]

Dieser Kreuzweg erschien erstmals 2009 als Baustein der Fastenaktion von MISEREOR[182] unter der gemeinsamen Verantwortung von Prof. Dr. Josef Sayer und der Sachbearbeiterin Vera Krause. Im Allgemeinen wurde er in Deutschland gut aufgenommen. Doch erregte er den leidenschaftlichen Widerspruch des Vorsitzenden des Deutschen Bauernverbandes, Gerd Sonnleitner, der nichts weniger als die Zurücknahme des Textes von Misereor bzw. der Deutschen Bischöfe verlangte. Prof. Dr. J. Sayer legte alle seine Kraft in die Verteidigung des Kreuzweges. Dennoch erreichte der Bauernverband, dass sich die bayrischen (Erz)Bischöfe offiziell von meinem Text distanzierten. Aus einem bayrischen Generalvikariat wurde in einem Brief argumentiert, dass es theologisch nicht angeht, das Leiden Christi mit dem Leiden der Tiere zu vergleichen. Darauf gab ich unter anderem folgende Antwort:

> Es ist Ihnen ganz offensichtlich entgangen, dass bereits die Bibel und unsere ganze spirituelle Tradition, die ich – wie Sie vielleicht wissen – gut kenne, eine solche Parallelisierung vorgenommen haben. Jeden Tag sprechen Sie das «Agnus Dei», dessen Ursprung beim Propheten Jesaia (53,7f) nachzulesen ist: «Er wurde bedrängt, und er ist gedemütigt worden, seinen Mund aber hat er nicht aufgetan wie ein Lamm, das zur Schlachtung gebracht wird, und wie ein Schaf

---

[181] Erstveröffentlichung in den Misereor-Bausteinen 2009: http://www.oeku.ch/de/documents/Kreuzweg_der_Schoepfung.pdf (Zugriff: Juli 2014). – auch als CD und gedrucktes Heft herausgegeben.

[182] http://www.misereor.de/ (Zugriff: Juli 2014).

vor seinen Scherern verstummt. Und seinen Mund hat er nicht aufgetan.» Dieser Text wurde im Neuen Testament mehrfach auf Jesus angewandt, um das schreckliche Geschehen um Jesus zu deuten (vgl. Apg 8, 32). Dabei ist das nur eine Linie, welche auf das Agnus Dei verweist, neben vielen anderen. Ein anderer Text, der zur Deutung des Kreuzestodes herangezogen wurde, ist Ps 22,7: «Ich aber bin ein Wurm und kein Mensch, der Leute Spott und verachtet vom Volk». In diesem Text ergreift – so wenigstens in der geistlichen Tradition der Kirche – der am Kreuz hängende Christus selbst das Wort, um sich mit dem Wurm zu identifizieren. Die Parallelisierung, die ich in meinem Kreuzweg vollziehe, liegt auf dieser Linie. Nur ziehe ich nun die Konsequenzen daraus: die Identifizierung darf nicht nur vom Tier zu Jesus hin verlaufen, sie muss auch umgekehrt funktionieren. Aber wann endlich übersteigt die Kirche die bloss symbolische und bildliche Rede – hin zur Realität? Wurm und Lamm müssten doch auch etwas abbekommen von dem, was sie bezeichnen. Franz von Assisi hat uns dies in vielen Beispielen vorgelebt ...

Eine solche Konsequenz ist heute angesichts der grossen Krisen (Klima, Hunger, Ökologie...) unbedingt notwendig. Seit 30 Jahren schon kennen wir den Zusammenhang zwischen Hunger und unserem tagtäglichen Fleischkonsum. Ich stelle fest, dass gerade die Kirche bzw. ihre Vertreter diesbezüglich unsensibel sind. Wenn die Kirche heute noch etwas zu sagen haben will und dies in einem prophetischen Sinn, dann muss sie in allen Bereichen die Stimme ergreifen, in denen das Geschöpf, der Mensch, das Tier, die Pflanze leidet. Die Inkarnation und auch Kreuz und Auferstehung sind bis in die letzten Verästelungen der Schöpfung hinein zu interpretieren ...

Einige Jahre später traf ich den Erzbischof von Bamberg, Dr. Ludwig Schick. Da er im Jahr 2012 am Mannheimer Katholikentag «für eine prophetische Kirche»[183] am gleichen Podium wie ich teilnahm und bei diesem An-

---

[183] http://www.leben-in-fuelle-fuer-alle.de/aktuell_katholikentag.htm (Zugriff: Juli 2014).

lass einen guten Impuls gab, sprach ich ihn auf diesen Rückzug an. Zu meinem Erstaunen wusste er nichts davon. Offenbar sind da subalterne Kräfte am Werk, die über die Bischöfe hinweg entscheiden, was als kirchliche Andachtsform gelten kann und was nicht.

Theologische Hinführung

Das Matthäusevangelium deutet den Tod Jesu als endgeschichtliches Ereignis. In der Reihenfolge des Erzählens gehen der Leidensgeschichte die endzeitliche Rede Jesu und darin das Endgericht voraus. Und auch der Tod Jesu selbst wird als kleine Apokalypse inszeniert: die Sonne verfinstert sich, die Erde bebt, die Gräber öffnen sich, die Toten stehen auf (vgl. Mt 27, 57ff). All das sind Zeichen dafür, dass die Macht des Todes gebrochen ist und das Leben seinen Siegeslauf beginnt. Der Tod Jesu ist demnach ein kosmisches Ereignis, nicht nur ein solches, das für den Menschen Bedeutung hat.

Ähnliches steht hinter Jesu Zuspruch für einen der Männer, der neben ihm gekreuzigt wird: «Heute noch wirst du mit mir im Paradies sein!» (Lk 23,43). Die Worte weisen darauf hin, dass mit dem Tod Jesu der ursprüngliche Schöpfungsplan Gottes in Kraft tritt. In den beiden poetischen Schöpfungserzählungen am Anfang der Bibel (Gen 1 und 2) werden uns dazu Bilder angeboten, die als Gegenbilder dienen können zu unserer Welt, die allzu oft geprägt ist von (Umwelt-)Zerstörung in vielerlei Ausdrucksformen. Die biblischen Texte malen das Bild einer ganz anderen Welt: das Bild der Welt als gute Schöpfung Gottes. – Die Erzählungen der Bibel sagen uns:

1. Gott will, dass die Schöpfung das Zuhause aller Menschen in allen Völkern ist.
2. Gott will, dass jeder Mensch aufgehoben ist in einem gu-

ten, sinnvollen Ganzen. Der Mensch soll gottunmittelbar sein: sein Bild, sein Gleichnis, sein Sohn, seine Tochter.
3. Gott will, dass jeder Mensch im Einklang lebt: mit sich selbst, mit anderen, mit der Schöpfung.
4. Gott will, dass Mann und Frau auf Augenhöhe leben: gleichrangig, gleichwertig, geachtet, umarmt, geliebt – einander bereichernd.
5. Gott will, dass kein Lebewesen leiden muss.
6. Gott will, dass die Menschen mit der Schöpfung verbunden leben und nie vergessen, dass sie Erdlinge sind: von der Erde genommen, in sie eingebettet. Nur in dieser Verbundenheit bleibt der Mensch, was er ist: Erde, die Gott erhoben und mit dem Atem des Lebens beschenkt (vgl. Gen 2,7 – 8) hat.

Auch von Jesus ist uns eine schöpfungsverbundene Lebensweise überliefert, sehr elementar: «Er weilte unter wilden Tieren, und Engel kamen und dienten ihm» (Mk 1,13). Jesus verweist damit auf die prophetische Verheißung, dass es einen Zustand geben wird, in dem das Lamm neben dem Panther oder das Kind neben der Schlange leben kann, ohne dass das Leben des einen durch die Existenz des anderen bedroht ist (vgl. Jes 11,6.8). Im Augenblick seines Todes noch hat Jesus dieses Ziel vor Augen, für das sich zu leben und zu sterben lohnt: «Heute noch wirst du mit mir im Paradies sein».

Grundsätzlich wird diese Aussage, wenn wir das Christusereignis von seinem innersten Kern her zu deuten versuchen: Wir glauben, dass Gott in Jesus von Nazaret Mensch geworden ist, «Fleisch», wie das Johannesevangelium sagt. Gott ist also in Jesus in das absolute Gegenteil seiner selbst eingetreten: in Not und Tod der Erde, nicht nur des Menschen, sondern auch all dessen, was von der Erde genommen ist und zur Erde gehört. Gott hat sich «eingefleischt» in die Erdgeschichte, in das Zeitliche, Irdische, Vergängliche, Verfallende. An Ostern wird der Tod ins Leben, das Zeitliche ins Ewige, das Irdische ins Himmlische, das Verfallende in das Unzerstörbare gewendet. Dahin sind wir auch in dieser Fastenzeit unterwegs, damit wir dem Tod entgegensingen können: «Wo ist dein Sieg? Wo ist dein Stachel?» (vgl. 1 Kor 15, 55). Von dieser Einsicht her kann der Kreuzweg auch als Kreuzweg der Schöpfung nachgegangen werden:

Im Leiden Jesu kommt uns das Leiden der durch Menschenhand zunehmend zerstörten Schöpfung als Ganzer entgegen. Jesus ist der Kreuzträger aller leidenden Kreatur; seine Stimme aus der Mitte des Leids ist auch ihre Stimme: gebrochen, kaum hörbar oder schreiend, voller Tränen und Schmerz – mit letzter Hoffnung. So ist es Jesus selbst, der in dieser Kreuzwegandacht das Leiden der Schöpfung im Gebet zum Ausdruck bringt: als Klage, die uns wachrütteln will, aktiv zum Heil der Welt beizutragen. – Machen wir uns gemeinsam mit MISEREOR auf den Weg!

Die Kreuzwegandacht

L = Leiter/in
C = der leidende Christus (Sprecher/in, nach Möglichkeit herausheben, indem die Person z.B. Umhang/liturgisches Gewand, Fessel, Dornenkrone etc. bei sich trägt)
A = Alle

Beginn
L: Jesus Christus, der leidvoll den Kreuzweg geht, ist mitten unter uns ...
A: ... und mit der ganzen Welt.

L: Wir singen gemeinsam das Lied/wir sprechen gemeinsam den Liedtext: Wir ziehen vor die Tore der Stadt (= KGB 377/ GL 225)

L: Wir wollen die Stimme Jesu hören:
C: Mensch,
betrachte nicht nur dein Leiden,
betrachte auch das Leiden der anderen.
Mensch,
betrachte nicht nur mein Leiden,
betrachte auch das Leiden der ganzen Schöpfung.
Ich will,
dass euer Blick nicht am Himmel haften bleibt.
Ich will,
dass ihr mit offenen Augen in der Welt steht.
Darum
bin ich Mensch,
leidender Mensch.
Mensch,
sei mit mir Mensch,
mitleidender Mensch.

1. Station: Verurteilt, dem Tod geweiht

L: 1. Station: Verurteilt, dem Tod geweiht.
C: Was tust du da, Pilatus?
Du urteilst, ohne die Konsequenzen zu bedenken;
unbekümmert verhängst du den Tod.
Über mich,
über das Leben.

Mensch,
solltest du leiden unter dem Urteil anderer?
Solltest du dem Tod anheimgegeben sein?

Glaube: Ich bin an deiner Seite,
und wäge dein eigenes Urteil.

Mensch,
du sagst: «Unkraut!» – Aber hat nicht jedes Kraut ein Recht auf Leben?
Du sagst: «Der Wolf hat unsere Schafe gerissen.» – Aber wäre dieses Schaf nicht auch auf deinem Tisch gelandet?
Du sagst: «Wirtschaftsflüchtling!» – Aber hat nicht deine Politik ihn aus seiner Heimat vertrieben?

Ach, wenn du doch wüsstest, was du mit deinen Urteilen auslöst!
Ach, wenn du doch spürtest, dass auch deine Tage gezählt sind!

STILLE

L: Mitten unter uns steht Christus, unerkannt.
A: Gesungen (oder gesprochen) KGB 619: Was ihr dem geringsten Menschen tut, das habt ihr ihm getan.

2. Station: Belastet und beschwert

L: 2. Station: Belastet und beschwert
C: Mensch,
solltest du die Last der anderen tragen müssen,
glaube: Ich bin an deiner Seite.
Doch bedenke:
Was bürdest du anderen auf?
Weißt du, was es heißt, überlastet zu sein?
Belastet die Luft,
belastet das Wasser,
belastet der Boden.

Du fliegst in die Ferien,
du willst billiges Fleisch auf dem Tisch,
du lässt die kostbare Energie zum Fenster raus.
Ach, wenn du doch so lebtest, dass keine
Last entstünde für Pflanzen, Tiere, Menschen.
Ach, wenn du dich doch einfühltest in die,
denen du die Folgen deines Tuns aufbürdest.
Ach, wenn du nur so viel bewirktest, dass
du deine Lasten selber tragen könntest.

STILLE

L: Mitten unter uns steht Christus, unerkannt.
A: Gesungen (oder gesprochen) KGB 619: Was ihr dem geringsten Menschen tut, das habt ihr ihm getan.

3. Station: Zusammenbrechen

L: 3. Station: Zusammenbrechen.
C: Zu viel ist zu viel.
Ich bin zusammengebrochen unter der Last,
und solltest du zusammenbrechen,
glaube: Ich bin bei dir.
Doch siehe, Mensch,
dass zu viel ist,
was du dem Lebensraum Erde zumutest:
Das Meer – in einigen Jahren leergefischt.
Die Lerche auf dem Feld – verstummt.
Die Bäume – tot.
Überschwemmungen,
vernichtende Stürme,
Hungerkatastrophen.
Ach, wenn du es doch nachempfändest,
dieses Zuviel.

Ach, wenn du doch zur Einsicht kämest,
dass es Grenzen gibt.
Ach, wenn du doch nur bereit wärest,
von deiner Gier zu lassen.

STILLE

L: Mitten unter uns steht Christus, unerkannt.
A: Gesungen (oder gesprochen) KGB 619: Was ihr dem geringsten Menschen tut, das habt ihr ihm getan.

4. Station: Leidende Mutter

L: 4. Station: Leidende Mutter.
C: Wie weh tut es mir,
meiner Mutter zu begegnen.
Sie leidet,
weil ich leide.
Mensch,
was tut ihr den Müttern an,
wenn ihr ihnen ihre Kinder nehmt,
wenn ihr sie einsperrt und foltert,
wenn ihr sie in die Armut treibt?
Mensch,
was tut ihr den Kühen und Schweinen an,
wenn ihr ihnen die Kälber und Ferkel stehlt,
wenn ihr sie mästet und tötet,
hört ihr nicht ihren Schrei?
Mensch,
was tut ihr Mutter Erde an,
wenn ihr ausbeutet, was sie hervorbringt,
wenn ihr ausrottet, was auf ihr lebt,
wenn sich Sonne und Mond verfinstern?
Hört den Schrei der Mutter!

Hört ihn mit mir!

STILLE

L: Mitten unter uns steht Christus, unerkannt.
A: Gesungen (oder gesprochen) KGB 619: Was ihr dem geringsten Menschen tut, das habt ihr ihm getan.

5. Station: Mittragen und helfen

L: 5. Station: Mittragen und helfen.
C: Wie bin ich all denen dankbar,
die wenigstens ein Wegstück weit
mittragen, helfen, lindern.
Denn keinen anderen Menschen zu haben,
das ist schlimm,
das ist doppeltes Leiden.
Jemanden an der Seite haben,
das ist Trost,
das ist Hilfe und Kraft.
Mensch,
hör den Schrei
des Kindes, das sich selbst überlassen ist.
des Schafes, das durch viele Länder zur Schlachtbank transportiert wird,
des Regenwaldes, der der Gier zum Opfer fällt,
der Erde, die mutwillig vergiftet wird.
Mensch,
lass nicht allein,
was nach deiner Hilfe schreit,
und wenn du zu schreien hast,
glaube: Ich bin an deiner Seite!

STILLE

L: Mitten unter uns steht Christus, unerkannt.
A: Gesungen (oder gesprochen) KGB 619: Was ihr dem geringsten Menschen tut, das habt ihr ihm getan.

6. Station: Dem Leiden ein Gesicht geben

L: 6. Station: Dem Leiden ein Gesicht geben.
C: Bedenke, Mensch:
Jedes Leiden hat ein Gesicht.
Hör auf, von Tausenden zu reden.
Die Masse leidet nicht.
Der Einzelne leidet.
Die Einzelne stirbt.
Tausend
Einzelne leiden
und sterben.
Mensch,
sieh mein Gesicht:
geschlagen und schweißgebadet.
Halte es gegenwärtig in deiner Seele.
Sieh das Gesicht des Menschen,
der dir anvertraut ist:
verhärmt und verwundet.
Sieh alles, was Augen hat
und Ohr, Mund und Nase, Haut und Haar,
angstvoll, hilflos an die Schlachtbank geführt.
Mensch,
suche die Einmaligkeit in jedem Gesicht.
Vergiss es nicht.
Es ist auch mein Gesicht.

STILLE

L: Mitten unter uns steht Christus, unerkannt.
A: Gesungen (oder gesprochen) KGB 619: Was ihr dem geringsten Menschen tut, das habt ihr ihm getan.

7. Station: Niedergeschlagen und gefällt

L: 7. Station: Niedergeschlagen und gefällt.
C: Niedergeschlagen bin ich
in äußerster Gewalt.
Seelisch,
geistig,
leiblich.
Kein Hochkommen.
Kein Fortkommen.
Wo es auch dir so ergeht,
glaube: Ich bin an deiner Seite!

Mensch,
erkenne,
wo du mitwirkst an solcher Gewalt.
Zur Schnecke gemacht.
Zur Strecke gebracht.
Erledigt.
Die Gletscher,
die Feldhasen,
die Lebensmittel.
Eingeschmolzen,
verscheucht,
verseucht.
In allem:
mein Fallen,
mein Schmerz.
Ach, wenn du doch aufschriest, wenn einer Gewalt erleidet.

Ach, wenn du die Wurzeln der Gewalt aus deinem eigenen Herzen rissest.

STILLE

L: Mitten unter uns steht Christus, unerkannt.
A: Gesungen (oder gesprochen) KGB 619: Was ihr dem geringsten Menschen tut, das habt ihr ihm getan.

8. Station: Weinen über sich selbst

L: 8. Station: Weinen über sich selbst.
C: Ich weine,
weil es so viel Unverstand gibt,
weil ich Angst habe um euch.
Ihr weint,
weil euch weh tut,
was mit mir geschieht.
Doch weint über euch selbst,
denn früher oder später
wird es euch selbst treffen.
Das Licht,
die Nahrung,
der Atem,
das Wasser,
die Kraft
werden euch ausgehen.
Umkehr tut not.
Einsicht ist gefragt.
Zusammenhänge gehören entdeckt.
Stoppt
das Verbrauchen
und Vernichten.
Lernt

maßvoll genießen.
Weint mit mir,
damit ihr froh werdet.

STILLE

L: Mitten unter uns steht Christus, unerkannt.
A: Gesungen (oder gesprochen) KGB 619: Was ihr dem geringsten Menschen tut, das habt ihr ihm getan.

9. Station: Dem Erdboden gleichgemacht

L: 9. Station: Dem Erdboden gleichgemacht.
C: Sie mähen mich nieder,
machen mich dem Erdboden gleich.
Staub fressen soll ich,
ich Erdling.
Nur noch Erdenstaub.
Sie nehmen mir den Odem,
den mir Gott eingehaucht hat.
Das Leben,
das mich aus dem Staub erhebt.
Mensch, sieh:
die Wüste, die sich ausweitet:
ganze Landstriche, die versteppen;
die Berghänge, die erodieren;
und die verkarsteten Täler.
Mensch, sieh
die zerbombten Städte,
die übernutzten Böden,
die gemästeten Tiere,
die ausgemergelten Kinder.
Schreit,
schreit mit mir

nach dem Leben.
Ach, wenn ihr doch nur eure Ohren
aufsperren würdet.
Ach, wenn ihr doch nur eure Stimme
erheben würdet.

STILLE

L: Mitten unter uns steht Christus, unerkannt.
A: Gesungen (oder gesprochen) KGB 619: Was ihr dem geringsten Menschen tut, das habt ihr ihm getan.

10. Station: Der Würde beraubt

L: 10. Station: Der Würde beraubt.
C: Nackt steh ich da vor dir.
Alles hat man mir genommen,
den gaffenden Blicken preisgegeben;
aller Würde beraubt.
Immer wieder geschieht das,
immer wieder.
Mensch,
schau dir die Bilder an,
lies die Schlagzeilen.
Überall werde ich zur Schau gestellt.
Im Internet,
in den Bordellen,
in den Gefängnissen und Folterkammern.
Schau dir die Qualzuchten an,
die abgezogenen Pelze,
die rasend gemachten Stiere.
Wo bleibt meine Würde?
Wo bleibt die Würde der Schöpfung?
Wo bleibt die Ehrfurcht?

Wo Einfühlung und Wohlwollen?
Ach, wenn du doch aufhörtest zu schweigen
und die verletzte Würde der Geschöpfe für normal zu halten.
Ach, wenn doch Scham und Scheu wieder deine Tugenden wären.

STILLE

L: Mitten unter uns steht Christus, unerkannt.
A: Gesungen (oder gesprochen) KGB 619: Was ihr dem geringsten Menschen tut, das habt ihr ihm getan.

11. Station: Aufs Kreuz gelegt

L: 11. Station: Aufs Kreuz gelegt.
C: Aufs Kreuz gelegt,
angenagelt.
Ich erleide
die pure Gewalt.
Mensch,
schau dir die gnadenlos ausgebeutete Erde an,
den mutwillig zerstörten Lebensraum,
die vergewaltigte Frau,
das gehängte Vieh,
die unterdrückte Freiheit,
die gefesselte Demokratie.
Tag für Tag
aufs Kreuz gelegt.
Immer wieder
und wieder.
Gewalt bringt Gewalt.
Ach, wenn du doch in all dem deine
Brüder und Schwestern erkennen könntest.
Ach, wenn du doch in alle dem

mich erkennen könntest.
Ach, wenn du doch aufbegehren würdest
in meinem Namen.

STILLE

L: Mitten unter uns steht Christus, unerkannt.
A: Gesungen (oder gesprochen) KGB 619: Was ihr dem geringsten Menschen tut, das habt ihr ihm getan.

12. Station: Ermordet

L: 12. Station: Ermordet.
C: Nein,
ich sterbe nicht eines natürlichen Todes.
Ich werde ermordet,
ganz legal.
Bis heute.
Schuldig oder unschuldig.
Elektrischer Stuhl,
Todesspritze,
der Galgen.
Mord ist Mord.
Tot ist Tot.
Direkt
oder indirekt.
Totes Wasser,
tote Erde,
totes Vieh.
Tod
durch Hunger,
Krieg, Abtreibung, Politik.
In Kauf genommen
für mehr Macht,

mehr Profit,
mehr Konsum,
mehr Bequemlichkeit.
Geschlachtete Lämmer,
jedes ein Lamm Gottes,
wie ich.
Mensch, sieh doch:
Leben will leben.
Auch die unscheinbarste Blume im Garten
strebt zum Licht.

STILLE

L: Mitten unter uns steht Christus, unerkannt.
A: Gesungen (oder gesprochen) KGB 619: Was ihr dem geringsten Menschen tut, das habt ihr ihm getan.

13. Station: In den Schoß der Mutter gelegt

L: 13. Station: In den Schoß der Mutter gelegt.
C: Tot werde ich in den Schoß
meiner Mutter gelegt,
zu meiner Mutter,
zu Mutter Erde,
zu Mutter Gott.
Auch der Tote
hat seine Würde,
ist geborgen und geliebt,
wartet
auf das ganz Andere.
Niemand geht vergessen,
nichts verloren.
Alles wird aufgehoben
im Schoß Gottes,

beim Namen genannt,
ewig.
Mensch,
vergiss auch du die Toten nicht!
Vergiss nichts, was man ihnen angetan hat!
Vergiss auch nicht, was dein Anteil daran ist!
Und sorge für alles,
was lebt.
Und wo dir Leben verloren geht,
glaube: Ich bin an deiner Seite!

STILLE

L: Mitten unter uns steht Christus, unerkannt.
A: Gesungen (oder gesprochen) KGB 619: Was ihr dem geringsten Menschen tut, das habt ihr ihm getan.

14. Station: In die Erde zurückgelegt

L: 14. Station: In die Erde zurückgelegt.
C: Auch ganz am Ende des Weges
wird deutlich, wer ich bin:
Menschensohn,
33 Jahre Erdendasein,
der Erde verpflichtet,
ein Liebhaber der Erde.
Mein Wille ist
das Leben in Fülle.
Gestorben legt man mich in die Erde.
Sie bleibt meine irdische Heimat.
Seht doch die Lilien des Feldes
und die Vögel des Himmels!
Die Erde
und alles, was auf ihr lebt,

ist meines Vaters grosse Sorge.
Ich bin eins mit der Erde,
ihr innerstes Wesen,
ihr Kern.
Mensch,
halte deine schützenden Hände
über die Erde,
über alles Leben,
und Sterben in ihr.

STILLE

L: Mitten unter uns steht Christus, unerkannt.
A: Gesungen (oder gesprochen) KGB 619: Was ihr dem geringsten Menschen tut, das habt ihr ihm getan.

15. Station: Ins Leben gerufen

L: 15. Station: Ins Leben gerufen.
C: Nicht nur Erde bin ich,
sondern aus Gott geboren,
ins Leben gehaucht von IHM
und gerufen.
Gekreuzigt,
gestorben
und begraben.
Am dritten Tag,
als alle irdische Hoffnung erstickt war,
ins Leben ohne Ende zurückgerufen.
Wie alles, was ist,
ins Leben ohne Ende gerufen
von IHM.
Der Stein,
der Baum,

der Hund,
Frau und Mann.
Mensch,
lass Ehrfurcht walten,
Behutsamkeit,
Schonung
für alles Leben!
Denn
alles Leben
ist aufgehoben
in der ewigen Liebe Gottes.

Glaube: Ich bin an deiner Seite.

STILLE

L: Mitten unter uns steht Christus, unerkannt.
A: Gesungen (oder gesprochen) KGB 619: Was ihr dem geringsten Menschen tut, das habt ihr ihm getan.

Schluss
L: Gott,
In Jesus, Deinem Sohn,
hast Du Dich eingelassen
in unsere Erde
für Zeit und Ewigkeit.
Vergib uns,
wo wir an der Erde schuldig geworden sind.
Erfülle uns mit Jesu Geist,
dass wir aufmerksam werden
in Herz und Verstand,
um seine Stimme zu vernehmen
aus allem, was lebt.

A: Amen.
L: Wir singen gemeinsam das Lied/wir sprechen gemeinsam den Liedtext: Im Dunkel unserer Ängste

L: Wir bitten Dich:
Segne uns,
Gott, der Du alles belebst.
Segne uns,
Jesus, Gottessohn, der Du alle Not erleidest.
Segne uns,
Heiliger Geist, der Du das Antlitz der Erde erneuerst.
A: Amen.

Im Dunkel unsrer Ängste

1. *Im Dunkel unsrer Ängste,*
   im Schrei aus unsrer Not:
   Du leidest mit an unserm Kreuz,
   du stirbst auch unseren Tod.

2. *Im Frosthauch unsrer Kälte,*
   im Kampf um Geld und Brot:
   Du zweifelst mit an unserem Kreuz,
   du stirbst auch unseren Tod.

3. *Im Wahnsinn unsres Handelns,*
   im Krieg, der uns bedroht:
   Du weinst mit uns an unserm Kreuz,
   du stirbst auch unseren Tod.

4. *In Nächten des Alleinseins,*
   in Tagen ohne Brot:
   Du stirbst mit uns an unserm Kreuz,
   du stirbst auch unseren Tod.

5. *Im Sturm, der nicht zertrümmert,*
   im Schutz für unser Boot:
   Du steigst mit uns von unserm Kreuz,
   besiegst auch unseren Tod.

Text: Michel Scouarnec
Musik: Jo Akepsimas
Übersetzung: Diethard Zils
Rechte für Text und Musik: Studio SM, Varades (n° 2014058)
Rechte für die Übersetzung: tvd-Verlag Düsseldorf

Kapitel 15:
Geistliche Impulse aus der Heiligen Schrift

1 Asche, Staub und Nichts

Ich habe es nun einmal unternommen, mit meinem Herrn zu reden, obwohl ich Staub und Asche bin (Gen 18, 27).

Zwischen Asche und Feuer
sind wir angesiedelt.

Am Aschermittwoch wird uns gesagt:
Staub bist du,
Asche,
und nichts.

An Ostern wird uns gesagt:
Zum Leben erweckter Staub bist du,
wieder belebte Asche,
in die Lebensfülle hineingerufenes Nichts.

Wir werden das neu entfachte Feuer feiern,
die wieder erstandene Glut
und das zunichtegemachte Nichts,
das ewige Leben in Gott.

2 Zu sehr haben wir uns eingenistet

Du sollst vor dem Herrn, deinem Gott, folgendes Bekenntnis ablegen: Mein Vater war ein heimatloser Aramäer. Er zog nach Ägypten und lebte dort als Fremder (Dtn 26, 4).

Zu sehr
haben wir uns eingenistet
in den Boden, der uns geliehen ist.
Zu sehr haben wir ihn
ausgebeutet, verbraucht und zerstört.
Zu sehr haben wir uns gewöhnt
an das tägliche Fleisch
und sind schuldig geworden.

Zu sehr sind wir heimisch geworden,
und immer unheimlicher wird die Erde
und unbewohnbarer
und vergessen erst noch, dass wir sterben müssen.

Vor Gott müssen wir bekennen:
Auch wir waren einmal Fremde,
und sind es noch
und werden es sein, so lange wir auf Erden sind.

Was wir haben, gehört uns nicht.
Alles werden wir zurücklassen müssen.
Warum es festhalten,
hier und jetzt?
Warum es nicht teilen
mit denen, die nichts haben?

Das Land, das wir bewohnen
es ist uns Herberge nur für kurze Zeit.
Warum nicht Türen öffnen und Fenster?
Warum nicht an unsere Tische laden?

Der Leib, mit dem wir da sind in dieser Welt,
wenn es hochkommt über 90 Jahre,

warum ihn nicht geben?
Warum nicht da sein für andere?
Solidarisch mit den Vertriebenen und Fremden,
barmherzig mit den Nackten und Hungernden,
erdhaft mit der Erde.

Da wir doch nur Asche sind,
über die Erde gestreut,
und Staub, der weggewischt wird
und ganz und gar Nichts.

Dennoch:
Aus der Asche wird Feuer,
wenn Gottes Leidenschaft uns anhaucht.
Aus dem Staub erhebt sich das Sternenfeld,
wenn wir mitleiden.
Aus dem Nichts wächst das All,
wenn wir menschlich handeln.

Die Erde wird zum Himmel,
und Milch und Honig werden fließen,
und Gottes Glanz wird alles erfüllen.

3 Irrsal und Wirrsal

Die Erde aber war Irrsal und Wirrsal. Finsternis über Urwirbels Antlitz (Gen 1,2 nach Martin Buber).

Wer denn
hat heute noch
die Übersicht?
Wer denn weiß noch,
wohin die Wege gehn?

Haben wir es je gewusst?

Ist nicht alles
unübersichtlich
geworden?
Heißt unser Ort
nicht Tohuwabohu?
Irrsal und Wirrsal?
Unort?
Ungemach?
Unordnung?
Chaos?
Totale Desorientierung?

Schwimmen wir nicht alle?
Ist nicht alles bodenlos?
Wer denn ist nicht vom Wirbelsturm erfasst?
Und wer fürchtet nicht den Abgrund?
Wer fühlt nicht den Sog ins Nichts?

Wir schauen nach unten
und rufen vergeblich um Hilfe.
Wir rufen ins Innere:
keine Antwort!
Wir heben unsere Augen nach oben,
aber niemand kommt.
Der Blick irrt durch die Weite der Welt
und findet keinen Ort.

Oder geht es doch anders?
Kommt doch etwas?
Oder gar jemand?
Aber wie lange noch müssen wir warten?

Wann wagen wir den Sprung
aus Irrsal in die verheissene Heimat?
Aus Wirrsal in das Land der aufgehenden Sonne?
Aus der Finsternis ins Licht?

4 Ebenbild Gottes

Lasst uns Menschen machen als unser Bild, uns ähnlich. (Gen 1,26)

Wir warten auf den Menschen,
auf das Ebenbild Gottes,
auf das Wesen, das Gott ähnlich ist.

Wir sollten es sein,
sind es aber nicht,
sind nicht einfach Spiegelungen Gottes auf Erden.

Wir warten auf das Ebenbild Gottes,
auf den Menschen, der Gott gleicht.

Wenn Gott die schöpferische Kraft ist,
ist nur der Mensch sein Ebenbild,
der Leben zeugt und Leben hervorbringt,
nicht aber der Mensch,
der alles verbraucht, vernichtet, wegwirft.

Wenn Gott
die chaotische Welt zum Kosmos ordnet,
dann ist nur der Mensch sein Ebenbild,
der die Krisen, Konflikte,
das ganze Tohuwabohu in Schönheit wandelt.

Wenn Gott wie ein Gärtner Bäume, Blumen

und Gräser pflanzt und sät,
dann erweist sich nur der Mensch als Spiegelung Gottes,
der allem zärtlich, hegend und pflegend begegnet.

Nur wer Verantwortung für das Ganze übernimmt,
und sich sorgend um die Zukunft der Erde müht,
ist Ebenbild Gottes.

Nur wer Leben zeugt,
und der Zerstörung Einhalt gebietet,
nur wer der Erde neues Leben einhaucht,
ist ein Spiegelbild Gottes auf Erden.

Nur wer ein Segen ist für Pflanze, Tier und Mensch,
nur wer wie Noah eine Arche baut,
für alles Leben auf der Erde,
ist Gott ähnlich.

Und so warten und warten
wir auf die Spiegelung Gottes auf Erden,
auf einen Menschen,
der Gott ähnlich ist.

5 Teuflisch

Da trat der Versucher an Jesus heran und sagte: Wenn du Gottes Sohn bist, so befiehl, dass aus diesen Steinen Brot wird (Mt 4, 3).

Teuflisch,
alles zur Konsumware zu machen:
Steine und Blumen,
Pilze und Insekten,
Vögel und Schweine,

Frau und Kind.

Teuflisch,
alles zu vereinnahmen:
Als wäre alles
nur für mich da.
Gierig zu greifen
nach allem,
um es zu verbrauchen
und letztlich zu vernichten.

Teuflisch,
wenn nur eine Frage zählt:
Wie viel Kilo Fleisch
kann ich pro Quadratmeter produzieren?
Wenn nur eines gilt:
Was kommt am Ende für mich raus?

Göttlich,
alles zu bestaunen und mit fragenden Augen zu sehen:
Felsen und Bäume,
Aaronstab und Libelle,
Amsel und Hund,
Mann und Greisin.

Göttlich,
alles zu lassen,
als wäre hinter allem
Gott selbst.
Frei zu geben,
als wäre alles
ewiges Leben.

6 Nicht vom Brot allein

Wenn du Gottes Sohn bist, dann sag diesen Steinen da, sie sollen zu Brot werden (Mt 4, 3).

Brot ist lebenswichtig,
notwendig
jeden Tag!
Immer wieder!

Doch:
Alles zu Brot machen?
Zu Geld?

Alles der Gier unterwerfen?
Und verkennen, dass wir
mehr brauchen als Brot?
Viel mehr?
Und anderes?

Der Mensch, der Gott spiegelt,
kann sich nicht alles einverleiben wollen.
Der Stein ist Stein,
die Blume Blume,
das Tier Tier,
der Mensch Mensch.

Nichts ist nur da, um konsumiert zu werden.
Der Sinn der Geschöpfe
erschöpft sich nicht darin, gebraucht und verbraucht zu werden.

Wer Gott auf Erden zu spiegeln hat,
weist die Gier in die Schranken,

will nicht alles haben wollen,
isst nicht jeden Apfel, der sich anbietet.

Das Ebenbild Gottes betrachtet
das gewichtige Dasein der Steine,
das bewegte Wachsen der Blumen und Bäume,
die wunderbare Beseeltheit des Tieres,
die hohe Würde des Menschen.

Der Mensch, der Gott gefällt,
entzieht sich der bloß ökonomischen Sicht der Welt.
Er lebt nicht vom Brot allein,
sondern von dem, was Gott als Wort und Sinn
in die Schöpfung gelegt hat.

7 Gott entzieht sich dem Zugriff

Wenn du Gottes Sohn bist, dann stürze dich hinab. Denn es steht geschrieben: Seine Engel ruft er für dich herbei, und sie werden dich auf Händen tragen, damit dein Fuß nicht an einen Stein stoße (Mt 4, 6).

Auch Gott entzieht sich
dem gierigen Zugriff.
Er ist das Geheimnis,
dem ich mich anvertraue,
das mich trägt,
das mich erfüllt.

Gott entzieht sich dem Zugriff
meiner Gedanken – er ist stets größer –
meiner Vorstellungen – er ist immer noch kleiner.

Der Mensch, der Gott gefällt,

braucht,
verbraucht,
missbraucht ihn nicht.

Weder für Wunder,
noch für die eigene Sache,
weder zum Beweis,
noch zur Erreichung von Zielen,
weder als Lohn,
noch als Strafe.

Gott ist Gott,
er steht nicht zur Verfügung,
ist kein Bedarfsgegenstand,
keine Droge,
kein Argument.

Er ist nichts,
außer Geheimnis, das sich spiegelt,
im Menschen, der ihm gleicht,
im Menschen, der sich gibt,
im Menschen, der einfach da ist
für alle Geschöpfe.

Er ist alles,
nur nicht mein eigener Glanz,
und nicht mein Ego,
und nicht mein Besitz.
Er ist alles in Allem.

8 Alles besitzen und beherrschen wollen

Dies alles werde ich dir geben, wenn du dich niederwirfst und mich anbetest (Mt 4, 9).

Nicht wer alles hat,
gefällt Gott,
sondern wer alles gibt.

Der Mensch, der Gott gefällt,
versagt sich der Versuchung zur Macht.
Er braucht weder Besitz noch Einfluss,
um wirklich da zu sein,
um zu leben und zu wirken,
um Menschen, Tieren, den Kreaturen zu begegnen.

Dem Sog und der Gier
zu herrschen und über anderen zu stehen,
widersteht er.

Der Mensch, der Gott widerspiegelt,
unterwirft sich
weder der Macht des Geldes,
noch dem Rausch der Geltung.
Er ist immun
gegen alle Versuchung,
weil nur eines zählt:
das Fließen des Wassers in die Tiefe,
das Hinuntersteigen zum Kleinen und Unscheinbaren,
das Leben in seiner unendlichen Vielfalt.

Er will nur eines:
die Farben des Lebens sichtbar machen,
das Leben dem Tod entreißen,

die Ausbeutung unmöglich machen,
das Chaos bändigen,
die Liebe als alles durchdringende Kraft wirken lassen.

Der Mensch ist
Spiegelbild Gottes
oder er ist nicht.

Wer ihn sieht
soll nichts Böses sehen,
nur Gutes, Schönes, Wahres,
Gott selbst.

9 Die Verheissung

Und die Taube kam zu ihm zurück, sie hatte ein frisches Ölblatt in ihrem Schnabel. Da wusste Noah, dass sich das Wasser von der Erde verlaufen hatte (Gen 8,11).

Der offene Himmel
über Jesus,
die Friedenstaube
über dem Menschen,
der Gott gefällt,
wie damals
nach der tödlichen Flut.

Das frische Ölblatt
verheißt Lebensfülle und Frieden auf Erden.
Und der Mensch, der Gott gefällt,
ergreift den Friedenszweig
und trägt ihn in die verwüstete Welt.

Nein, keine Gewalt!
Ohne Waffen!
Kein Schlachtross!
Keine Schlagworte!
Kein Sieg und keine Besiegte!
Nur das Turteln der Taube!
Nur Liebe, die sich schenkt!
Nur Leben, das sich gibt!
Nur gewaltlose, kraftvolle Liebe
treibt Jesus in die verwüstete Welt.

Und die Wüste
wird fruchtbares Land,
die Schlangen verlieren die giftigen Zähne,
die Wölfe verlernen das Jagen,
die wilden Tiere werden zahm,
und freuen sich:
Endlich
der Mensch, der Gott gleicht.
Endlich
das Ebenbild Gottes.
Endlich
Gottes Spiegelung in der Welt.
Endlich der wahre Mensch.

Und darum allseitige Versöhnung,
All-Versöhnung
in jeder Beziehung.
Tiere und Menschen gemeinsam vor Gott.
«Und Engel kamen und dienten Ihm.»

10 Hinuntersteigen müssen

Sie gerieten in die Wolke hinein und bekamen Angst (Lk 9, 34).

Immer wieder
umhüllt uns die Nacht.

Hineingerissen
in die Wolke des Todes,
in die Angst,
die keinen Anfang kennt
und kein Ende,
in die Enge,
aus der es kein Zurück gibt.

Selbst wenn wir
das Licht gesehen haben
und
alles durchsichtig und stimmig geworden ist.
Selbst wenn wir
den Berg der Auserwählung besteigen durften.
Wir müssen wieder hinunter
in das Tal der Tränen,
in das unendliche Leid,
in die Umnachtung.

Wie Gott müssen wir hinabsteigen
in die Gottferne,
in die schrecklichen Abgründe.

Wie Jesus müssen wir
Blut und Tränen schwitzen,
Essig und Galle trinken.

Zusammen mit
den Ausgestoßenen,
den Schreienden,
den Geknechteten,
den Gekreuzigten,
den Geopferten.

Zusammen mit Jesus
werden wir die Last der Leidenden tragen
und die Pforten der Hölle durchschlagen.
Dann wird sich der Himmel öffnen
und der Glanz Gottes wird alles durchdringen.

11 Das Blut der Opfer

Zu dieser Zeit kamen einige Leute zu Jesus und berichteten ihm von den Galiläern, deren Blut Pilatus mit dem Blut ihrer Opfertiere vermischte (Lk 13, 1).

Ohne Namen sind sie,
die Opfer der Politik,
und unendlich ist
das Meer des vergossenen Blutes.

Menschenblut,
Blut von Tieren,
zusammengemischt,
ein einziges Meer.
Gott wird nicht unterscheiden,
was Menschenblut ist
und was Blut von Tieren.

Unüberhörbar schreit es
zum Himmel,

das Blut Abels.

Unser eigenes Blut muss
aufwallen,
gerinnen,
gefrieren,
angesichts
des gewaltsam vergossenen Blutes.

Schlachtopfer,
Schlachtfelder,
Schlachthöfe,
Gewalt und Mord,
Blut, vergossen von gieriger Hand.

Auch Jesus selbst
muss sein Blut lassen
unter Pontius Pilatus.
Mensch unter Menschen,
Lamm unter Lämmern.

12 Sein und Schein

Die Pharisäer und die Schriftgelehrten empörten sich darüber und sagten: Er gibt sich mit Sündern ab und isst sogar mit ihnen (Lk 15, 2).

Die den Schein wählen,
statt das Sein,
die Pharisäer,
die Gott zum Beruf machen,
sind empört.

Die den Buchstaben wählen,

statt das Leben,
die Schriftgelehrten,
die die Bibel zum Beruf machen,
sind aufgebracht.

Empört und aufgebracht,
weil Jesus Solidarität lebte,
ohne zu fragen, mit wem,
weil er Nähe suchte
zu jenen, die man für Abschaum hielt.

Moralisch und
sittlich einwandfrei
muss man sein,
meinen Pharisäer und Schriftgelehrte.

Gott aber ist
Anders,
ganz anders.

Kranke brauchen den Arzt,
Verlorene werden gesucht.
Niemand ist ausgeschlossen,
niemand Abschaum,
nichts ist Nebensache,
der Stein am Weg,
das Vergissmeinnicht,
die lästige Mücke,
der Mensch unter der Brücke.

Alle sind aufgehoben
in die Liebes- und Lebensfülle Gottes.

Zum Mitleiden braucht es
Einfühlung,
Verständnis,
Begegnung,
Verbundenheit,
gerade mit jenen, die das nicht zu verdienen scheinen.

Zu wählen ist
nicht der Schein, sondern das Sein,
nicht der Buchstabe, sondern das Herz,
Gott, der ganz Andere,
der Liebende,
Jesus, der ihn spiegelt.

12 In die Erde geschrieben

Jesus aber bückte sich und schrieb mit dem Finger auf die Erde (Joh 8, 6).

Wieder bückt er sich zur Erde,

Jesus, der Erdling,
und schreibt seine Botschaft
in die Erde.

Nicht urteilen,
nicht verurteilen,
denn niemand ist ohne Schuld.

Leg den Stein nieder,
den du auf andere werfen willst,
sonst trifft er dich selbst.

Zerreiß die Schlinge,

die du andern um den Hals legen willst,
sonst erstickt sie dich selbst.
Sag es nicht:
das schlagende Wort,
sonst erschlägt es dich selbst.

Wirf keinem Menschen vor,
schuldig geworden zu sein,
sonst wirst du auf deine eigene Schuld festgelegt.

Leg deine Vorurteile ab!
Sei barmherzig!
Vergib,
vergib tausend Mal.
Sei gnädig zu allem, was lebt!

Halte über allem deine schützende Hand!
Nichts verdient den Tod,
auch nicht die Pflanze,
nicht das Tier,
und schon gar nicht der Mensch.

So steht es geschrieben
auf der Erde,
durch den, der sich ihr zuneigt,
und sich bückt.

13 Schreien und rufen

Wie lange, Gott, soll ich noch rufen und du hörst nicht? Ich schreie zu dir: Hilfe, Gewalt! Aber du hilfst nicht. Wohin ich blicke: Gewalt und Misshandlung ... Schreib nieder, was du siehst, schreib es deutlich auf die Tafeln, damit man es mühelos lesen kann (Hab 1 und 2).

Ich schreie
mit den Gefolterten,
den Missbrauchten,
den Vergewaltigten.
Nichts ändert sich.
Wo bist Du,
Gott?

Ich schreie
mit der Kuh, der man das Kalb nimmt,
mit dem Pferd, das man mit Spritzen antreibt,
mit dem Lamm, dem man das Wasser verwehrt.
Nichts ändert sich.
Wo bist du,
Mensch?

Schreie weiter,
sagt Gott.
Schreie es in die Ohren der Menschen
und schreibe es auf,
sagt Gott.
Schreibe es auf, dass man es lesen muss.

Schreie nicht zu mir,
sagt Gott.
Schreie es in die Herzen der Menschen.

14 Entweder oder

Niemand kann zwei Herren dienen; Ihr könnt nicht beiden dienen, Gott und dem Mammon. Seht euch die Vögel des Himmels an: Sie säen nicht, sie ernten nicht und sammeln keine Vorräte in Scheunen; euer himmlischer Vater ernährt sie. Seid ihr nicht viel mehr wert als sie? Euch muss es zuerst um Gottes Reich und um seine Gerechtigkeit gehen; dann wird euch alles andere dazugegeben (Mt 6, 24ff).

Der Mammon
verdunkelt den Blick
für das Leben,
tötet die Regungen des Herzens,
lässt das Gefühl verstummen,
hindert das menschliche Denken.

Gott aber
befreit
zur Schönheit des Lebens,
zum Geniessen der Sonne und des Mondes,
des Wassers und des Sandes,
öffnet uns
für flatternde Schmetterlinge,
singende Amseln,
hochsteigende Lerchen,
den farbenprächtigen Paradiesvogel,
und seinem Liebestanz,
das Zwitschern in den Bäumen,
die Nachtigall.
Für den Mammon nichts,
für das offene Herz höchstes Glück.

Es lohnt sich, zu leben
und Gerechtigkeit zu suchen,

auch für den Staub der Erde.
Jedes Geschöpf will teilhaben
am Reich des lebendigen Gottes.

Das Glück, das uns die Vögel lehren,
macht uns fähig,
den Tieren und den Menschen
zum Glück zu verhelfen.

15 Ausziehen

Der Herr sprach zu Abram: Zieh weg aus deinem Land, von deiner Verwandtschaft und aus deinem Vaterhaus in das Land, das ich dir zeigen werde ... Ein Segen sollst du sein (Gen 12,1).

Zieh weg,
innerlich
und reiss andere mit.
Distanziere dich,
wo es notwendig ist.

Die geltende Gedankenwelt
soll nicht die deine sein.
Da gibt es zu viel Nabelschau
und Rücksichtslosigkeit.

Dein Land
fördert Banken
und Firmen,
die anderswo
und vielleicht auch zuhause
Hunger bringen und Tod.
Dein Land

lässt grausame Tierfabriken zu.

Zieh weg,
innerlich,
und solidarisiere Dich
mit den Opfern.

Bewohne eine Welt
des Segens.
Segne, weil du gesegnet bist!

Umarme Arme,
umarme das Leben.

Sei ein Segen
für alle Menschen,
auch für die Tiere
und die Bäume.
Engagiere Dich,
dass die Schöpfung
als Paradies erfahrbar wird.

Zieh weg,
innerlich,
aus der Gesellschaft,
die dem Tod dient.
Sei widerständig
im Namen des Lebens.

16 Wasser aus dem Felsen

Das Volk dürstete dort nach Wasser und murrte gegen Mose. «Warum hast du uns überhaupt aus Ägypten hierher geführt? Um uns, unsere Söhne und unser Vieh verdursten zu lassen?» Mose schrie zum Herrn. Der Herr antwortete Mose: Geh! Dort drüben am Horeb werde ich vor dir stehen. Dann schlag an den Felsen! Es wird Wasser herauskommen und das Volk kann trinken (Ex 17, 3ff).

Wo ich bin,
sagt Gott,
gibt es Wasser
für Mensch und Tier.

An meinem Berg
fliesst Wasser,
wenn Du vor mir stehst.

Sieh doch:
Ich will,
dass ihr nicht mehr versklavt seid
an Geld und Gier,
an das Diktat des Marktes.
Ich will,
dass ihr euren Durst löschen könnt,
und dass jedes Tier Wasser hat
in Hülle und Fülle.

Darum stell dich da hin,
wo ich vor Dir stehe,
dann wird
der härteste Fels zum Fluss,
die Wüste zur Weide,

und Quellen brechen auf
für alles, was lebt.

17 Jesus, die Tür

Da sagte Jesus zu ihnen: Amen, amen, ich sage euch: Ich bin die Tür zu den Schafen (Joh 10, 7).

Behütete Herde,
umsorgte Schafe.

Jesus –
die Tür zu den Schafen?
Kann es sein,
dass Jesus allein Zugang verschafft
zum Wesen der Schafe?
Dass nur die Verbundenheit mit IHM
letztlich auch Ehrfurcht und Liebe
zu den Tieren ermöglicht?
Dass deswegen selbst die stumme
Kreatur seine Stimme erkennt?

Jesus –
die Tür zu den Menschen?
Kann es sein,
dass Jesus allein Zugang verschafft
zum Wesen des Menschen?
Dass nur das Einssein mit IHM
letztlich die Würde des Menschen garantiert?
Dass deswegen selbst Nichtchristen
seine Botschaft verstehen?

18 Gegen die Verwesung

Marta, die Schwester des Verstorbenen, sagt zu Jesus: Herr, er stinkt schon, denn er ist vier Tage tot. Jesus sagt zu ihr: Habe ich dir nicht gesagt: Wenn du glaubst, wirst du die Herrlichkeit Gottes sehen? Da rief er mit lauter Stimme: Lazarus, komm heraus! Der Tote kam heraus; seine Füsse und Hände waren mit Binden umwickelt, und sein Gesicht war mit einem Schweisstuch bedeckt. Jesus sagt zu ihnen: Befreit ihn und lasst ihn gehen! (Joh 11, 39ff).

Verwesungsgeruch!
Doch der das Wesen der Wesen bestimmt
kann nicht dulden, dass Wesen verwesen.
So ruft er Lazarus aus der Verwesung heraus
in sein Wesen hinein
für Zeit und Ewigkeit.

Auferstehungsduft über allem!
Denn der das Licht ins Dasein ruft
und Sonne, Mond und Sterne,
der den Wesen ihr Wesen einhaucht,
der Mutter Erde und allem,
was darauf wächst,
und den Tieren des Wassers,
der Erde und der Luft,
der den Menschen ruft:
ER ist der Schöpfer,
nicht der Vernichter.
Ihm ist es gegeben,
sich der Verwesung entgegenzustellen
und die Wesen der Verwesung zu entreissen.
Lazarus und alle Menschen,
aber auch alle anderen Wesen.

Über allen Auferstehungsduft.

Wir nehmen ihn wahr,
und stellen uns der Verwesung entgegen
und rufen in allen Tod hinein:
Hinaus, hinauf!
Aus allen Gräbern heraus!

19 Steh auf!

Jesus ging zur Bahre und fasste sie an. Die Träger blieben stehen und er sagte: Ich befehle dir, junger Mann: Steh auf! Da richtete sich der Tote auf und begann zu sprechen (Lk 7, 14f).

Den Zug der Toten aufhalten,
dem Tod Einhalt gebieten,
den Aufstand für das Leben wagen.

Aufstehen,
jeden Morgen,
mitten am Tag,
jeden Abend,
immer wieder,
auch in der Nacht.

Nicht liegen bleiben,
dem Ruf ins Leben folgen,
hier und jetzt,
immer wieder,
am Tag und in der Nacht.

Steh auf!
Du kannst es,
sagt das Leben.
Steh auf!

jeden Morgen,
mitten am Tag,
jeden Abend,
immer wieder,
auch in der Nacht.

Steh auf!
Folge mir in die Fülle des Lebens,
sagt der Auferstandene,
nicht erst am Ende der Tage,
sondern jetzt schon,
und hier.
Richte dich auf,
habe einen geraden Rücken.
Sprich und trete auf
für das Leben der Pflanzen, der Tiere, der Menschen
immer und überall.

20 Zärtlichkeit wagen

Als nun eine Sünderin, die in der Stadt lebte, erfuhr, dass er im Haus des Pharisäers bei Tisch war, kam sie mit einem Alabastergefäß voll wohlriechendem Öl und trat von hinten an ihn heran. Dabei weinte sie und ihre Tränen fielen auf seine Füße. Sie trocknete seine Füße mit ihrem Haar, küsste sie und salbte sie mit dem Öl (Lk 7, 37f).

Wer du auch bist:
Wage die Zärtlichkeit!

Streichle,
küsse,
salbe.

Liebende Gedanken,
sie fordern die Tat,
Liebe im Herzen,
sie muss sich zeigen.
Platonische Küsse zählen nicht.

Komm aus dir heraus,
sei mutig
und wage die Zärtlichkeit.

Natürlich wirst du dich aussetzen,
selbstverständlich wird man mit Fingern auf dich zeigen.
Doch überwinde die Widerstände,
reiß die trennenden Mauern nieder,
sei Prophet/Prophetin der Zärtlichkeit.

Umarme,
hauche,
berühre.

Nur so entsteht das Reich Gottes.

21 Keine Ausgrenzungen

Ihr seid alle durch den Glauben Söhne und Töchter Gottes in Christus Jesus. Denn ihr alle, die ihr auf Christus getauft seid, habt Christus (als Gewand) angelegt. Es gibt nicht mehr Juden und Griechen, nicht Sklaven und Freie, nicht Mann und Frau; denn ihr alle seid «einer» in Christus Jesus (Gal 3, 26 – 28).

Alles ist anders.
Keine Ausgrenzungen!
Alles ist neu.
Keine Ausreden mehr!

Das Monopol des Mannes
gilt nur noch für Ewiggestrige.
Die Privilegien der Reichen
haben ausgedient.

Klassen sind Vergangenheit.
Rot muss werden, wer andern befiehlt.
Konfessionen – Schluss damit!

Alle haben Stimmrecht.
Niemand darf für dumm verkauft werden.
Asylanten haben Heimatrecht.

Entwurzelt die Egoismen:
Nationalismus – ihm ist der Boden entzogen.
Rassendünkel – Blödsinn.
Patriarchat und Matriarchat – verkehrt.

Und warum die Natur ausgrenzen?
Warum das Tier von sich fernhalten?
Warum irgendetwas ausgrenzen?

Alles ist anders.
In Christus ist alles neu,
ganz anders,
und eins.

22 Sich stören lassen

Ich stehe vor der Tür und klopfe an. Wer meine Stimme hört und die Tür öffnet, bei dem werde ich eintreten und wir werden Mahl halten, ich mit ihm und er mit mir (Offb 3,20).

Klopf an meine Tür,[184]
komm und störe mich.
Klopf an meine Tür.

Ich weiss weder Tag noch Stunde,
aber ich weiss, Du bist es, Christus.

Klopf an meine Tür
allen Wind deines Geistes.
Klopf an meine Tür
den Schrei der Menschen.

Ich weiss weder Tag noch Stunde,
aber ich weiss, Du bist es, Christus.

Klopf an meine Tür
den Schrei der Hungrigen.
Klopf an meine Tür
die Ketten der Gefangenen.

Ich weiss weder Tag noch Stunde,
aber ich weiss, Du bist es, Christus.

---

[184] Übersetzung von Anton Rotzetter aus dem französischen Brevier: Prière du Temps Présent. Livre des Heures, Les Éditions du Cerf 1980, 763 (Autor: P. Griolet)

Klopf an meine Tür,
das Elend der Welt.
Klopf an meine Tür,
den Gott der Freude.

Ich weiss weder Tag noch Stunde,
aber ich weiss, Du bist es, Christus.

23 Lamm, nicht Wolf

Geht! Ich sende euch wie Schafe mitten unter die Wölfe (Lk 10,3).

Gehen.
Aufstehen und gehen.

Alle reissende Gier hinter sich lassen:
Die Sucht zu haben, heilen.
Nichts anderes begehren als das Leben,
das eigene und das der anderen.

Ein Lamm sein,
ohne Argwohn,
ein Schaf,
das niemand verletzt,
nur eines im Sinn:
Frieden.

Und so zu den Wölfen gehen
mit dem Risiko, gerissen zu werden.
Aber dennoch voll Hoffnung,
dass der Wolf das Reissen vergisst.

Warum soll denn der Mensch

dem anderen Wolf bleiben wollen?
Warum soll nicht eine neue Weisheit entstehen?
Der Mensch ist dem Menschen ein Lamm!

24 Sich zum Nächsten machen

Was meinst du: Wer von diesen dreien hat sich als der Nächste dessen erwiesen, der von den Räubern überfallen wurde? (Lk 10, 36)

Mein Nächster
ist immer da,
links oder rechts,
hinter oder vor,
oben oder unter mir.

Der Nächste
ist vorhanden,
gegeben,
ob ich es will
oder nicht.
Eine Ortsangabe,
und noch keine Beziehung

Jesus erwartet von mir
etwas anderes.
Ich soll mich zum Nächsten machen,
soll nahe sein,
soll den Nachbarn grüßen,
wenn es sich ergibt, ihm helfen,
ein Stück Weg mit ihm gehen,
etwas von meinem Leben mit ihm teilen.

Ich soll mich zum Nächsten machen,

wo immer jemand Hilfe braucht,
was immer er ist,
Fremd oder Feind.

Ich kann mich zum Nächsten machen
für Menschen, die himmelweit weg sind
und Ozeane von mir entfernt.

Und ich kann mich zum Nächsten machen
für die Tiere, die unter Räuber
und der Gier zum Opfer gefallen sind.

Der Nächste sein,
in Beziehungen leben,
und sich zum Bruder und zur Schwester machen
für alle Geschöpfe.

25 Sich nicht verbrauchen lassen

Marta, Marta, du machst dir viele Sorgen und Mühen. Aber nur eines ist notwendig. Maria hat das Bessere gewählt, das soll ihr nicht genommen werden (Lk 10, 41f).

Marta revoltiert,
zu Recht.
Denn alles lastet auf ihr allein
und ihre Schwester sitzt daneben,
und Marta wird erst noch gerügt.

Dennoch fragt man sich,
wie lange das noch gut gehen kann:
Ob Marta nicht direkt auf ein Burnout zuläuft,
ob sie sich nicht schon längst aufgebraucht hat

und aufhört, sie selbst zu sein.

Arbeit ist nicht alles.
Nicht verloren gehen dürfen
das eigene Innere,
die Seele,
die Kräfte des Herzens,
Hingabe,
personale Präsenz,
Anteilnahme,
Aufmerksamkeit,
existenzielle Wahrnehmung.

Zeit muss sein
für Meditation und Kontemplation,
für Sehen, Hören, Singen, Musizieren, Kosten,
für Gebet und Nachdenken.

Nur so verbraucht man sich nicht.
Maria hat das Bessere gewählt.

26 Beten lernen

Jesus betete einmal an einem Ort; und als er das Gebet beendet hatte, sagte einer seiner Jünger zu ihm: Herr, lehre uns beten, wie schon Johannes seine Jünger beten gelehrt hat (Lk 11, 1).

Beten, aber wie?

Staunen lernen,
sich wundern,
nichts für selbstverständlich halten.

Fragen stellen,
sich nicht abfinden wollen
mit dem, was ist.
Eine bessere Welt wünschen,
das Leben empfangen,
das Herz öffnen,
die leeren Hände hinstrecken,
das Geheimnis entdecken,
das in allem geborgen ist.
An Jesus Maß nehmen,
Liebe und Hingabe lernen,
alles Irdische übersteigen.

Den Namen Gottes heiligen,
ihn herbeirufen,
seinen Willen tun.

Gottes Lebensfülle
hineinwünschen
in alles, was lebt.

Frieden und Gerechtigkeit,
Brot und Wein,
Vergebung und Entschuldung,
Befreiung aus jeder Not,
im Himmel wie auf Erden,
für alle Welt.

27 Sich sichern!

Du Narr! Noch in dieser Nacht wird man dein Leben von dir zurückfordern. Wem wird dann all das gehören, was du angehäuft hast? So geht es jedem, der nur für sich selbst Schätze sammelt, aber vor Gott nicht reich ist (Lk 13, 20f).

Ein Narr,
wer glaubt,
Sold sei solid
und das Geld bedeute Sicherheit.

Ein Narr,
wer auf Kredit lebt
und Glauben an Geld bindet.

Ein Narr,
wer das Hinfällige
für beständig hält.

Ein Narr,
wer Halt sucht
in Besitz und Eigentum.

Reich ist,
wer seinen Fuß
in das fließende Wasser setzt,
ins Lebendige.

Reich,
wer der Liebe traut,
und im Tiefgründigen Halt sucht.

Reich,

wer Gott als Fels erfährt,
und in ihm allein Sicherheit findet.

Reich,
wer, was er hat,
mit anderen teilt.

28 Hinzutreten

Ihr seid hingetreten zur Stadt des lebendigen Gottes, dem himmlischen Jerusalem, zu Tausenden von Engeln, zu einer festlichen Versammlung und zur Gemeinschaft der Erstgeborenen, die im Himmel verzeichnet sind, zu Gott, dem Richter aller, zu den Geistern der schon vollendeten Gerechten, zum Mittler eines neuen Bundes, zu Jesus (Hebr 12, 22f).

Tritt hinzu,
steh nicht abseits.
Tritt bei,
bleib nicht allein.
Tritt vor,
bleib nicht zurück.

Bürger bist Du,
Bürgerin
in der Friedensstadt.

Beschwingt bist Du
unter Engelsschwingen,
und lebendig
bei den Erstgeborenen.

Von Gott gerichtet,
aufgerichtet,

ausgerichtet.

Geist- und liebesbegabt,
wie alle, die zu Jesus gehören.

So komm heraus,
aus dem Abseits,
tritt hinzu.
Reiß die Mauern nieder,
tritt bei.

Lass das Vergangene zurück.
Tritt vor,
in alle Zukunft hinein.

29 Die Mittel auswählen

Wenn einer von euch einen Turm bauen will, setzt er sich dann nicht zuerst hin und rechnet, ob seine Mittel für das ganze Vorhaben ausreichen? Sonst könnte es geschehen, dass er das Fundament gelegt hat, dann aber den Bau nicht fertig stellen kann. Und alle, die es sehen, würden ihn verspotten und sagen: Der da hat einen Bau begonnen und konnte ihn nicht zu Ende führen (Lk 14, 28f).

Peinlich,
wenn es vom geplanten Turm
nur für die Bodenmarkierung reicht.
Beschämend,
wenn meine hohen Pläne
nur gerade Skizzen bleiben.

Ich will das Leben in Fülle,
aber es bleibt beim Vorsatz.

Ich will das Leben für alle,
aber behalte alles für mich.

Ich will umfassende Gerechtigkeit,
aber lebe so, als gäbe es nur das Jetzt
und nur das Hier.
Ich will Frieden,
aber verweigere ihn den andern.

Ich will das Leben,
aber verbrauche die Luft
und lebe auf Kosten der anderen.

Ich will Lust.
Dass auch Tiere Lust auf Leben haben,
ist mir egal.

Peinlich!
Beschämend!
Skandalös!

Alles bleibt Skizze,
weil ich die
Mittel nicht ergreife,
die zum Leben führen.

30 Sein Leben verkaufen?

Was nützt es einem Menschen, wenn er die ganze Welt gewinnt, dabei aber sein Leben einbüßt? Um welchen Preis kann ein Mensch sein Leben zurückkaufen? (Mt 16, 26)

Was immer du verkaufst:
Haus und Hof,
oder
Besitz und Eigentum,
dich selbst darfst du nicht verkaufen.

Was immer du kaufst:
Brot und Wein,
eine Wohnung.
Worauf immer dein Auge fällt:
Das Schönste,
das Beste
die Liebe und das Leben
kannst du nicht kaufen.

Sobald du solches kaufen willst,
gehst du tödliche Wege.

Nicht kaufen darfst du:
die Gunst des andern,
die Gnade Gottes,
den Tanz des Tieres,
das Lächeln des Kindes,
das Erblühen der Natur.

Und niemals darfst Du verkaufen:
deine Seele,
dein Innerstes,

dein Geheimnis,
dein Leben.

Am Ende
des Totalausverkaufs
steht
der ewige Tod.

31 Das Gebet Jesu

Nachdem Jesus die Leute weggeschickt hatte stieg er auf einen Berg, um in der Einsamkeit zu beten. Spät am Abend war er immer noch allein auf dem Berg (Mt 14, 23).

Abba,
mein lieber Vater.

Du hast mich
leibhaft eingebettet
in Deine Schöpfung,
dass ich
    fühle mit den Fühlenden,
    leide mit den Leidenden,
    frage mit den Fragenden,
    schreie mit den Schreienden.

Du hast mich
eingefleischt
in alles Irdische,
in alles Sterbliche,
in alle Not,
dass ich
    zur Hoffnung werde

für Menschen, Tiere, Pflanzen
und Leben bin
für alles, was dem Tod geweiht ist.

Ich weiss, was es bedeutet:
Angst, Not und Tod,
Verfolgung, Folter und Kreuz.
Und ich weiss,
dass Du in mir nichts bist,
ausser Liebe, Hingabe an die Welt.

Alle Wesen werden nicht verwesen,
sondern Deinen Glanz sehen
für alle Ewigkeit.
Dein Wille geschehe.

32 Auf dem Rücken des Esels

Sagt der Tochter Zion: Siehe, dein König kommt zu dir. Er ist friedfertig und er reitet auf einer Eselin und auf einem Fohlen, dem Jungen eines Lasttiers (Sach 9,9, Mt 21, 5).

Wer die Welt retten will,
kommt nicht im Flugzeug
und nicht im Mercedes.
Er kommt mit dem Frieden im Herzen
und barfuss
wie ein Armer, der nichts hat,
um seinen Kopf draufzulegen.
Er kommt auf einem Esel,
von den Grossen verachtet
und von den Kleinen begrüsst.

Wer die Welt retten will,
spürt den Boden
und fühlt den Rücken des Esels,
der ihn trägt.
Wächst nach unten,
in die Erde
und in die Herzen der Menschen.

33 Nicht nur Brotreste

Selbst die Hunde bekommen von den Brotresten, die vom Tisch ihrer Herren fallen. (Mt 15, 27)

Nicht nur Krümel
fallen unter den Tisch,
sondern ganze Brote.

Täglich
Lastwagen voll
frisches Brot
auf den Müll geworfen.

Milch, Käse,
Fleisch, Fische,
Gemüse,
die Hälfte aller Lebensmittel
fällt von den Tischen.

Menschen,
Tiere,
je länger, je mehr
auch sie Abfall.

Alles fällt unter den Tisch.
Und wer sieht,
was unter den Tisch fällt,
findet Gehör
bei Jesus,
bei Gott.

34 Über den Tod hinausgreifen

Gott ist doch kein Gott von Toten, sondern von Lebenden; denn für ihn sind alle lebendig (Lk 20, 38).

Entweder Gott
oder Tod.
Nur von Lebenden
ist Gott Gott.

Wie im Anfang
ruft er in die Nacht:
Licht!
Und Licht ist.

Und ruft ins Nichts:
Stein!
Und der Stein ist.

Und ruft in den Tod:
Leben!
Und Leben ist.

Und ruft die Blume,
die verwelkt.
Und die Blume blüht.

Und ruft die Amsel,
die am Boden liegt:
Amsel!
Und die Amsel lebt.

Und ruft den toten Hund,
der mir treu war:
Hund!
Und mein Hund lebt.

Und ruft, nachdem die Verwesung sich verbreitet:
Mensch!
Und der Mensch steht auf.

Und alles geht ein
in die Lebensfülle Gottes.

Entweder Gott,
oder Tod.
Nur von Lebenden
ist Gott Gott.
Selbst Steine wachen auf,
und Blumen beschleunigen ihr Blühen,
und Hunde singen,
und vereinen sich
mit den Scharen
im Jubel: Gepriesen,
der da kommt im Namen Gottes!

35 Nicht im Trüben fischen

Petrus und sein Bruder Andreas warfen gerade ihr Netz in den See, denn sie waren Fischer. Da sagte Jesus zu ihnen: Kommt her, folgt mir nach! Ich werde euch zu Menschenfischern machen (Mt 4, 18f).

Hört auf,
im Trüben zu fischen.
Wagt Euch ins Licht!

Hört auf,
Fische zu fangen
und in Netze zu bannen.
Geht zu den Menschen
und bringt ihnen Freiheit und Freude!

Hört auf,
Tod zu bringen.
Seht in den Untiefen des Sees
das alles verschlingende Nichts
und bannt das Böse!

Hört auf,
Todesnetze auszuwerfen.
Knüpft vielmehr Netze für das Leben,
Netzwerke der Liebe,
und Gerechtigkeit.

Alles ist mit allem verbunden
im Reich Gottes.

36 Seht das Lamm Gottes!

Seht, das Lamm Gottes, das die Sünde der Welt wegträgt (Joh 1, 29).

Seht,
das Lamm Gottes.
Gott fordert kein Blut
von Lämmern und anderen Tieren.
Auch nicht das von Menschen.

Gott fordert nichts.
Er gibt sich selbst,
gibt sich hin
in verletzlicher Liebe,
im Menschen Jesus,
dem Unschuldigen,
Gewaltlosen.

Gott muss nicht versöhnt werden
durch Wohlverhalten.
Auch nicht durch blutige oder unblutige Opfer,
und nicht durch Verzicht und Leiden.

Wir müssen den Himmel nicht verdienen.
Er ist uns geschenkt.
Gott steigt herab
in unsere Welt.
Er zeigt uns sein Antlitz.
Seine Liebe allein versöhnt.
Sie nimmt die Sünde auf sich
und trägt sie weg,
von uns weg,
hinein, hinauf
ins eigene Herz.

Seht: sie,
die Liebe,
das Lamm Gottes.

37 Der Leib Christi

Christus alles in allem (Kol 3,11).

«Das Ende
aller Wege Gottes
ist der Leib.» (F.C. Oetinger)
Der Leib Jesu -
der von Maria Geborene
und unter Pilatus Gekreuzigte.

Der Leib Christi –
der beim Teilen des Brotes Erkannte
und Empfangene.

Der Leib Christi -
der zur Kirche Rufende
und Vergegenwärtigte,
wenn wir zusammenkommen.

Der Leib Christi –
der erfüllte und bewegte Kosmos,
der alles Vereinende,
Mensch, Tier, Natur und Materie.

Nicht das Jenseits ist das Ziel,
sondern das Diesseits Gottes.

Das Ende aller Wege Gottes ist der Leib,

das Ende alles Irdischen der Leib Christi.

38 Der Fremde

Als er mit ihnen bei Tisch war, nahm er das Brot, sprach den Lobpreis, brach das Brot und gab es ihnen. Da gingen ihnen die Augen auf und sie erkannten ihn; dann sahen sie ihn nicht mehr. Und sie sagten zueinander: Brannte uns nicht das Herz in der Brust, als er unterwegs mit uns redete und uns den Sinn der Schrift erschloss? (Lk 24, 30f)

Ganz und gar fremd,
aber wohlwollend und freundlich
ist Er.

Er sieht
die schwarzen Schatten unter den Augen,
die hängenden Köpfe,
die gekrümmten Rücken,
die Niedergeschlagenheit,
und die verlorene Hoffnung.

Er ist ganz Ohr.
Er lockt unsere Geschichten
ins Licht,
und die verzweifelten Fragen
aus der Enttäuschung.

Er gibt Antwort,
deutet und erschliesst den Sinn
und bleibt, wenn es dunkel wird,
und teilt das Brot.

Nicht die Stimme ist es

und nicht die leibhafte Erscheinung,
sondern das Teilen,
an dem sich der Auferstandene erkennen lässt
für Zeit und Ewigkeit.

39 Der Tod des Todes

Da riss der Vorhang im Tempel von oben bis unten entzwei. Die Erde bebte und die Felsen spalteten sich (Mt 27, 51).

Der Tod Jesu erschüttert
nicht nur den Tempel,
sondern die ganze Erde.

Der Vorhang, der die Menschen
vom Allerheiligsten trennt,
zerreisst.
Da gibt es nichts mehr,
was Gott und Menschen trennen könnte.

Die Erde bebt,
die Felsen spalten sich.
Da gibt es nichts mehr,
was Halt zu sein verspricht.

Dieser Tod
ist der Tod des Todes,
selbst der Stein wird lebendig
und hat Anteil am Leben,
das Gott schenkt.

Dieser Tod
ist das Ende der Hölle,

der absoluten Gottverlassenheit,
selbst dort,
wo niemand mehr von Gott zu sprechen wagt,
ist Gott gegenwärtig.

Denn Gott ist eingegangen
in die Höllen dieser Welt,
in Verzweiflung, Grausamkeit und Todesleiden,
in die Katastrophen jeder Art.

Gott ist Hoffnung,
wo die Hoffnung stirbt.
Er macht der Herrschaft des Todes ein Ende.
Das Leben in Fülle beginnt
und wir sind berufen,
den Aufstand gegen den Tod zu wagen.

40 Brennen[185]

Ich bin gekommen, um Feuer auf die Erde zu werfen. Wie froh wäre ich, es würde schon brennen! (Lk 12, 49)

Geh dem Feuer entgegen,
dem feurigen Gott.

Komm zum Dornbusch,
aus dem das Feuer Gottes lodert.
Komm in die Kirche,
ins Foyer,
an das Herdfeuer.

---

[185] Unbekannter Autor eines Flugblatttextes, aus dem Italienischen übersetzt von Anton Rotzetter

Hier, jetzt,
brennt es.
Christus, der Auferstandene,
der FEURIGE ist da.

Mach dich auf den Weg,
mit Vertrauen und Freude,
allein
oder in der Begleitung lieber Menschen,
aber komm!
Komm zum Dornbusch,
aus dem das Feuer Gottes lodert.

Wer immer du bist,
bedenke:
Du hast
eine Wohnung im Haus Gottes,
hast Schwestern und Brüder,
denen du begegnen kannst.

Wenn du Durst hast
nach Freude,
nach Frieden und Gerechtigkeit,
nach Liebe, nach Vergebung,
komm zum Dornbusch,
aus dem das Feuer Gottes lodert,
zu Jesus Christus.
Komm ins Foyer,
an das Herdfeuer.
Hier, jetzt brennt es.

Komm,
lass dich entflammen

im Licht des Evangeliums,
in der Kraft des Feuers.
Gott liebt uns,
erwartet uns.
Im Foyer
brennt das feurige Feuer Gottes.

Kapitel 16:
AKUT-Charta zur Fastenzeit 2014[186] –
Eine Zeit ohne Fleisch und Fisch – 40 Tage des Friedens und der Solidarität mit der ganzen Schöpfung[187]
Anton Rotzetter

Diese Charta ist eine unmittelbare Folge des AKUT-Aufrufes[188], bei deren Übergabe an die Kirchenleitungen ein offizieller Vertreter gebeten hat, dass wir bezüglich Fasten als Hilfe für die Kirchen einen aktiven Beitrag leisten sollten. Was Inhalt und Form betrifft, orientierte ich mich an der französischen Internetplattform «40 Tage ohne Fleisch und Fisch».[189] Der Text war die Grundlage einer Aktion auf der Homepage und der Facebookseite von AKUT.

Fasten gehört zur kirchlichen Tradition. Deswegen wandte sich AKUT-CH an die beiden Fastenaktionen «Fastenopfer» und «Brot für alle», die für universale Solidarität und auch für Fastenaktionen hervorragende Impulse geben. Es gibt über die ganze Schweiz verteilt Fastengruppen, die spirituell begleitet werden und sich zum Teil am sogenannten «Heilfasten» oder «Buchingerfasten» orientieren. Selbstverständlich will die AKUT-Charta dieser eingespielten Form des

---

[186] http://www.aktion-kirche-und-tiere.ch/images/AKUTCharta_%20Fastenzeit.pdf (Zugriff: Juli 2014).

[187] AKUT verdankt diese Charta vor allem einer ökumenischen Initiative in Frankreich:
http://www.penseesociale.catholique.fr/Redecouvrir-la-beaute-du-careme.html.

[188] Siehe S. 100ff.

[189] Siehe S. 109ff.

Fastens in keiner Weise Konkurrenz machen. Sie will nur einen Aspekt besonders hervorheben.

Seit jeher bedeutet Fasten vor allem Verzicht auf Fleisch. In den letzten Jahrzehnten ist den Kirchen diese gewollte Abstinenz zu gewissen Zeiten des Kirchenjahres abhandengekommen. Eine Neubesinnung wird jedoch notwendig angesichts der zerstörerischen Lebensmittel- und Fleischproduktion in der heutigen globalisierten Wirtschaft.

Zum Thema «Fisch» sagt *fair-fish*, eine Organisation, die sich dafür einsetzt, dass auch zukünftige Generationen noch Fisch essen können:

> «Die Hälfte aller Fischbestände ist bis an die Grenzen befischt, ein Viertel sogar überfischt. Und viele Zuchtfische brauchen dreimal so viel Fisch im Futter, wie sie selber auf die Waage bringen.» Gewisse Fischarten sind am Aussterben[190].

Zum Thema **«Fleisch»** verweisen wir auf einen Dokumentarfilm bei ARTE unter dem Titel «Nie wieder Fleisch?»:

> »In den letzten 50 Jahren hat sich der weltweite Fleischkonsum verfünffacht. Während man in Europa schon immer viel Fleisch gegessen hat, wächst die Lust darauf nun auch in Ländern wie China und Indien. Doch der Hunger nach Fleisch hat verheerende Konsequenzen. In China nehmen gesundheitliche Probleme der Bevölkerung durch die veränderte Ernährung stetig zu, in Paraguay führt der Futterexport nach Europa zu extremer Armut, in Frankreich und Deutschland ist das Grundwasser durch die extensive Landwirtschaft gefährdet und weltweit leidet das Klima. Viele Masttiere gleichen mittlerweile Futterverwertungsmaschinen und verbringen ihr

---

[190] http://www.fair-fish.ch/wissen/gesundheit/ (Zugriff: Juli 2014).

kurzes Leben zusammengepfercht in dreckigen Ställen. Die Industrie hingegen wirbt mit Heilsversprechen für ihre Produkte – Fleisch sei gesund und für eine ausgewogene Ernährung notwendig. Dabei belegen Studien, dass der Konsum von zu viel rotem Fleisch nicht nur krank macht, sondern das Leben sogar verkürzen kann. Auch weisses Fleisch ist problematisch, denn Hühner und Puten werden erschreckend häufig mit Antibiotika behandelt. Moderne Mastbetriebe haben sich zu Hightech-Firmen entwickelt, in denen die Tiere lediglich Produkte sind. Dass es sich um Lebewesen handelt, wird gerne vergessen. Unfassbare Zustände in der Putenmast, Antibiotikaeinsatz in der Geflügelzucht allgemein, nicht fachgerechte Tötungen von Rindern – Fleischproduzenten stehen in der Kritik. Die Dokumentation berichtet über die verheerenden Auswirkungen der massenhaften Fleischproduktion.»[191]

Ein 3Sat-Film vom 17.01.2014 mit dem Titel «Schweine für den Müllcontainer» weist auf die schrecklichen Zustände in der Schweinefleischproduktion in Deutschland hin. Diese sprechen allen tierethischen Gesichtspunkten Hohn, sind aber ganz legal[192]. Das gilt auch für den ZDF-Film «Deutschlands Ferkelfabriken: Gequält, totgeschlagen und weggeworfen»[193].

Dagegen wollen wir in der Fastenzeit uns auf die Tatsache besinnen, dass wir dem Leben ganz allgemein und dem des Tieres in besonderer Weise verbunden sind.

Mit Franz von Assisi und Albert Einstein wollen wir uns

---

[191] Empfehlung der Sendung vom 27.07.2013: http://www.youtube.com/watch?v=b4nm9ime3JI . (Zugriff: Juli 2014).
[192] http://www.youtube.com/watch?v=J9XgEJWo5-w.
[193] https://www.youtube.com/watch?v=xiCnUCo-4YQ (Zugriff: Juli 2014).

bewusst machen, dass wir wie die Tiere auch Geschöpfe Gottes sind.

Wir laden Sie ein,
> *darauf zu vertrauen,* dass Gott uns ganz persönlich neue Wege zeigt,
> *die Hoffnung* für die ganze Schöpfung und für sich selbst zurückzugewinnen und in Kirche und Gesellschaft zu bezeugen,
> *unsere Berufung,* als Ebenbilder Gottes die Schöpfung wie Gärtner und Gärtnerinnen zu hegen und zu pflegen und Verantwortung für das Ganze zu übernehmen und
> *die Schönheit* einer fleisch- und fischlosen Zeit zu erleben.

«Dann sprach Gott: Hiermit übergebe ich euch alle Pflanzen auf der ganzen Erde, die Samen tragen, und alle Bäume mit samenhaltigen Früchten. Euch sollen sie zur Nahrung dienen. Allen Tieren des Feldes, allen Vögeln des Himmels und allem, was sich auf der Erde regt, was Lebensatem in sich hat, gebe ich alle grünen Pflanzen zur Nahrung. So geschah es. Gott sah alles an, was er gemacht hatte: Es war sehr gut. Es wurde Abend und es wurde Morgen: der sechste Tag.» (Gen 1, 29ff)

Motto: die Schönheit entdecken, Kosten und Genießen – ohne Fleisch und Fisch.

Wir begleiten Sie! Auf unseren Facebook-Seiten[194] können Sie zu den nachstehenden Punkten ab Aschermittwoch täglich zusätzliche Impulse bekommen:

---

[194] https://www.facebook.com/Akut.schweiz (Zugriff: Juli 2014).

Vierzig Tage auf dem gemeinsamen Weg

1. Weniger ist mehr!
2. Qualität ist wichtiger als Quantität!
3. Auf Fleisch und Fisch verzichten, um anderes zu erproben!
4. Vieles kennen und nichts Neues kosten – was soll das?
5. Geniessen, ohne zu verbrauchen!
6. Lebenskraft empfangen, ohne Leben zu zerstören!
7. Leben, aber nicht auf Kosten anderer Wesen!
8. Nicht vom Brot allein leben, sondern vom sinnstiftenden Wort! (Am 8, 11; Mt 4,4).
9. Sich nicht im Vordergründigen einnisten, sondern Tiefe wagen!
10. Sich nicht durch den Schein abgrenzen, sondern das Sein zur Geltung bringen!
11. Nicht das tun, was man tut: persönlich Verantwortung übernehmen!
12. Dem Herzen folgen!
13. Den Wolken nachschauen!
14. Die Augen schliessen, um besser zu hören!
15. Sich liebend in das Gesicht eines Menschen versenken!
16. Ein Kind glücklich machen!
17. Einen Armen umarmen!
18. Ein Gedicht auswendig lernen!
19. Dem Gesang der Vögel lauschen!
20. Dem Spiel der Katze zuschauen!
21. Die Freude des Hundes wahrnehmen!
22. Steine singen hören!
23. Einer Blume beim Wachsen und Blühen zusehen!
24. Die Blätter eines Baumes vorausahnen!
25. Das Lied der Hoffnung anstimmen.
26. Mit Jesus ins Wasser steigen und ins Geheimnis der Schöpfung eintauchen! (Mk 1,10)

27. Den geöffneten Himmel sehen! (Mk 1,10)
28. Die Taube auf Jesus herunterfliegen sehen und sich als Sohn und Tochter Gottes erfahren! (Mk 1,11)
29. In Gedanken mit Jesus in die Wüste gehen und wie er mit Engeln und wilden Tieren zusammenleben! (Mk 1,12f)
30. Mit Jesus die Füchse um ihre Höhlen und die Vögel um ihre Nester beneiden! (Mt 8,20)
31. Mit Jesus in die Schule der Lilien des Feldes und der Vögel des Himmels gehen! (Lk 12, 23 -27)
32. Wie Jesus in jedem Spatz und in jedem Menschen den unendlichen Wert erkennen! (Mt 10,29f)
33. Wie Jesus sich mit dem Lamm identifizieren, das zur Schlachtbank geführt wird! (Joh 1,29f)
34. Am weltweiten Martyrium der Natur, der Tiere und der Menschen mitleiden!
35. Glauben, dass Gott seine Schöpfung bewahrt!
36. Vertrauen, dass Gott alles Leiden zuinnerst mitleidet! (Röm 8,18)
37. Erkennen, dass die ganze Schöpfung nach Befreiung schreit! (Röm 8, 21)
38. Wollen, dass – falls uns eine Katastrophe bevorsteht – nicht nur der Mensch, sondern alle Geschöpfe Auferstehung feiern! (Röm 8,20)
39. Hoffen, dass Gott am Ende jedes Geschöpf in seine Lebensfülle aufnimmt! (Röm 8,19)
40. Jetzt schon anbetend feststellen, dass uns schlussendlich der ewige Glanz Gottes aus jedem Stein, jeder Pflanze, jedem Tier und jedem Menschen entgegen scheint.

Facebook- Begleitung der AKUT-Charta

Eva Opitz

1. *Weniger ist mehr!*
   Langeweile im überfüllten Kinderzimmer – Appetitlosigkeit vor einem überquellenden Buffet – «vor lauter Bäumen den Wald nicht mehr sehen...»
   Wo kann in meinem Leben weniger/mehr sein?

2. *Qualität ist wichtiger als Quantität!*
   Um Überlebenswichtiges müssen sich die meisten in unserer Gesellschaft nicht sorgen. Mein Vater war ein Kriegskind. Aufgewachsen in Deutschland hat das ständige Bangen um passende, wenn auch getragene Kleider, um Essbares, mit dem man den gröbsten Hunger stillen konnte, tiefe Wunden hinterlassen, die ihn lebenslang begleitet haben. Wenn er später bei uns zu Besuch kam, dann immer mit zwei grossen Tüten voller Lebensmittel und strahlenden Augen. Ich meinerseits versuchte auf jegliche Art, ihm zu erklären, dass wir diese Dinge unmöglich alle in nützlicher Frist aufessen könnten. Oder, dass, wenn wir wirklich Schokolade essen möchten, wir uns dann hie und da einen Riegel gönnen würden. Er brachte uns aber 400-Gramm-Tafeln, weil sie besonders billig waren – man weiss ja nie ...
   Wie kaufen Sie ein? Was prägt ihr Konsumverhalten? Welche Kriterien bestimmen die Wahl der gekauften Produkte?

3. *Auf Fleisch und Fisch verzichten, um anderes zu erproben!*

Haben Sie schon einmal Grünerbsenmus mit Pfefferminze versucht? Humus (Mus aus Kichererbsen) herzustellen ist nicht schwierig! Tofu nature mit den Händen zerbröselt oder gerieben und scharf angebraten eignet sich hervorragend für eine Bolognesesauce und hat kein Cholesterin! Nicht nur viele Kochbücher für Vegetarier und Veganer bringen Abwechslung und gesunde Nahrung in ihr Leben. Vielleicht suchen Sie mal im Internet unter «vegane Rezepte»[195] – Sie werden staunen!

4. *Vieles kennen und nichts Neues kosten – was soll das?*

«Was der Bauer nicht kennt, frisst er nicht» Das war der erste Gedanke bei diesem Thema. In gewissen Bereichen sind wir alle solche «Bauern». Tragen Sie die Armbanduhr immer links? Haben sie die Hände schon mal andersrum zum Gebet gefaltet? Wie viele Möglichkeiten haben Sie, Ihren Arbeitsweg zurückzulegen? Könnte ein Sonntagsessen auch ohne Braten lecker sein? Neues entdecken muss nicht zwangsläufig mit hohen Kosten einhergehen. Man braucht keine Weltreise zu unternehmen, um den eigenen Horizont zu erweitern! Kleine Abweichungen von Gewohnheiten machen uns auch im grösseren Zusammenhang flexibler und halten das Gehirn wach! Übrigens: Der Sonntagszopf kann anstelle von Butter auch einheimisches Rapsöl enthalten und anstatt Kuhmilch z.B. Reismilch ... (Sojamilch hat für mich etwas zu viel Eigengeschmack für den Zopf). Weil ich ihn nicht mit Ei bestreiche, haben wir einen familieninternen Lieb-

---

[195] http://www.vegetarismus.ch/rezepte/ (Zugriff: Juli 2014).

lingszopf entdeckt: Mit Sesam bestreut schmeckt er uns am besten! Und dann seien Sie gespannt, wer am Frühstückstisch Butter, Ei und Milch im Zopf vermisst ...

5. *Geniessen ohne zu verbrauchen!*
    Kurz und bündig kommt mir hierzu ein Zitat in den Sinn: «Die Welt hat genug für jedermanns Bedürfnisse, aber nicht für jedermanns Gier.» (Mahatma Gandhi)

6. *Lebenskraft empfangen, ohne Leben zu zerstören!*
    «Fleisch, ein Stück Lebenskraft!» – Wer kennt diesen Slogan nicht? Für wen stimmt er? Für uns Konsumenten, die wir mit Übergewicht, hohen Cholesterinwerten und Darmkrebs zu kämpfen haben? Für die Tiere, die wir zu sogenannten «Nutztieren» (gibt es auch «Nutzmenschen»?) abgestempelt haben und deren Daseinsberechtigung darin liegt, so billig wie möglich im Unterhalt zu sein, um dann ebenso billig auf dem Teller zu landen? Gilt er für die Luft, die u.a. mit Methangasen schwer belastet wird, oder für die Gewässer und Grundwasser, die durch ausgeführte Gülle verschmutzt sind? Gilt er für den brasilianischen Regenwald, der abgeholzt wird, um Futtermittel anbauen zu können? Gilt er für die Hungernden dieser Welt, deren Wasser und Agrarfläche zur Produktion von Luxusgütern für unsere Breitengrade verbraucht werden? Oder gilt er für die Produzenten und Händler, die mit möglichst geringen Ausgaben und mit der Gier der Kundschaft auf Kosten von Natur, Umwelt und Mitgeschöpfen ihr Imperium gefestigt haben?
    Welche Alternativen haben wir? Wie können wir als

Konsumenten und Christen ein Zeichen setzen? Oder fehlt uns dazu die Kraft? Dazu gibt es eine höchst interessante «Dokumentation zu Fleischkonsum, Klimawandel, Gesundheit, Vegetarismus»[196].

7. *Leben, aber nicht auf Kosten anderer Wesen!*
In unserem Alltag sind uns die Zusammenhänge längst nicht mehr bewusst. Wir kaufen und konsumieren, ohne den Produzenten oder die Inhaltsstoffe zu kennen, ohne zu wissen, wie etwas überhaupt in den Verkauf gelangt. Und wir begnügen uns damit, dass es für uns gerade «passt».
Lasst uns achtsamer werden, dankbarer, genügsamer, denn auch ohne Ausbeutung sind wir unendlich reich und mit dem Kostbarsten gesegnet, das es gibt: dem Leben!

8. *Nicht vom Brot allein leben, sondern vom sinnstiftenden Wort! (Am 8,11; Mt. 4,4)*
Warum schreit ein Säugling? Einer unserer Buben konnte sich stundenlang die Seele aus dem Leib schreien. Bis heute bleibt uns der Grund seines Schreiens unbekannt. Er hatte genug Nahrung, war mit einer frischen Windel versorgt, medizinisch schien ihm nichts zu fehlen. Auch wenn es mich damals als junge Mutter an die Grenzen der Belastbarkeit gebracht hat – ich tat das Einzige, was ich noch tun konnte: Ich liess ihn nicht alleine, versuchte mit ruhigen Worten, leisen Liedern und mit Körpernähe Geborgenheit zu geben. Geborgenheit oder, man könnte auch sagen, Aufmerksamkeit, Liebe, vielleicht gar «Sinn». Denn

---

[196] http://www.youtube.com/watch?v=Lw0rz3uHWhM (Zugriff: Juli 2014).

was gibt unserem Leben mehr Sinn, als uns geliebt und geborgen zu wissen und selber Liebe und Geborgenheit weiter zu geben? Wer mit seinem Leben nicht mehr zurechtkommt, tut dies in unseren Breitengraden selten des fehlenden Brotes wegen. Jedoch fehlt ihm oft die Hoffnung oder der Sinn durchzuhalten, weiter zu machen. Er fühlt sich überflüssig oder gar störend, übergangen oder überfordert von seiner Umwelt. Nicht mehr wahrgenommen und geschätzt als der, der er ist. Ihm fehlt das sinnstiftende Wort. Wir Menschen brauchen Nahrung für Leib und Seele, um glücklich und zufrieden jedem Tag mit neuem Mut zu begegnen!

9. *Sich nicht im Vordergründigen einnisten, sondern Tiefe wagen!*

«Was nützt es dir, wenn du dich wegen der schlecht behandelten «Nutztiere» aufregst – damit änderst du nichts». Dieser Satz wurde mir vor einer halben Stunde von einer Bäuerin gesagt, die, wie ich weiss, nach ihren Tieren nach bestem Wissen und Gewissen gut schaut – aber halt doch von ihnen lebt.

Ja, was nützt es mir? Vordergründig schade ich mir damit. Ich leide Schmerzen, körperliche, seelische. Und ich mute mir das zu. Ich mute mir zu, schräg angeschaut zu werden, wenn ich die Tränen nicht unterdrücken kann. Ich mute mir zu, mit schmutzigen Ärmeln und Händen weiter zu gehen, wenn ich beim Walken einem vernachlässigten Tier etwas Zeit, gute Worte, Achtung und Streicheleinheiten gewährt habe. Mehr kann ich nicht tun, das stimmt. Aber auf diese Art kann ich mich solidarisieren. Ich kann hinschauen «mit den Augen der Liebe» (inspiriert vom gleichnamigen Buch von Christa Blanke von den «Animals Angels»[197]) und ich kann diesem Tier einen kleinen Moment lang, in seinem Elend Würde zugestehen. Ich ändere mich selber, ich ändere vielleicht auch die Achtsamkeit des Bauern, der mich dabei beobachtet, ich ändere einen kleinen Moment lang den Wert des Lebens. Und darum will ich hinschauen!

10. *Sich nicht durch den Schein abgrenzen, sondern durch das Sein!*
«Kleider machen Leute» – Wie oft beurteilen wir jemanden über das Äussere? Wer sich gezielt Gehör oder Ansehen verschaffen will, wer Autorität ausstrahlen und sich seriös geben will, wird früher oder später erfahren, dass er Kleidung, Haarschnitt, Automarke, Schmuck und Armbanduhr ganz gezielt einsetzen kann. Dabei spielt es keine Rolle, ob das besagte Auto geleast oder abgezahlt ist, es muss repräsentieren!
Auch Zugehörigkeiten werden oft durch Äusserlichkeiten manifestiert. Das ist nicht nur negativ. Uniformen oder Berufskleidung, aber auch andere äussere Symbole der Zugehörigkeit bieten Schutz, verbinden mit Gleichgesinnten und lenken vom einzelnen Individuum ab, hin auf die Funktion, die jenes innehat.
Doch oft täuschen wir uns selber. Wo liegt die Wahrheit? Bin ich diejenige oder derjenige, der/die ich vorgebe zu sein? Darf ich zu mir selber stehen? Und mit welchen Augen betrachte ich meine Mitmenschen? Erlaube ich ihnen ein «Sein» jenseits des «Scheins»?

---

[197] Animals'Angels: https://www.animals-angels.de/ (Zugriff: Juli 2014).

11. *Nicht das tun, was man tut: persönlich Verantwortung übernehmen!*
Verantwortung übernehmen für die eigene Handlungsweise kann durchaus bedeuten, dass man in der Gruppe zum «Exoten» wird. Doch waren es nicht oft jene «Exoten», die die Welt weitergebracht haben, durch ihr Handeln? In der Bibel finden wir viele Beispiele von Menschen, die sich nicht so verhalten haben wie die Norm, weil sie ihre Überzeugung gelebt haben. Nicht immer fiel es ihnen leicht. Noah z.B., der auf dem Festland eine Arche baute... Lot, der um die Gnade für die Städte Sodom und Gomorrha gerungen hat, usw. Auch Jesus war ein «Exot», indem er das Reich Gottes predigte, sich des «Unreinen» annahm und dafür mit seinem Leben einstand.

Die Namen derer, die sich im zweiten Weltkrieg für ihre Überzeugung eingesetzt haben und mit dem Tod bezahlen mussten, sind mehr oder weniger bekannt. Dietrich Bonhoeffer z.B., Sophie Scholl und viele andere. In der Schweiz läuft momentan der Kinofilm «Die Akte Grüninger», die an die Zivilcourage in Bezug auf Kriegsflüchtlinge in der Schweiz erinnert.

Und was tue ich, wenn mein Herz Ungerechtigkeit erkennt, die in der Gesellschaft als «normal» gilt, oder vor der «man» die Augen verschliesst? Kusche ich, um mich nicht zu exponieren oder stehe ich durch mein Verhalten für jene ein, die «am kürzeren Hebel» sind? Ich glaube, wir müssen lernen, unsere Überzeugung als unseren Auftrag wahr zu nehmen. Aber wir müssen auch lernen mit diesem Auftrag umzugehen, um Saat auszubringen, die Frucht tragen kann und nicht einfach Fronten zu verhärten. Wer z.B. Tiere als Mitgeschöpfe erkennt und nicht als menschliche Nahrungsquelle, Versuchsobjekte und Unterhaltungsgegenstände, die nach Lust und Laune ausgebeutet werden können, der wird sich selber verleugnen müssen, wenn er sich nach der Norm verhält. Persönlich fällt es mir schwer, Toleranz zu üben, wenn ich ungerechtes Handeln wahrnehme. So kann ich nicht gegenüber der Handlungsweise eines Kinderschänders tolerant sein; ebenso schwer fällt es mir, gegenüber dem Tierquälen oder Ausbeuten tolerant zu sein. Ich versuche meine Überzeugung ganz alltäglich zu leben. Wenn ich mich damit bereits in der «Exotenrolle» befinde, dann trage ich das mit Fassung.

12. *Dem Herzen folgen!*
Als Kind habe ich mich geweigert, Kaninchenfleisch zu essen, so gut es auch duftete. Wir schlachteten zwar keine eigenen Kaninchen, jedoch wurden sie uns aus dem Bekanntenkreis geliefert und hingen noch einen Moment in unserem Keller. Es war nicht der blutige, gehäutete Körper, der mich grauste, sondern es waren die Füsse, die an das Leben erinnerten mit ihren Krallen und dem Fell. Die Entscheidung, den Kartoffelstock ohne Kaninchenbraten zu essen, war ein kleiner Schritt hin zu mir selber, weg von Tradition und «Normalität».

Etwas später kam der Boykott von Kalbfleisch dazu, weil ich den Umgang mit den Kälbern auf dem Kälbermarkt beobachtet hatte. Immer noch blieb ich eine grosse Fleischliebhaberin, solange das Fleisch in meiner Vorstellung nicht von lebendigen Tieren stammte, sondern aus der Packung im Supermarkt.

Mit dem Wissen darüber, wie Tiere fühlen, mit der Erkenntnis, dass wir viele Gemeinsamkeiten haben, durch das Hinschauen und die Achtung meiner Mitgeschöpfe hat sich mein Handeln weiter verändert. Heute stehe ich dazu, dass ich nicht will, dass Tiere für mich leiden und sterben müssen, schon gar nicht aus Gründen des Genusses oder weil «man» halt tierische Produkte konsumiert und Tiere für Versuche und zur Unterhaltung einsetzt. Die Hinwendung zu meinem Herzen bringt mir erheblich mehr Lebensqualität als Einschränkungen, die aufgrund der nicht der Norm entsprechenden Lebensweise entstehen können!

13. *Den Wolken nachschauen*
    In der heutigen Zeit erkranken viele Menschen an psychischen Krankheiten. Die Suizidalität ist gross. Wenn ich selber innerlich aus dem Gleichgewicht bin, dann hat das oft mit Stress zu tun. Als «Stress» bezeichne ich nicht v.a. die Arbeitsbelastung als solche, sondern meinen hausgemachten Druck, meine Erwartungen an mich selbst (oft auch von aussen verstärkt). Ebenso stresst mich, dass ich mich von Logik und Kopf leiten und dabei die Emotionen aussen vor lassen muss, damit ich sachlich funktionieren kann. Ich will alles «im Griff» haben. Mein Körper quittiert das dann aber gerne mit Kopfschmerzen, Magenverstimmungen, Erschöpfung und Schlafproblemen.
    Den Wolken nachschauen, sich Zeit nehmen zum Sein. Bilder entstehen und vergehen lassen, mit mir eins werden und mich als Teil eines Ganzen verstehen. Ich muss nicht immer alles manipulieren und festhalten, ich darf auch loslassen!

14. *Die Augen schliessen, um besser zu hören!*
    Die Temperaturen erlauben es mir, das Fenster nachts

einen Spalt geöffnet zu halten. Wie herrlich, mit noch geschlossenen Augen den morgendlichen Geräuschen zu lauschen! Als erstes staune ich über die Vögel, die mit virtuosen Koloraturen den Tag begrüssen. Der Wind streicht durch die noch kahlen Bäume und das leise Plätschern des kleinen Weihers mischt sich mit ein. Die Schritte und das darauf folgende Geräusch der sich schliessenden Autotüre verraten mir, dass der Nachbar das Haus noch früher verlässt, als ich das werktags zu tun pflege. Vor meiner Schlafzimmertüre regt sich auch das Leben: ein leises Kratzen und zwei verschieden intonierte «Miau», entlocken mir ein Schmunzeln und veranlassen mich, die Augen zu öffnen und den Tag zu beginnen.

Später am Tag werde ich mir Zeit nehmen, nochmals hinzuhören, werde das Stimmengewirr in meinem Kopf, das sich besonders in stillen Momenten bemerkbar macht, nicht beachten, sondern lauschen auf die feinen, leisen Geräusche, die ich im Alltag so leicht überhöre.

15. *Sich liebend in das Gesicht eines Menschen versenken!*

Ist Ihnen schon einmal aufgefallen, wie wenige Merkmale wir brauchen, um ein Gesicht zu erkennen? Zwei Punkte, ein Strich in einem Kreis oder Oval in der einigermassen richtigen Anordnung und wir assoziieren ein Gesicht. Das «Smiley» ist ein gutes Beispiel, mit wie wenigen Elementen gar die Stimmung des Gesichtes ausgedrückt werden kann – für alle verständlich. Das Gesicht ist das erste, das Neugeborene erkennen, ihr erstes Lächeln heisst: Ich sehe dein Gesicht! Das Gesicht bekommt jeder zu sehen – es ist nicht eingehüllt wie andere Körperteile, nur sein eigenes Gesicht kann man nicht ohne Hilfsmittel sehen. Diese Schutzlosigkeit prägt ein Gesicht im Laufe der Jahre, Sorgen- oder Lachfalten, Lederhaut, Narben und Unebenheiten. Sie spiegeln das Leben. Die Augen bieten einen Einblick in die Seele. So treffen wir unter Umständen auf Lausbubenaugen, wenn wir uns in das Gesicht des Grossvaters versenken, oder auf einen leeren, trauervollen Blick, hinter dem Makeup eines jungen Mädchens. Unser Blick ist kein neutraler. Er verändert. Ein hassender Blick entstellt das Gesicht des Gegenübers, ein ignoranter Blick macht den anderen belanglos und durchsichtig, doch ein liebender Blick lässt das Gegenüber erblühen in seiner ganzen Schönheit, die nichts mit Alter und Äusserlichkeit zu tun hat.

Nehmen wir uns Zeit, die Schönheit des anderen zu erblicken!

16. *Ein Kind glücklich machen!*

Mir kommt eine Begebenheit in den Sinn, die mir gezeigt hat, wie unschuldig Kinder sind und wie unvermittelt man ihnen die grösste Freude machen kann.

Mein zweiter Sohn Micha war vier Jahre alt und hatte die erste Sonntagsschulweihnacht erlebt. Er hatte am Krippenspiel mitgewirkt und schliesslich mit leuchtenden Augen sein Geschenk entgegen genommen. Er traute seinen Augen kaum: Eine Taschenlampe!

Wenn dieses Geschenk von jemandem geschätzt wurde, dann von dem kleinen Micha. Man traf ihn nur noch mit der Taschenlampe bewaffnet an. Weihnachten rückte näher und die grosse Verwandtschaft fragte an, was sich denn Micha wünschte. Sie hatte schon Ideen und Vorschläge: Eine Holzeisenbahn? Einen Duplo-Hubschrauber? Einen Schlitten? Micha stand ratlos da und wusste auf die Fragen keine Antwort. Dann endlich begann sein Gesicht zu strahlen, er zog die Taschenlampe unter seinem linken Arm hervor und antwortete glücklich: Ich wünsche mir ... eine Batterie!

17. *Einen Armen umarmen!*
Umarmen setzt voraus:
Das Gegenüber wahr nehmen,
sich auf seine Ebene begeben,
den Eigenraum aufgeben,
sich für einen Moment ausliefern,
den Mut haben, den anderen zu nehmen, wie er ist,
sein Herz dem anderen zuwenden.
Umarmung heisst:
Du bist nicht alleine, du darfst dich mir anvertrauen.
Ich berge dich und deinen Schmerz.

18. *Ein Gedicht auswendig lernen*
Es ist ewig her, dass ich ein Gedicht auswendig gelernt habe, es muss wohl in der Unterstufe gewesen sein... Allerdings hatte ich später im Rahmen meiner gesanglichen Tätigkeit immer wieder Texte, die ich auswendig gelernt habe – und die aus lauter «Herrje» im entscheidenden Moment manchmal unerreichbar weit schienen ...
Auswendig lernen – apprendre par coeur.
Die unerreichbaren Texte waren zwar auswendig gelernt, aber «par tête» – was ich wirklich «par coeur», also «durch das Herz» gelernt habe, das begleitet mich ständig, ist immer da. Warum den Versuch nicht wa-

gen und ein kleines Gedicht, das unser Herz anspricht «par coeur» lernen?

19. *Dem Gesang der Vögel lauschen!*
Es regnet. Schon beim Erwachen hörte ich die Tropfen auf dem Dach und das Rauschen vor dem Fenster. Trotzdem verraten Vogelstimmen: Der Frühling kommt!
Die Amsel, die virtuose Sängerin, besticht durch ihre brillanten Koloraturen, die aus dem Geäst eines blattlosen Baumes erklingen. Ein unscheinbarer, schwarzer Vogel in einem kahlen Baum, einen grauen, kühlen Regensamstag, das nehmen meine Augen wahr. Doch wenn ich sie schliesse, dann höre ich ihn und beginne, ihn zu erahnen, den Frühling, und ich weiss, ich muss mich nicht vom Grau erdrücken lassen, der Vogel hat recht, das Frühlingserwachen hat begonnen!

20. *Dem Spiel der Katze zuschauen!*
Ich ertappe mich oft dabei, gar nicht «im Hier» zu sein. Auf dem Arbeitsweg bin ich gedanklich noch daheim oder schon bei den ersten Arbeiten. Während des Kochens plane ich das Danach. Wenn ich am Morgen erwache, stelle ich mir schon vor, was ich nach Feierabend tun will …
Und dann holen sie mich in die Realität, unsere zwei samtpfotigen Mitbewohner: Nano legt sich behaglich auf meine Kleider, die ich mir am Vorabend zurechtgelegt habe und denkt nicht im Traum daran, sie mir zu überlassen. Lucy hindert mich daran, den Weg zur Kaffeemaschine zügig hinter mich zu bringen, indem sie direkt vor meinen Füssen den Bleistift erobert, den ich in meiner Eile vom Tisch geschubst habe und der nun am Boden liegt.

Beiden ist es egal, ob ich pünktlich zur Arbeit erscheine. Sie denken nicht daran, was sie kurz zuvor getan haben und sie planen auch nicht, was danach kommt. Sie sind einfach da, mit ihrem ganzen Wesen und Sein. Ohne Berechnung, ohne Vorurteile, ohne Frage nach dem Sinn und ohne Angst vor dem nächsten Tag, aber mit ihrer gesamten Aufmerksamkeit, die auf das «Jetzt» gerichtet ist.

Wie gut es tut, sich einzulassen auf diese konzentrierte und ganzheitliche Art, den Moment zu leben!

21. *Die Freude des Hundes wahrnehmen!*
Viele Menschen können sich gar nicht mehr so richtig freuen. «Man» verhält sich nicht so, was sollen denn die anderen denken? Zudem: Sicher gibt es irgendwo einen Haken ... Was, wenn ich mich freue und dann enttäuscht werde? Besser, sich nicht zu früh freuen, sonst ist es hinterher umso schlimmer.

Wann haben Sie sich zum letzten Mal von Kopf bis Fuss gefreut?

Haben Sie schon einmal einen wartenden Hund vor einem Supermarkt beobachtet, wenn sein Frauchen mit den Einkäufen zur Türe heraus kommt? Nehmen wir uns ein Beispiel!

22. *Steine singen hören!*
Im Radio ist die Sendelautstärke entscheidend. Leise Sender werden weniger oft gehört als laute. Marktschreier übertönen sich gegenseitig.

In der Arbeit mit lebendigen und eher lauten Kindern im Unterricht wurde mir jedoch bewusst, dass, wenn ich ihre Aufmerksamkeit wollte, ich nicht lauter, sondern leiser werden muss. Eine spannende und wich-

tige Pointe muss nicht herausgeschrien werden, sondern eher geflüstert. Da waren plötzlich alle gespannt, konzentriert, haben hingehört, gelauscht. Der Sitznachbar wurde zurechtgewiesen, still zu sein, damit man selber verstehen kann.
Das Wesentliche ist nicht immer das Laute.
Wenn von singenden Steinen gesprochen wird, dann sind hier kaum die «Rolling Stones» gemeint, sondern die leisen, vermeintlich toten Steine, die schon lange waren, bevor ich war, die viele harte Winter und heisse Sommer erlebt haben.
Manchmal bringe ich einen Stein von einer Reise mit, als Erinnerung. Steine können einen aber auch an den Schöpfer erinnern – wenn wir ihnen Gehör schenken. In der Bibel lesen wir vom Einzug Jesu in Jerusalem: *Als er an die Stelle kam, wo der Weg um Ölberg hinabführt, begannen alle Jünger freudig und mit lauter Stimme Gott zu loben wegen all der Wundertaten, die sie erlebt hatten: Gepriesen sei der König, er kommt im Namen des Herrn! Im Himmel Friede und Herrlichkeit in der Höhe! Da riefen ihm einige Pharisäer aus der Menge zu: Meister, verbiete es deinen Jüngern. Er erwiderte: Ich sage euch: Wenn sie schweigen, werden die Steine schreien.» (Lk 19,37-40)*

23. *Einer Blume beim Wachsen und Blühen zusehen!*
Zuverlässig, Frühjahr um Frühjahr, erscheinen sie aus dem kahlen, manchmal noch teilweise schneebedeckten Boden. So zart, wie sie sind, durchbrechen die ersten Frühlingsboten die Erdkruste, entfalten ihre hellgrünen Blätter, um schliesslich ihre Blüten zu öffnen. Sie trotzen sogar dem nochmaligen Wintereinbruch, leuchten gelb und lila aus dem späten Schnee,

verwandeln den moosig grünbraunen Rasen unter dem noch kahlen Ahorn in ein fröhliches Farbenspiel und locken mit ihrem Leuchten und ihrem Duft bereits erste Insekten an. Neues Leben erwacht!

«Lernt von den Lilien auf dem Feld, wie sie wachsen: Sie arbeiten nicht und spinnen nicht, ich sage euch aber: Selbst Salomo in all seiner Pracht war nicht gekleidet wie eine von ihnen.» (Matthäus 6, 28-29)

24. *Die Blätter eines Baumes vorausahnen!*
Vor meinem Fenster steht eine kleine Sternmagnolie. Wenn im Herbst alle Blätter im Garten weggewischt sind, die abgeernteten Apfelbäume kahl stehen und die Gartenmöbel gestapelt und zugedeckt ihren Winterschlaf halten, wirkt der Garten kühl, manchmal richtig leblos.

Doch dann sehe ich das sich anbahnende Wunder: Die Sternmagnolie, kaum hat sie ihre Blätter abgeworfen, bildet sie neue Triebe. Noch vor Weihnachten sind Knospen erkennbar, geschlossen freilich, geschützt von Wind und Schnee, aber parat. Sie warten beharrlich und entschlossen darauf, dass die Tage wieder länger werden, die Sonne wieder mehr Kraft hat und sie sich entfalten können. Der kleine Magnolienbaum steht vor meinem Fenster und erinnert mich an die Zusage:

«Solange die Erde steht, soll nicht aufhören Saat und Ernte, Frost und Hitze, Sommer und Winter, Tag und Nacht.» (Gen 8,22)

25. *Das Lied der Hoffnung anstimmen*
Kannten Sie das auch? Wenn ich als Kind in den dunklen Keller musste, alleine daheim war oder mich

im Wald plötzlich die Angst überfiel, dann begann ich zu singen. Erst leise, dann lauter und bestimmter und mit dem Singen wurde auch mein Mut stärker.

Seit vielen Jahren nun leite ich Chöre. Da treffen sich einmal in der Woche Menschen, um gemeinsam Lieder zu lernen, Lieder, die sie anschliessend wieder in ihren Alltag begleiten. Der Alltag, der bei einigen voller Arbeit und Hektik, bei anderen still und eher einsam verläuft. Die Lieder begleiten durch Krankheiten und freudige Ereignisse hindurch. Menschen singen sich selber und einander gegenseitig Mut und Trost zu, zaubern so ein Lächeln auf das Gesicht des Gegenübers und verwandeln Angst in Mut und Hoffnung. Überliefert sind uns viele Spirituals, Lieder, die von Sklaven während ihrer harten Arbeit gesungen wurden und die von Freiheit und Hoffnung erzählen. Wir müssen aber unseren Kulturkreis nicht verlassen, um ähnliche ermutigende Erfahrungen zu finden. So heisst es im Volkslied «Hab' oft im Kreise der Lieben» unter anderem: «Und kam ich wieder zum Singen, ward alles wieder gut.»

Gerade, wenn es einem nicht zum Singen zumute ist, ist es einen Versuch wert, ein Lied anzustimmen ...

26. *Mit Jesus ins Wasser steigen und ins Geheimnis der Schöpfung eintauchen! (Mk 1,10)*

Die zitierte Stelle beschreibt die Taufe Jesu. Hatte es Jesus nötig, sich taufen zu lassen? Er war doch Gottes Sohn. Bisher hatte er vermutlich ein ganz gewöhnliches Leben geführt und war nicht in Erscheinung getreten. Mit dem Eintauchen in das Wasser scheint das bisherige Leben abgeschlossen zu sein. Das Eintauchen ist sichtbarer Ausdruck einer Entscheidung, ein Zeichen des Neuanfangs, Zeichen der Wende.

«Und als er aus dem Wasser stieg, sah er, dass der Himmel sich öffnete und der Geist wie eine Taube auf ihn herabkam.

Und eine Stimme aus dem Himmel sprach: Du bist mein geliebter Sohn, an dir habe ich Gefallen gefunden.»

27. *Den geöffneten Himmel sehen! (Mk 1,10)*

Eben sah ich eine Komödie am Fernsehen. In einer Szene hat sich ein Mann versteckt und wurde tatsächlich nicht gefunden: Er hat sich nämlich im leeren Raum mit Händen und Beinen an die Deckenlampe geklammert und sich so dem Blickfeld der Verfolgerin entzogen.

Wie oft schauen wir mit einem Tunnelblick und schränken unsere Wahrnehmung damit ein? Wie oft sind wir wie jener, der seinen Hausschlüssel abends bei der Strassenlampe sucht, obwohl er ihn gar nicht dort verloren hat? Sind wir flexibel genug, nach links und rechts zu schauen, uns um die eigene Achse zu drehen, den Kopf gegen den Boden zu neigen oder ihn eben in den Nacken zu legen, um den Himmel zu sehen? Vielleicht den geöffneten Himmel?

28. *Die Taube auf Jesus herunterfliegen sehen und sich als Sohn und Tochter Gottes erfahren! (Mk 1,11)*

Bisher stellte ich mir diese Begebenheit als Bilderbuchszene vor: Jesus steht im Wasser, der Himmel ist geöffnet und eine Taube fliegt auf Jesus zu. Schön, aber was habe ich damit zu tun? Doch so einfach lässt sich die Bilderbuchseite nicht wenden. «Wie eine Taube» kam Gottes Geist auf Jesus, der sich in der

Taufe mit dem Irdischen, dem Sterblichen, so auch mit mir, fehlbarem Geschöpf, verbunden hat. Er wird von Gottes Geist befähigt und als «geliebter Sohn» anerkannt und gesegnet. Das betrifft auch mich! Die Verbundenheit mit dem geliebten Sohn lässt mich ebenfalls Tochter oder Sohn sein, Gott will auch mich «begeistern».

29. *In Gedanken mit Jesus in die Wüste gehen und wie er mit Engeln und wilden Tieren zusammenleben! (Mk 1,12f)*

Kennen Sie das auch? Beim Frühjahrsputz oder noch mehr bei einem Umzug wird uns wieder so richtig bewusst, wie reich wir sind ...

Mit der Zeit umgeben wir uns mit allerlei Dingen, die wir «irgendwann vielleicht noch brauchen» können oder an die wir Erinnerungen knüpfen. Doch eigentlich haben wir sie mindestens ein Jahr nicht mehr gebraucht und hätten sie vermutlich auch im nächsten Jahr nicht vermisst. Es ist befreiend, sich hie und da wieder von Lasten zu verabschieden, denn all dieser Ballast kostet uns Kraft und Zeit, er engt uns ein und lenkt uns vom Wesentlichen ab.

Vielleicht sind es genau solche Lasten des Alltags, die so viele Menschen dazu bewegen, sich in die Stille zu begeben, viele davon sogar in die Wüste ...

Jesus war in der Wüste frei von Besitz. Er hatte weder Handy noch Notfallapotheke oder Nahrungsmittelvorrat bei sich, und kein Mensch weit und breit. Er war so frei und auch so verletzlich und schutzlos wie die wilden Tiere, mit denen er diese karge Landschaft teilte. «...und die Engel dienten ihm.»

Nehmen wir in unserem Alltag wahr, wenn uns die

Engel dienen? Sehen und hören wir die «wilden Tiere», mit denen wir zusammen leben? Oder sind Engel und Tiere eher störend im Alltagsleben, weil sie uns aus dem Konzept bringen können? Wann geben wir uns wieder Auszeit von Lärm und Überfluss und die Gelegenheit, das Wesentliche zu erkennen?

30. *Mit Jesus die Füchse um ihre Höhlen und die Vögel um ihre Nester beneiden! (Mt 8,20)*
Zu wissen, wohin man gehört, ist wohl eines der menschlichen Grundbedürfnisse. Wo finde ich meinen Frieden, die nötige Geborgenheit und Ruhe? Wo darf ich ganz ich selber sein?

31. *Mit Jesus in die Schule der Lilien des Feldes und der Vögel des Himmels gehen! (Lk 12, 23-27)*
Seit einem Monat arbeitet in unserer Kirchgemeinde eine ganz junge Sigristin. Ihr Herz schlägt für die Umgebung, für einheimische Pflanzen und Blumen, Sträucher und Hecken. Um den Innenräumen etwas Farbe zu geben, hat jemand Primeln gekauft und sie auf die Fensterbänke gestellt. Dort leuchten sie nun in sattem Pink, dunklem Blau und peppigem Gelb. Ich gebe zu, ich hätte es nie so intensiv wahr genommen, aber die junge Sigristin hat mich darauf aufmerksam gemacht: Der Blick aus dem Fenster bietet eine grosse Harmonie an hellgelben und blassblauen Primeln, an Buschwindröschen und weiss-rosa Blüten an den Ästen der wilden Zwetschgen. Ehrlich gesagt, die knalligen Blumen auf der Innenseite der Fenster geben zwar Farbe, aber sie sind längst nicht so anmutig, wie ihre Artgenossen draussen, die aus der scheinbar toten Erde hervorgegangen sind und ohne unser Zutun

die ganze Umgebung in einen Frühlingstraum verwandeln!

32. *Wie Jesus in jedem Spatz und in jedem Menschen den unendlichen Wert erkennen! (Mt 10,29f)*
Wenn ich diese Bibelstelle lese, erinnere ich mich an ein Lied, das ich mit meiner Mutter bereits vor dem Kindergartenalter gesungen habe. Meine Lieblingsstrophe war:

*Weißt du, wie viel Mücklein spielen
in der heißen Sonnenglut?
Wie viel Fischlein auch sich kühlen
in der hellen Wasserflut?
Gott, der Herr, rief sie mit Namen,
dass sie all› ins Leben kamen,
|: dass sie nun so fröhlich sind.:|*

Darauf folgte dann die letzte Strophe, in der die Menschenkinder angesprochen werden, und es heisst:

*Gott im Himmel hat an allen
seine Lust, sein Wohlgefallen,
|: kennt auch dich und hat dich lieb.:|*

Der Mensch hat es weit gebracht, kann heute Dinge, die frühere Generationen für unmöglich hielten. Aber Leben erschaffen aus totem Material? Und das noch in einer Komplexität, die wir Tier oder Mensch nennen? Mich versetzt dieser Gedanke immer wieder in grosses Staunen, er löst Dankbarkeit aus und Achtung vor jeglichem Leben! Gibt es etwas Wertvolleres?

33. *Wie Jesus sich mit dem Lamm identifizieren, das zur Schlachtbank geführt wird! (Joh 1,29f)*

Gerade aus kirchlichen Kreisen werde ich immer wieder mit den Tieropfer-Beispielen im Alten Testament konfrontiert. Damit rechtfertigt man sich dann, sich mit «unser täglich Fleisch» ganz biblisch zu verhalten. Im Alten Testament steht jedoch auch:

Hört das Wort des HERRN, ihr Anführer von Sodom! Horcht auf die Weisung unseres Gottes, Volk von Gomorrha! Wozu soll mir die Menge eurer Schlachtopfer dienen?, spricht der HERR. Ich habe die Brandopfer von Widdern und das Fett der Mastkälber satt, und am Blut von Stieren, Lämmern und jungen Böcken habe ich kein Gefallen. Wenn ihr kommt, um vor meinem Angesicht zu erscheinen – wer hat das von eurer Hand gefordert, meine Vorhöfe zu zertreten? Bringt nicht länger nichtige Speisopfer! Das Räucherwerk ist mir ein Gräuel. (Jes 1, 10ff)

Ein für alle Mal wird Gott durch seinen Sohn nun aber, um es mit einem Vergleich zu sagen, selbst zum «Schlachtopfer» – es gibt keine Steigerung dazu und jedes «Dazufügen» von weiteren Opfergaben nährt den Verdacht, dass wir Gottes Plan mit uns nicht ganz trauen ...

Jesus lebte die Liebe vor:

Wer Lohnarbeiter und nicht Hirte ist, wer die Schafe nicht zu eigen hat, sieht den Wolf kommen und verlässt die Schafe und flieht – und der Wolf raubt und zerstreut sie –, weil er ein Lohnarbeiter ist und sich um die Schafe nicht kümmert. Ich bin der gute Hirte; und ich kenne die Meinen, und die Meinen kennen mich, wie der Vater mich kennt und ich den Vater kenne; und ich lasse mein Leben für die Schafe. Und ich habe andere

Schafe, die nicht aus diesem Hof sind; auch diese muss ich bringen, und sie werden meine Stimme hören, und es wird eine Herde, ein Hirte sein. Darum liebt mich der Vater, weil ich mein Leben lasse, um es wieder zu nehmen. (Joh 10,12ff)

Wie ist unsere Liebe? Die Liebe zu unseren Nächsten, zu Menschen irgendwo auf der Welt, zu Tieren, die uns täglich begleiten, zu Tieren, die wir hinter dicken Mauern nie zu sehen bekommen?

Oder verdrängen wir aus Ignoranz oder Bequemlichkeit unsere Aufgabe und manövrieren uns in die Rolle des Lohnarbeiters?

34. *Am weltweiten Martyrium der Natur, der Tiere und der Menschen mitleiden!*

Sind erst einmal Augen und Herz geöffnet, fällt es schwer, nicht zu leiden. Da sind die Flüchtlinge, die ihr Geld für Schlepper gezahlt haben, um in überfüllten Booten auf unsicherer Reise in eine noch unsicherere Zukunft zu gelangen, wo sie keine Bleibe finden und zurückgeschickt werden. Nein, wir wollen unseren Wohlstand nicht mit ihnen teilen, wer weiss, vielleicht verlieren wir ihn!

Da sind die Baumwollproduzenten und Näherinnen, die unter schlimmen Bedingungen unsere Kleidung produzieren, für die wir möglichst nichts zahlen wollen, weil sie nach kurzer Zeit nicht mehr in Mode ist und wir Neues brauchen. Würden wir für eine Jeans nur Fr. 1.- mehr bezahlen, wäre der Verdienst der Produzenten verdoppelt und ihr Überleben gesichert ... Der «Restbetrag» fliesst in Zwischenhandel, Marketing, Transport, etc.

Da sind die Einkaufswagen, die vor der Kasse Schlange

stehen. Gefüllt mit Fleisch, Wurst, Fertigprodukten mit Batterieeiern aus dem Ausland, Orangensaft mit Gelatine, an Tieren getestete Kosmetika und den Heidelbeeren zum halben Preis, die Anfang April noch aus Chile kommen – sie kosten nur noch Fr. 2.50.

Sie sind weit weg, die Flüchtlinge, weit weg, die Arbeiter auf dem Feld und die Näherinnen in den Betrieben, die sich schinden, um ihre Familien zu ernähren. Sie sind hinter dicken Mauern, die Tiere, denen wir nie in die Augen schauen müssen – die nicht mehr erkennbar sind in der Wursthülle und der Plastikverpackung mit lachendem Schweinchengesicht.

Wir lassen uns nicht betreffen, wir nicht. Schliesslich haben wir uns das verdient.

Aber es gibt Menschen, denen blutet das Herz, weil es offen steht, weil es die Liebe kennt. Es gibt Menschen, die schauen den Geschundenen in die Augen und sie hören die Schreie der Misshandelten. Es gibt Menschen, die das Leiden mittragen, Tag für Tag. Jesus sagt in der Bergpredigt:

Selig sind, die da Leid tragen; denn sie sollen getröstet werden. Selig sind die Sanftmütigen; denn sie werden das Erdreich besitzen. Selig sind, die da hungern und dürsten nach der Gerechtigkeit; denn sie sollen satt werden. Selig sind die Barmherzigen; denn sie werden Barmherzigkeit erlangen. (Mt 5, 4ff)

35. *Glauben, dass Gott seine Schöpfung bewahrt!*
Es mag uns nicht immer leicht fallen zu glauben. Ich zumindest neige dazu, zu hadern oder manchmal gar zu verzweifeln. Nein, mit meiner Erkenntnis, meinem Einsatz, mit Worten oder Taten werde ich die Schöpfung nicht bewahren, die Ungerechtigkeit nicht besei-

tigen und die Geschöpfe nicht retten können. Was also kann ich tun? Was ist meine Aufgabe? Zu resignieren ist sicherlich der falsche Weg. Und doch muss ich mich nicht um den nächsten Tag sorgen, sondern darf darauf hoffen und vertrauen, dass alles Leben in der Hand des Schöpfers liegt. Meine Zweifel und Ängste mögen mich selber schwächen, sie ändern aber nichts an Gottes Zusage: *«Solange die Erde steht, soll nicht aufhören Saat und Ernte, Frost und Hitze, Sommer und Winter, Tag und Nacht. (Gen 8, 22)*

36. *Vertrauen, dass Gott alles Leiden zuinnerst mitleidet! (Röm 8,18)*
    Jesus sagt in Matthäus (25,40) «Was ihr für einen meiner geringsten Brüder getan habt, das habt ihr mir getan». Unser Handeln und Nichthandeln als Christen ist also nicht einfach Privatsache, die höchstens das direkte Gegenüber betrifft, sondern trifft immer auch Christus. Gott leidet mit seinen Geschöpfen und hat an der Barmherzigkeit gegenüber seinen Geschöpfen Anteil. Diese Erkenntnis kann zum Guten ermutigen. Sein Mitleiden bezieht sich aber auch auf uns selber – wir dürfen vertrauen, dass er unser Leiden mitträgt, ja, er hat unsere Angst bereits überwunden!

37. *Erkennen, dass die ganze Schöpfung nach Befreiung schreit! (Röm 8, 21)*
    «Denn auch die Schöpfung wird frei werden von der Knechtschaft der Vergänglichkeit zu der herrlichen Freiheit der Kinder Gottes.»
    Die Schöpfung – ja, nicht nur der Mensch, die ganze Schöpfung soll befreit werden, alle Geschöpfe sind aus der Liebe Gottes hervorgegangen und werden in

sein Herz zurückkehren, auch Tiere werden als Kinder Gottes gewürdigt werden. Wie blind sind wir doch, die wir nur uns selber sehen und all das Lebendige, von Gott Geschaffene, das er selber als «gut» befand, mit Füssen treten und uns unterordnen.

Kürzlich sagte mir eine Frau, sie lebe vegetarisch. Eier und Milch werde sie jedoch immer konsumieren, sonst seien Hühner und Kühe ja umsonst auf der Welt ...

38. *Wollen, dass – falls uns eine Katastrophe bevorsteht – nicht nur der Mensch, sondern alle Geschöpfe Auferstehung feiern! (Röm 8,20)*

Da müssen wir nur die Kinder fragen, die «ihr Meerschweinchen», die Katze oder den Hund ins Herz geschlossen haben: Ist es nicht oft eine erste, schlimme Erfahrung, wenn Kindern erklärt wird, dass Tiere nicht in den Himmel kommen? Mir gefällt diesbezüglich das Bibel-TV Gespräch mit Rainer Hagencord.[198]

39. *Hoffen, dass Gott am Ende jedes Geschöpf in seine Lebensfülle aufnimmt! (Röm 8,19)*

Darum «wartet die ganze Schöpfung sehnsüchtig» und voller Hoffnung auf den Tag, an dem Gott seine Kinder in seine Herrlichkeit aufnimmt.

Kann man diesen Satz anders interpretieren, als dass die ganze Schöpfung Gott als Vater kennen darf? Ich persönlich wünsche mir sehr, dass jene, die ihr Leben in Leid und Unterdrückung erdulden mussten, einen Ehrenplatz erhalten werden.

Diese Vorstellung erinnert mich an das Rezitativ und

---

[198] Rainer Hagencord, Kommen Tiere in den Himmel? http://www.youtube.com/watch?v=JakPffQboOs (Zugriff: Juli 2014).

die Arie in Händels Messias[199]. Der Text stammt aus dem Buch Jesaja (35,5; 40,11) und aus dem Matthäusevangelium (11,28-30).

Dann wird das Auge des Blinden sich auftun, und das Ohr des Tauben wird hören; dann springet der Lahme wie ein Hirsch, und die Zunge des Stummen wird singen. Er weidet seine Herde, dem Hirten gleich, und heget seine Lämmer so sanft in seinem Arm; er nimmt sie mit Erbarmen auf in seinen Schoss, und leitet sanft, die in Nöten sind. – Kommt her zu ihm, die ihr mühselig seid, kommt her zu ihm, mit Traurigkeit Beladne, er spendet süßen Trost. Nehmt sein Joch auf euch, und lernet von ihm, denn er ist sanft und demutvoll, so findet ihr Ruh und Seelenheil.

40. *Jetzt schon anbetend feststellen, dass uns schlussendlich der ewige Glanz Gottes aus jedem Stein, jeder Pflanze, jedem Tier und jedem Menschen entgegen scheint.*

    Wir können dem Paradies Raum geben, schon jetzt, heute und hier. Wir können unsere Mitgeschöpfe und die Schöpfung mit den Augen der Liebe betrachten, ihren Wert als von Gott geschaffene erkennen und uns mit allem verbunden fühlen, in einer Einheit, die uns heute schon ein Stück der künftigen Welt erahnen und erfahren lässt!

    Keine Arbeit ist dann mehr vergeblich. Die Kinder, die sie zur Welt bringen, werden nicht mehr früh sterben. Denn sie sind das Volk, das ich, der Herr, segne. Zu-

---

[199] http://www.ritmic.com/tonkunstlerensemble-karen-pastel-werner-hackl-barb-140293/erster-teil-recitative-dann-wird-das-auge-des-blin-2209524.html (Zugriff: Juli 2014).

sammen mit ihren Kindern und Enkeln werden sie im Land leben. Ehe sie zu mir um Hilfe rufen, stehe ich ihnen bei, noch während sie beten, habe ich sie schon erhört. Wolf und Lamm werden friedlich zusammen weiden, der Löwe wird Heu fressen wie ein Rind, und die Schlange wird sich von Erde ernähren. Sie werden nichts Böses mehr tun und niemandem schaden auf meinem ganzen heiligen Berg. Mein Wort gilt! (Jes 65, 23-25)

Hinweise zu Literatur und Medien

Im Verlaufe dieses Buches wurde bei den einzelnen Beiträgen immer wieder auf einschlägige Literatur und auf aktuelle Filme und Homepages hingewiesen. Zu den einzelnen Stichworten, die im Zusammenhang dieses Buches stehen, findet man im Internet in den Suchmaschinen rasch weitere Informationen. Dennoch sollen am Ende dieses Buches ein paar weiterführende Hinweise stehen.

Theologie und Spiritualität der Schöpfung

- Boff, Leonardo, Achtsamkeit: von der Notwendigkeit, unsere Haltung zu ändern, München 2013.
- Boff, Leonardo, Geerdeter Glaube, Kevelaer 2013.
- Bührer, Walter, Am Anfang …: Untersuchungen zur Textgenese und zur relativ-chronologischen Einordnung von Gen 1–3, Göttingen 2014.
- Deselaers, Paul / Sattler, Dorothea, Die Schöpfung in der Bibel, Freiburg 2013.
- Kessler, Hans, Evolution und Schöpfung in neuer Sicht, Kevelaer 2009.
- Laroge, Tim, Das Wunder der Schöpfung [Elektronische Ressource]: Kontemplative Betrachtung von Psalm 8, Norderstedt 2014.
- Müller-Fahrenholz, Geiko, Heimat Erde, Gütersloh 2013.
- Rotzetter, Anton, Die Freigelassenen. Franz von Assisi und die Tiere, Freiburg/Schweiz 2011.

> Rotzetter, Anton, Gott, der mich atmen lässt. Gebete, Freiburg/Br. 2012.

Umwelt- und Tierethik

> Brenner, Andreas, Umweltethik. Ein Lehr- und Lesebuch, Würzburg 2014.
> Hagencord, Rainer / Rotzetter, Anton (Hg.), Neue Wahrnehmung des Tieres in Theologie und Spiritualität, Münster 2014.
> Hartung, Gerald / Kirchhoff, Thomas (Hg.), Welche Natur brauchen wir? Analyse einer anthropologischen Grundproblematik des 21. Jahrhunderts, Freiburg/Br. 2014.
> Perler, Dominik / Wild, Markus, Der Geist der Tiere. Philosophische Texte zu einer aktuellen Diskussion, Frankfurt/Main 2005.
> Rotzetter, Anton, Streicheln, mästen, töten. Warum wir mit Tieren anders umgehen müssen, Freiburg/Br. 2012.
> Rotzetter, Anton, Landwirtschaft, Tierhaltung und Fleischkonsum, AKUT BRISANT 1, Ennetmoos 2014 (AKUT, Rübibachstrasse 9, 6372 Ennetmoos).
> Schmitz, Friederike (Hg.), Tierethik: Grundlagentexte, Berlin 2014.
> Sezgin, Hilal, Artgerecht ist nur die Freiheit: eine Ethik für Tiere oder warum wir umdenken müssen, München 2014[3].
> Wild, Markus, Tierphilosophie zur Einführung, Hamburg 2008.
> Wolf, Ursula (Hg.), Texte zur Tierethik, Stuttgart 2013.

Fasten

- Bosmans, Phil, Frühling der Seele – Ein Begleiter durch die Fasten- und Osterzeit, Freiburg/Br. 2007.
- Franklin, Jentezen, Fasten – Hunger nach mehr: die lebensverändernde Kraft des biblischen Fastens entdecken, Asslar 2010.
- Fuchs, Guido, Gott und Gaumen: eine kleine Theologie des Essens und Trinkens, München 2010.
- Imbach, Josef, Ich sah das Grab vom Tod befreit ..: Brauchtum und Betrachtungen zur Fasten- und Osterzeit, Freiburg/Schweiz 2014.
- Papst Franziskus, Christus ist auferstanden: ermutigende Gedanken für die Fasten- und Osterzeit, Leipzig 2014.

Vegetarische und veganen Lebensweise

- Duve, Karin, Anständig essen, München 2012.
- Foer, Jonathan Safran, Tiere essen, Frankfurt 2013
- Hochuli, Philip, Junge vegane Küche – gesund, vielfältig und einfach lecker, Berlin 2012.
- Hochuli, Philip, Vegan – die pure Kochlust: junge vegane Küche, genial unkompliziert, Aarau 2014.
- Irma Dütsch, Natürlich Irma, 60 besondere vegetarische Rezepte, Thun 2014
- Joy, Melanie, Warum wir Hunde lieben, Schweine essen und Kühe anziehen: Karnismus – eine Einführung, Münster 2013².
- Oliv – Die grünen Seiten des Lebens: http://www.oliv-zeitschrift.ch/
- Initiativkomitee für nachhaltige Ernährung, ausführliches Grundlagenpapier: http://sentience.ch/wissen/nachhaltige-ernahrung-2020/

> Ricart, Waltraud, Vegetarische Tofu-Rezepte für jede Gelegenheit, Neustadt 2006.
> Veggie Journal, München: http://veggiejournal.de/
> VEG-Info, Das Magazin von Swissveg, Winterthur: http://www.swissveg.ch/veginfo
> Rezeptsammlung im Internet: http://www.vegetarische-rezepte.com/veganerezepte/

Filme

Die Inhaltsangaben der nachfolgenden Filme stammen meistens aus den Programmanzeigen.

> https://archive.org/details/WE_FEED_THE_WORLD_DEUTSCH
> «WE FEED THE WORLD» ist ein Film über Ernährung und Globalisierung, Fischer und Bauern, Fernfahrer und Konzernlenker, Warenströme und Geldflüsse – ein Film über den Mangel im Überfluss. Er gibt in eindrucksvollen Bildern Einblick in die Produktion unserer Lebensmittel sowie erste Antworten auf die Frage, was der Hunger auf der Welt mit uns zu tun hat.
> Zu Wort kommen neben Fischern, Bauern, Agronomen, Biologen und Jean Ziegler auch der Produktionsdirektor des weltgrößten Saatguthersteller Pioneer sowie Peter Brabeck, Konzernchef von Nestlé International, dem größten Nahrungsmittelkonzern der Welt.

> http://www.letsmakemoney.at/
> Let's make MONEY folgt dem Weg unseres Geldes, dorthin, wo spanische Bauarbeiter, afrikanische Bauern oder indische Arbeiter unser Geld vermehren und selbst bettelarm bleiben. Der Film zeigt uns die gefeierten

Fondsmanager, die das Geld ihrer Kunden jeden Tag aufs Neue anlegen. Zu sehen sind Unternehmer, die zum Wohle ihrer Aktionäre ein fremdes Land abgrasen, solange die Löhne und Steuern niedrig und die Umwelt egal ist. Wir erleben die allgegenwärtige Gier und die damit verbundene Zerstörung, die mit unserem Geld angerichtet wird.

> http://www.morethanhoney.ch/
> Beginnend bei einem Imker in den Schweizer Bergen ist Markus Imhoof rund um die Welt gereist. In die USA, wo die Bienen in industriellem Massstab von Monokultur zu Monokultur transportiert werden, oder nach China, wo in gewissen Regionen die Blüten bereits von Hand bestäubt werden müssen. Er trifft in Arizona Fred Terry, der sich auf Killerbienen spezialisiert hat, in Österreich die Familie Singer, die Königinnen züchtet und in die ganze Welt verschickt. Er interviewt Wissenschaftler, erzählt von der phänomenalen Intelligenz der Bienen und ihrem sozialen Zusammenleben. Schlussendlich sind wir in Australien, wo das Bienensterben noch nicht angekommen ist und wo die junge Familie Baer-Imhoof ihre Forschung betreibt.
> Wird dort, auf einer einsamen Insel im Pazifik, die Arche Noah der Bienen sein?

> https://www.youtube.com/watch?v=ZdFsZDV4MP8
> *Unser täglich Brot (2005)*
> Willkommen in der Welt der industriellen Nahrungsmittelproduktion und der High-Tech-Landwirtschaft! Zum Rhythmus von Fließbändern und riesigen Maschinen gibt der Film kommentarlos Einsicht in die Orte, an denen Nahrungsmittel in Europa produziert werden: Monumen-

tale Räume, surreale Landschaften und bizarre Klänge – eine kühle industrielle Umgebung, die wenig Raum für Individualität lässt.

> https://www.youtube.com/watch?v=XhMCH02Cd6s.
> Sentience Politics präsentiert im Medienzentrum des Bundeshauses das Positionspapier «Nachhaltige Ernährung 2020» und kündigt zwei Volksinitiativen in der Stadt Bern und im Kanton Basel-Stadt an.

> https://www.youtube.com/watch?v=tLCygBTOLhk
> Vegetarier gegen Fleischesser – Das Duell

> https://www.youtube.com/watch?v=K7hg7HVBQLI
> «Precht», Philosophisches Gespräch mit Richard David Precht und Robert Spaemann: «Dürfen wir Tiere essen?»

> https://www.youtube.com/watch?v=yzk-pPBP8os
> 4-teilige Arte Doku – Fasten und Vegan heilen: Depressionen, Schizophrenien, Manien, Ängste und Zwänge durch Fasten und Veganes-Leben.

> Tierethik: http://www.3sat.de/mediathek/?mode=play&obj=38379
> *Dürfen wir Tiere töten?*
> *Über das ambivalente Mensch-Tier-Verhältnis*
> Den geliebten Haustieren der Deutschen geht es weitgehend gut. Jedenfalls im Vergleich zum Mastvieh, das in eben diesen Haushalten von Mensch und Haustier gegessen wird. Für die meisten endet ihre Tierliebe allerdings auch beim eigenen Haustier. 28 Millionen Schweine und 1,9 Millionen Rinder, die in Deutschland gegessen werden, sprechen eine deutliche Sprache. Darf der Mensch

frei über Tiere und ihre Körper verfügen? Diese und andere Fragen diskutiert Gert Scobel mit seinen Gästen und versucht, die Umrisse eines neuen Verhältnisses zum Tier zu definieren. Unsere Gäste: Madelaine Martin, Tierärztin, Tierschutzbeauftragte Hessen – Manfred Niekisch, Biologe, Direktor Zoo Frankfurt – Friederike Schmitz, Philosophin, Universität Tübingen.

> Qualzuchten Hund: http://www.3sat.de/mediathek/?mode=play&obj=37473
> Mensch, Hund! – Der Rasse-Wahn und seine Folgen: Ein zweijähriger Mops-Rüde liegt auf dem OP-Tisch einer Hamburger Kleintierklinik. Die Ärzte verkürzen sein Gaumensegel, das für den kleinen Schädel des Hundes schlicht zu groß ist – eine Folge der Züchtung.

> http://www.earthlings.de/
> Eindrücklicher, aber auch sehr grausamer Film, der schlimme Zustände im Umgang mit Tieren dokumentiert.

> http://www.3sat.de/page/?source=/boerse/magazin/177013/index.html
> Tonne statt Teller: Zu viele Lebensmittel landen im Müll – In unserer Überflussgesellschaft ist es schon fast selbstverständlich geworden, Lebensmittel jederzeit und in großer Auswahl frisch angeboten zu bekommen. Was zur Folge hat, dass Unmengen Essbares täglich in den Müll wandert.

> https://www.youtube.com/watch?v=6gnImCWi5Bc
> Schweine für den Müllcontainer – Warum es zu viel Fleisch gibt. Fressen und gefressen werden: Die moderne Landwirtschaft hat diesen Kreislauf durchbrochen. Mil-

lionen Schweine werden niemals gegessen: Sie sterben nur, um weggeworfen zu werden. Warum ist das so? Wer verdient daran? Geht es auch anders?

> https://www.youtube.com/watch?v=MQDozUfoinc
> Nie wieder Fleisch? – In den letzten 50 Jahren hat sich der weltweite Fleischkonsum verfünffacht. Während man in Europa schon immer viel Fleisch gegessen hat, wächst die Lust darauf nun auch in Ländern wie China und Indien. Doch der Hunger nach Fleisch hat verheerende Konsequenzen. In China nehmen gesundheitliche Probleme der Bevölkerung durch die veränderte Ernährung stetig zu, in Paraguay führt der Futterexport nach Europa zu extremer Armut, in Frankreich und Deutschland ist das Grundwasser durch die extensive Landwirtschaft gefährdet und weltweit leidet das Klima. Viele Masttiere gleichen mittlerweile Futterverwertungsmaschinen und verbringen ihr kurzes Leben zusammengepfercht in dreckigen Ställen.

> https://www.youtube.com/watch?v=iynTL3HFoRE
> Gequält, totgeschlagen, weggeworfen – Das Leid in Ferkelfabriken. – Ein schonungsloser Blick hinter die Mauern deutscher Ferkelfabriken, in einen Alltag voller Leid und Tod: Die Reportage zeigt bisher unveröffentlichte Aufnahmen aus zahlreichen Ferkelzuchtbetrieben in ganz Deutschland. Sie dokumentiert, wie brutal Landwirte mit den Tieren umgehen und sie scheinbar routinemäßig im Vorbeigehen töten.

> www.vegan.ch/warum-vegan/
> Für die Produktion von tierlichen Erzeugnissen wie Fleisch, Käse oder Milch werden Tiere, empfindungsfä-

hige Lebewesen, instrumentalisiert. Sie werden auf ihren ökonomischen Wert reduziert und ausgebeutet. Eine optimale Wertschöpfungskette verlangt nach maximaler Leistung in wenig Zeit. Dabei werden die Interessen und Bedürfnisse der Tiere nur soweit berücksichtigt, wie sie die Rentabilität nicht gefährden. Gewährt man Nutztieren beispielsweise mehr Platz, benötigen sie mehr Nahrung, weil sie mehr Kalorien verbrauchen.

> https://www.youtube.com/watch?v=LcU_yiWyFUs
> Musikunterlegte Bildschau, die auf knappe, ansprechende Art erklärt, weshalb veganes Leben Sinn macht.

> https://www.youtube.com/watch?v=vk5Ls1wmRdk
> Veganismus im Leistungssport – Ein Vortrag

> https://www.youtube.com/watch?v=Iws3UcqbuoI
> Philip Wollen: Über die Notwendigkeit, auf Fleisch zu verzichten. – Der mehrfach preisgekrönte Philanthrop und ehemalige Vizepräsident der Citibank, Philip Wollen, hält ein eindrückliches Plädoyer dafür, warum es mit unserem Gewissen nicht vereinbar ist, tierische Lebensmittel zu essen.

> http://www.youtube.com/watch?v=ZQFrMN4L6o8
> Wachstum, was nun ? Mehr Wachstum! wird in Zeiten von Wirtschafts-, Umwelt- und Finanzkrisen gefordert, denn die Immer-mehr-Ideologie gilt als Garant für eine gesunde Ökonomie. Doch immer mehr Experten machen sich für ein Ende des grenzenlosen Wachstums stark. Im Norden und Süden der Welt experimentiert man mit neuen Wirtschaftsmodellen und erzielt inzwischen erste Ergebnisse. So zeichnen sich neue, umweltbewusste und

regionalisierte Modelle ab, die uns für absehbare Probleme wie Klimawandel, Mangel an fossilen Brennstoffen und Finanzkrisen besser wappnen.

Institutionen

- www.aktion-kirche-und-tiere.ch
- www.theologische-zoologie.de
- www.oeku.ch (Arbeitsgemeinschaft Kirche und Umwelt)
- www.fastenopfer.ch
- www.brotfueralle.ch
- www.caritas.ch
- http://www.gruener-gockel.de (Kirchliches Umweltmanagement)
- www.tierschutz.com (Schweizer Tierschutz STS)
- www.tierimrecht.org
- www.natierweg.ch
- www.tierundwir.ch (Stiftung für Ethik im Unterricht)
- www.vegetarismus.ch
- www.protier.ch (Stiftung für Tierschutz und Ethik)
- www.fair-fish.ch (aus Rücksicht auf Tier, Natur und Fischer/frauen)
- www.animals-angels.de (Stopp für alle ‹Nutz›tiertransporte!)
- http://www.theologische-zoologie.de (Zugriff: August 2014).